K线赢利

战法与操练

思林理财教育策划　吴乾杰 主编

广东省出版集团
广东经济出版社
·广州·

图书在版编目（CIP）数据

K线赢利战法与操练／吴乾杰主编．—广州：广东经济出版社，2013.2
（稳健操盘套利丛书）
ISBN 978－7－5454－1869－9

Ⅰ.①K…　Ⅱ.①吴…　Ⅲ①股票投资—基本知识　Ⅳ.①F830.91

中国版本图书馆CIP数据核字（2013）第011286号

出版发行	广东经济出版社（广州市环市东路水荫路11号11～12楼）
经销	全国新华书店
印刷	佛山市浩文彩色印刷有限公司（南海狮山科技工业园A区）
开本	787毫米×1092毫米　1/16
印张	15.25
字数	176 000字
版次	2013年2月第1版
印次	2013年2月第1次
印数	1～5 000册
书号	ISBN 978－7－5454－1869－9
定价	70.00元

如发现印装质量问题，影响阅读，请与承印厂联系调换。
发行部地址：广州市环市东路水荫路11号11楼
电话：（020）38306055　38306107　邮政编码：510075
邮购地址：广州市环市东路水荫路11号11楼
电话：（020）37601950　营销网址：**http：//www.gebook.com**
广东经济出版社新浪官方微博：**http：//e.weibo.com/gebook**
广东经济出版社常年法律顾问：何剑桥律师

前言

目前，我国股市正处于蓬勃发展阶段，吸引着无数的投资者来这里淘金，但由于我国证券市场成立的时间尚短，还不够成熟，很多制度仍有待进一步完善。在这样的市场中，如果不懂技术分析，你将被在股市中处于主导地位的主力和庄家们玩弄于股掌之上，赚钱也就成为一种奢望，有些投资者已亏损累累，甚至倾家荡产。在股票买卖中，K线特征、形态趋势、技术指标、价量关系和庄家行为这五个方面是投资者一定要分析的要素，掌握了这五个方面的知识，就等于拥有了股票买卖的法宝，让你成为市场中真正的赢家。笔者经过多年的实战操作和印证，根据这五个方面的内容，提出了“五大理由买卖法”这一投资理念。

为了让读者系统、全面地学习股票理论知识，并融会贯通地运用“五大理由买卖法”，我们精心编著了这套稳健操盘套利丛书，包括《K线赢利战法与操练》《形态返真战法与操练》《精选指标战法与操练》《价量关系战法与操练》《跟庄获利战法与操练》等分册供大家选用。

K线图至今已有两百多年历史，经过后人的不断总结和改进，很多K线组合已经发生了很大的改变，也衍生出了许多新的组合。但不管市场如何变迁，K线所代表的内涵和本质却一如往昔，在风云变幻的市场中发挥着无可替代的作用。K线这种全球股市通用的语言，也成为许多投资者开启股市之门的“金钥匙”。本书吸取众多K线经典之作的精华，融入编者自身的实战经验和见解，是你学习和应用K线理论的好帮手。

《K线赢利战法与操练》分册具有以下特色：

1. 本书精选了国内股市中出现频率较高、使用较频繁、研判准确率较高的58种经典K线形态。

2. 书中按K线的数量分为单K、双K、三K和多K等章节，方便读者学习和运用。

3. 每一种K线形态均配有沪深A股市场中的真实案例图谱加以说明和验证。

4. 在分析K线形态时，编者从市场心理层面剖析了多、空双方博弈的过程，有利于读者从深层次了解和掌握K线形态的内涵。

5. 书中利用形态解析的方法辅助研判K线形态的多空含义。

6. 本书最后将介绍如何结合西方的技术分析方法来辅助研判K线形态的有效性，从而提高K线买卖信号的准确率。

7. 本书最后附有名词解释和操盘实用图表，方便读者查询和运用。

8. 本书所介绍的K线形态在外汇、期货市场技术分析中同样适用。

“平时多流汗，战时少流血”，为了让理论与实践相结合，我们在每一章的后面都安排了“模拟实盘练习题”和“五大理由买卖实操”这两个篇幅，并附图文并茂的专家解评。通过练习，可以让你学完理论之后进行自我检验，以达到灵活应用、融会贯通的目的，从而不断地提高自己操盘的准确率和获利能力。

本书既是教材，又是笔记本，同时也是练习册，让读者易学、好记、实用。希望我们这套书能成为你投资的帮手，让你熟练掌握更多的操盘技巧，达到稳健获利，笑傲股海。

编者

2013年1月

“五大理由买卖法”简介

稳健操盘套利丛书涵盖了K线、形态、指标、价量和庄家五个方面的内容。在每一分册中，我们都介绍了大量的交易技法，虽然每一种技法都有其独特的优势和功能，但也有其不足和缺陷。实践证明，单独使用一种技术分析方法有相当大的局限性和盲目性，甚至会给出相互矛盾的买卖信号，这将给我们的操作带来很大的风险。只有将多种技术分析方法结合运用，相互补充、相互印证，才能减少出错的机会，降低交易风险，提高决策的准确性。笔者通过不断地实践和验证，总结出的“五大理由买卖法”这一交易策略，不仅可以提高抄底、逃顶的准确率，而且可以做到在不符合买卖理由的时候绝不操作，既增加了获利的幅度，又提高了稳健获利的能力。

利用哪五个理由去买卖？如何利用这五个理由去判断买卖？这些可能都是读者的疑问。因此，我们在每一章的后面都特意增设了“五大理由买卖实操”这一篇幅，以引导读者如何看图分析行情走势，归纳总结买卖要点以及判断后市方向和制定操作策略，从而提高获利的能力。

“五大理由买卖法”是指从K线、形态、指标、价量和庄家这五个方面入手，从中选取最佳的五个买入或卖出信号，加以综合研判，达到“五点共振买入或卖出”的目的。在选取买卖理由及判断买卖的过程中，必须遵守以下原则：

1. 五个买卖理由至少涉及K线、形态、指标、价量和庄家中的三个方面，若五个方面都符合买卖的条件则更佳。

2. 选取两个或两个以上指标作为买卖理由时，不要同时选取两个相类似的指标。

3. 按1、2两点找到五个符合买入的理由时，即可进行买入操作；买入理由不足五个时，建议不操作。

4. 按1、2两点找到三个符合卖出的理由时，建议做减仓操作；出现五个符合卖出的理由时，应清仓离场。

操作步骤：

1. 观察股价的整体运行趋势，以及形态特征。

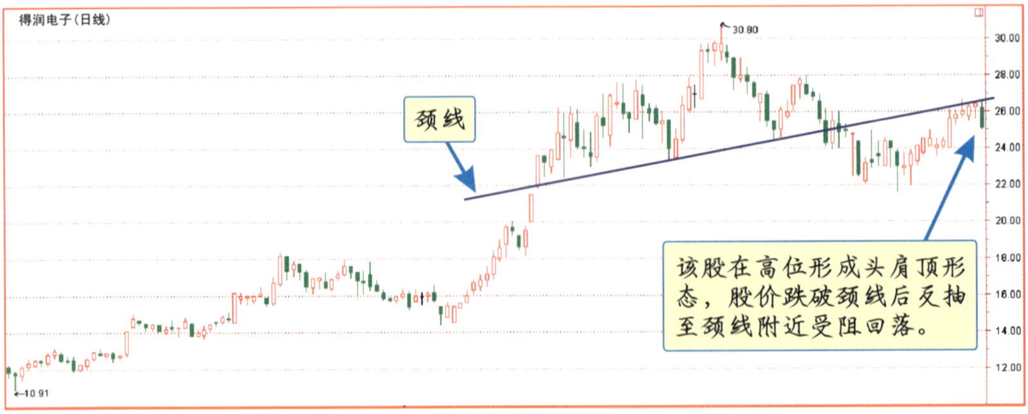

2. 分析最近出现的单K线或K线组合的多空含义。

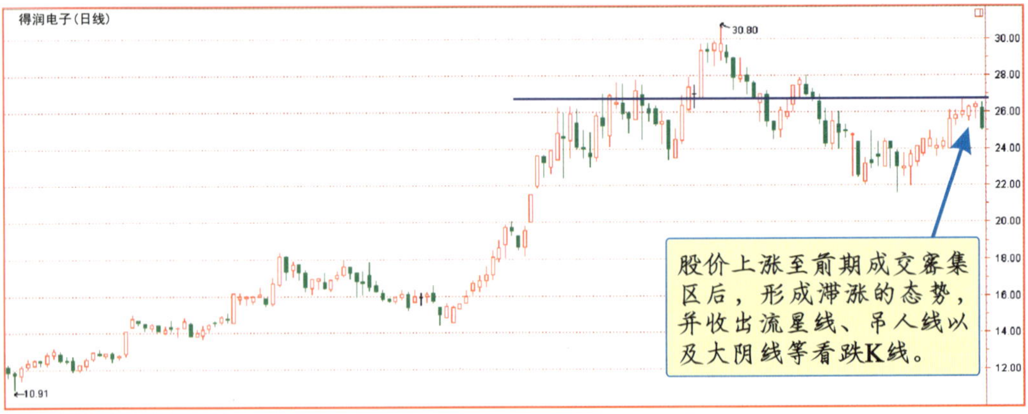

3. 结合成交量分析目前的价量关系。

4. 分析该股有没有庄家活动的痕迹以及庄家的操作意图。

5. 通过分析各种技术指标洞察市场的多空状况及超买超卖情况。

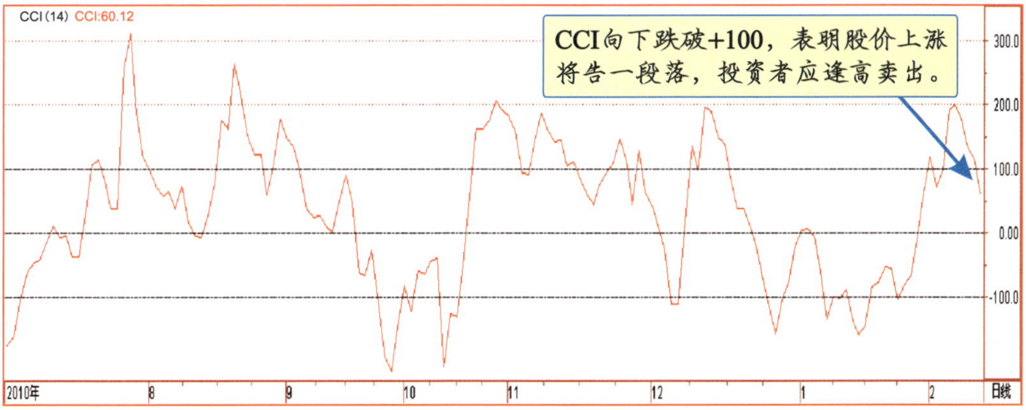

6. 根据分析结果，填写“五大理由买卖法”实操表。

五 大 理 由 买 卖 法

技 术 分 析	买卖信号
理由一(形态)：股价跌破头肩顶颈线后出现反抽，并在颈线附近受阻回落。	卖
理由二(K线)：股价上涨至前期成交密集区附近后出现流星线、吊人线等看跌K线。	卖
理由三(价量)：股价上涨，成交量却萎缩，形成价量背离。	卖
理由四(庄家)：庄家利用头肩顶形态在高位出货，从成交量来看，目前出货已接近尾声。	卖
理由五(指标)：CCI下穿+100，表明上涨行情已经结束。	卖
后市方向及操作建议：后市可能反转向下，持股者宜尽快出局观望。	

该股后市走势

点评

通过综合分析，可以看出该股近期的上涨只是股价跌破颈线后的反抽，从股价的运行情况和成交量表明，庄家出货已接近尾声，股价反抽结束后一路下跌，跌幅达到30%以上。

备注

在学习“五大理由买卖实操”这个篇幅时，如果你对表格中的分析过程不理解，建议你完整地看完本套丛书，这样你就可以领悟到其中的精髓并运用此方法稳健获利。

目 录

第一章 K线基础知识

第一节 K线的起源与含义

K线又称日本线或蜡烛图，起源于18世纪，最早是日本德川幕府时代大阪的米商用来记录米市的行情与价格波动的一种图表。由于其具有直观、立体感强、信息携带量大等特点，后来被引入到证券市场中，并逐渐发展成一种测市工具，形成一套独立的K线图理论，在股票、期货、外汇等投资领域发挥了重要的作用。

K线是根据股票某一交易时段内的开盘价、收盘价、最高价以及最低价绘制而成，由实体和影线组成的柱状图形。开盘价与收盘价之间的部分称为实体，实体上方的影线称为上影线，实体下方的影线称为下影线，上影线的最高点为最高价，下影线的最低点为最低价。当收盘价高于开盘价时，则收盘价在上开盘价在下，称之为阳线，实体为红色或白色；当收盘价低于开盘价时，则收盘价在下开盘价在上，称之为阴线，实体为绿色或黑色，如图 1-1所示。

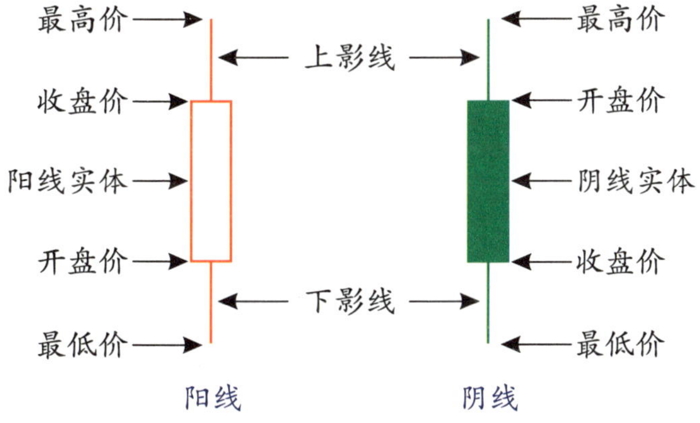

图 1-1

一根K线记录的是一个时间周期内的价格变动情况，将多根K线按时间顺序排列起来，就叫做K线图，从K线图中可以看到股票价格的历史变动情况。

第二节 不同周期K线的认识

根据计算周期来分，K线可分为日K线、周K线、月K线、季K线、年K线以及分时K线等。

日K线是以每天的开盘价、最高价、最低价和收盘价作出的图形，简称为日线。周K线是以每周第一个交易的开盘价作为周开盘价，以每周最后一个交易日的收盘价作为周收盘价，以一周中的最高价和最低价作为周最高价和周最低价作出的图形。月K线是以每月第一个交易日的开盘价作为月开盘价，以每月最后一个交易日的收盘价作为月收盘价，以一个月中的最高价和最低价作为月最高价和月最低价作出的图形。季K线和年K线等可以依此类推。

分时K线可以分为1分钟、5分钟、15分钟、30分钟、60分钟等分析周期，有些分析软件还可以自定义设置时间周期。1分钟图由于变动太快，其参考意义不大，5分钟、15分钟、30分钟和60分钟这四种分时图则常用于短期行情的研判。

分时K线反应灵敏，波动的规律性较差，不适用于长期趋势的研判，但却可以很好地把握盘中的买卖时机，如果投资者进行短线交易甚至超短线交易，可以利用分时K线介入或出场。如图 1-2所示，该图是 000028 国药一致的5分钟K线图，在图中，我们可以发现3月15日这一交易日曾出现了两个很好的介入点。

图 1-2

日K线是技术分析中运用最多的一种K线，对行情分析研判的作用最大。但是，任何一种技术理论，被股民所熟知之后，都很容易被庄家所利用。例如，庄家可以利用其资金优势在开盘时故意让股价高开或低开，或者在尾盘时快速拉升或打压股价，制造股价强势上涨或弱势下跌的假象，引诱不明真相的投资者买入或卖出，以达到其出货或打压的目的。如图 1-3所示，该股在2011年11月1日和12月2日分别收出一根大阳线，但从分时图可以看出，这两根大阳线都是通过尾盘拉高做出来的，是两根诱多的线型，其目的就是主力为了拉高出逃。

图 1-3

所以，这些单一K线中，除了个别形态外，绝大多数是不能作为研判行情的依据的，只有将这些单一K线相互组合，形成新的形态，才能作为研判行情的一种技术方法。后面的几个章节我们将会重点介绍这一部分内容。

相对于日K线而言，周K线和月K线不太容易被主力或庄家所操控，其趋势形成后，一般来说不太容易改变。所以，我们可以利用周K线和月K线对中期趋势进行研判，以防止主力或庄家利用其资金优势在日K线上做骗线。而季K线等计算周期比较长的K线，我们可以用其来研判长期趋势的变化。

第三节 单根K线的认识

一幅K线图是由无数根单一K线所组成的。实体长短不同的K线、影线长短不同的K线、颜色不同的K线，其所代表的市场含义均不相同；即使一样的K线出现在不同的位置，也会有不同的市场研判意义。因此，了解各种单根K线的特征和市场含义，是我们学习K线理论的基础。

一、阳线

名称	图示	技术特征	市场含义
光头光脚阳线		1. 没有上影线和下影线 2. 开盘价就是当天的最低价，收盘价就是当天的最高价	1. 上升走势强劲，后市看涨 2. K线实体越长，上涨动力越强
光脚阳线		1. 带有不同长度的上影线，没有下影线 2. 开盘价就是当天的最低价	1. 上升力量较强，多方仍占优势，但上档压力开始显现 2. 上影线越长，上档压力越大
光头阳线		1. 带有不同长度的下影线，没有上影线 2. 收盘价就是当天的最高价	1. 股价受到买方支撑，上涨力度大，后市继续看好 2. 下影线越长，反弹的力度越大
大阳线		1. 实体较大，一般要求收盘价比开盘价上涨5%以上 2. 实体两端带有上下影线	表示买盘强劲，多方占据上风，行情看好

名称	图示	技术特征	市场含义
小阳线		1. 实体较小 2. 实体两端带有不太长的上下影线	1. 虽然多头稍占上风，但上攻乏力 2. 表明行情发展扑朔迷离，应以观望为主
小阳星		1. 整个交易日股价波动很小，收盘价略高于开盘价 2. 实体两端带有不太长的上下影线	行情处于不明朗阶段，后市走势不确定，涨跌难以判断
长下影阳线	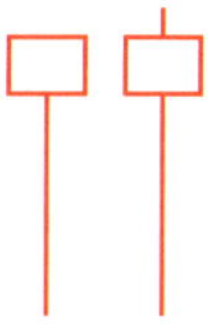	1. 实体短小 2. 下影线较长，无上影线，或只有很短的上影线	1. 若出现在高价位，则称为吊人线，为见顶信号 2. 若出现在低价位，则称为锤子线，为见底信号
长上影阳线	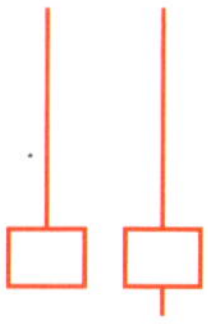	1. 实体短小 2. 上影线较长，无下影线，或只有很短的下影线	1. 若出现在高价位，则称为流星线，为见顶信号 2. 若出现在低价位，则称为倒锤子线，为见底信号
长上下影阳线	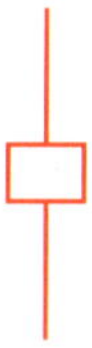	1. 也称纺锤线或螺旋桨 2. 实体短小 3. 有较长的上下影线	1. 表明多空双方势均力敌，市场走势难以定论 2. 出现在高价位或低价位时，是市场可能发生反转的警示信号

二、阴线

名称	图示	技术特征	市场含义
光头光脚阴线		1. 没有上影线和下影线 2. 开盘价就是当天的最高价，收盘价就是当天的最低价	1. 空方极为强势，行情看坏 2. K线实体越长，表明空方动能越强
光脚阴线		1. 带有不同长度的上影线，没有下影线 2. 收盘价就是当天的最低价	1. 股价虽有反弹，但上档抛压沉重，空方占据优势 2. 上影线越长，表明空方实力越强
光头阴线		1. 带有不同长度的下影线，没有上影线 2. 开盘价就是当天的最高价	1. 虽然下档出现支撑，但卖方依旧强大，行情看坏 2. 下影线越长，表明支撑力度越强
大阴线		1. 实体较大，一般要求收盘价比开盘价下跌5%以上 2. 实体两端带有上下影线	表示卖盘踊跃，空方占据上风，行情看坏
小阴线		1. 实体较小 2. 实体两端带有不太长的上下影线	1. 空方强于多方，但打压力度不大 2. 行情不明朗，应以观望为主

名称	图示	技术特征	市场含义
小阴星		1. 整个交易日股价波动很小，收盘价略低于开盘价 2. 实体两端带有不太长的上下影线	行情处于不明朗阶段，后市走势不确定，涨跌难以判断
长下影阴线	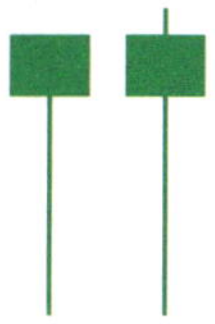	1. 实体短小 2. 下影线较长，无上影线，或只有很短的上影线	1. 若出现在高价位，则称为吊人线，为见顶信号 2. 若出现在低价位，则称为锤子线，为见底信号
长上影阴线	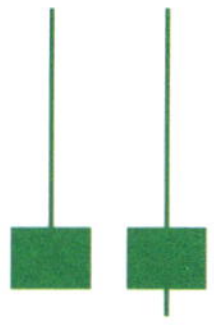	1. 实体短小 2. 上影线较长，无下影线，或只有很短的下影线	1. 若出现在高价位，则称为流星线，为见顶信号 2. 若出现在低价位，则称为倒锤子线，为见底信号
长上下影阴线		1. 也称纺锤线或螺旋桨 2. 实体较小 3. 有较长的上下影线	1. 表明多空双方势均力敌，市场走势难以定论 2. 出现在高价位或低价位时，是市场可能发生反转的警示信号

三、十字线

名称	图示	技术特征	市场含义
普通十字星		1. 开盘价与收盘价相同 2. 有上下影线	1. 多空力量暂时达到平衡 2. 若上下影线较短，之后可能会继续原先的走势或进入盘整状态

名称	图示	技术特征	市场含义
长脚十字		1. 开盘价与收盘价相同 2. 有较长的上下影线	1. 多空激烈交战，双方势均力敌，后市仍需观察 2. 出现在高价位或低价位时，是市场可能发生反转的警示信号
T字线		1. 因其形状像蜻蜓，因此也称之为蜻蜓十字 2. 开盘价、最高价和收盘价相同 3. 最低价比这三个价要低	1. 说明下档有一定支撑 2. 若出现在高价位，为见顶信号 3. 若出现在低价位，为见底信号
倒T字线		1. 因其形状像墓碑，因此也称之为墓碑十字 2. 开盘价、最低价和收盘价相同 3. 最高价比这三个价要高	1. 说明上档抛压较重 2. 若出现在高价位，为见顶信号 3. 若出现在低价位，为见底信号
一字线		1. 开盘价、最高价、最低价、收盘价均相同，股价全天没有任何波动 2. 分为涨停一字线和跌停一字线	1. 出现涨停一字线，说明多头气盛，后市看涨 2. 出现跌停一字线，说明空头强大，后市看跌

第四节 学习和应用K线理论的注意要点

K线走势千变万化，而由两根或多根K线组合而成的K线形态更是数不胜数，投资者不可能也没有精力去逐一研究。所以，学习K线理论，并不是让你去死记硬背这些K线形态，而是要掌握K线分析的方法和技巧，做到灵活应用，举一反三。投资者在学习K线理论及利用K线理论进行实际操作的过程中，应注意以下几个方面：

1. K线形态种类繁多，投资者很难全部熟记于心。因此，本书精选了国内股市中较常出现，买卖信号较为准确的58种K线形态。即使这样，投资者也没必要去死记硬背，生搬硬套。俗话说：知其然知其所以然。学习K线也一样，我们要透过现象看本质。股票市场是多空双方博弈的市场，股价的涨跌也是因为多空双方博弈的结果，它反映了双方心理变化的过程。所以，我们应该透过股价的波动，去分析多空双方的市场心理。理解了多空双方博弈的心理，也就明白了各种形态所蕴含的意义。

2. 要利用“形态解析”来辅助判断K线形态的多空含义。“形态解析”是取一个K线组合中，第一根K线的开盘价作为开盘价，最后一根K线的收盘价作为收盘价，这些K线中的最高价和最低价分别作为最高价和最低价作出的一根单K线，如图 1-4所示。利用这种方法，不管多复杂的K线形态，都可以还原成单根K线。还原后的单K线的市场含义如果支持原来的K线形态，则原形态无须再确认；如果还原后的单K线的市场含义和原来的K线形态存在冲突，则原形态需要进一步确认。利用这个方法可以将任意一个K线组合形态简化为单根K线，不管你对这个形态熟悉与否，都可以让K线形态的多空含义一目了然。

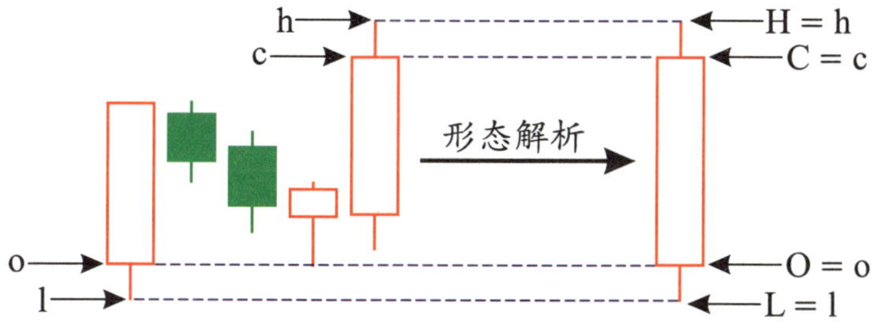

图 1-4

3. K线分析的过程中，要将K线形态前后的K线联系起来进行综合分析。有时候，将K线组合还原成单一K线后，单一K线的市场含义不支持原有的K线组合，此时就要根据K线组合后面的K线进行综合研判，确定组合是否有效；有时候，当股价上涨到高档区或下跌到低档区后，会连续的出现反转信号，此时市场反转的可能性就会比单独出现一个反转信号时要大。如图 1-5所示，该股在高位连续出现了流星线(①)、倾盆大雨(②、⑤)、空头吞噬(③)、空头母子(④)、吊人线(⑥)等形态后，股价急速下跌。

图 1-5

4. 在众多的K线形态当中，有些形态非常相似，但它们所传达的信息却大相径庭。如同样是由三根阳线组成的K线形态，红三兵是表示强势上涨的信号，而大敌当前和步步为营却是涨势受挫，上涨动能减弱的信号(在第四章中会有详细的介绍)，针对它们的操作也不一样。所以投资者一定要对这些形态加以甄别，比较它们的细微之处，并弄清楚它们所蕴含的市场含义。只有这样，才不会在研判的过程中张冠李戴。

5. 同样的K线形态出现在股价运行的不同阶段，其研判意义也不一样。如图1-6所示，该股在2011年10月份，2012年1月份和2月份均出现长上影K线，由于出现的位置不同，他们所蕴含的市场含义及操作方法均不一样。

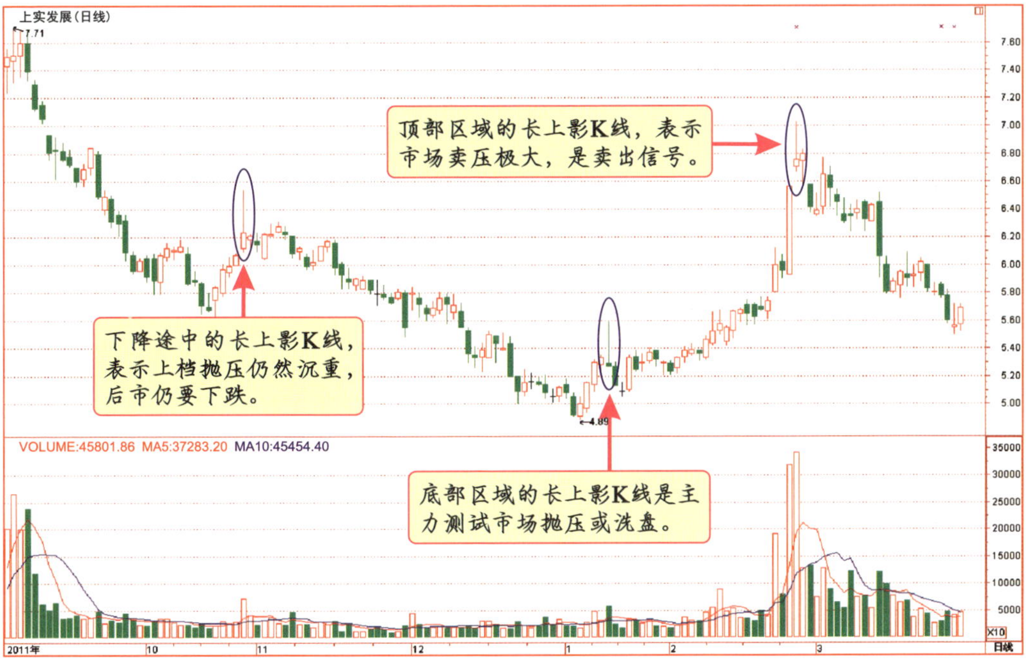

图 1-6

6. 同样的K线组合，月线最可信，其次是周线，而日线的可信度会相对降低，因为有时候主力会在日线上制造骗线来欺骗投资者，导致K线形态失真。不过月线和周线的计算周期相对较长，所以日线仍是最常用到的。投资者利用日线图预测行情走势的时候，应结合周线图和月线图进行综合分析。具体操作时，应先根据周线图或月线图来判断中长期趋势，判断好方向之后，再用日线图来寻找是否有操作的信号，最后再根据分时K线来选择合适的买卖点。所以，投资者在分析过程中，要遵循由远及近、看长作短、小周期服从大周期、大形态影响小形态等原则。

由此可见，如果光凭K线形态的买卖信号去操作，可能会导致操作失误，甚至出现完全相反的结论。因此，K线形态需要与其他技术分析方法结合起来，研判才会更加准确。这部分内容我们将会在最后一个章节重点介绍，投资者一定要认真领悟其中的精髓。

模拟实盘练习

一、填空题

1. K线是根据股票某一交易时段内的________、________、________、________绘制而成，由______和______组成的柱状图形。按实体颜色来分，K线可分为______和______两种。

2. K线可以根据实体颜色、是否有影线及计算周期等进行分类，按计算周期划分，K线可分为________、________、________、________、________以及________等。

二、选择题

1. 请说出图 1-7中箭头所指的K线的名称，并将字母编号填在括号内。

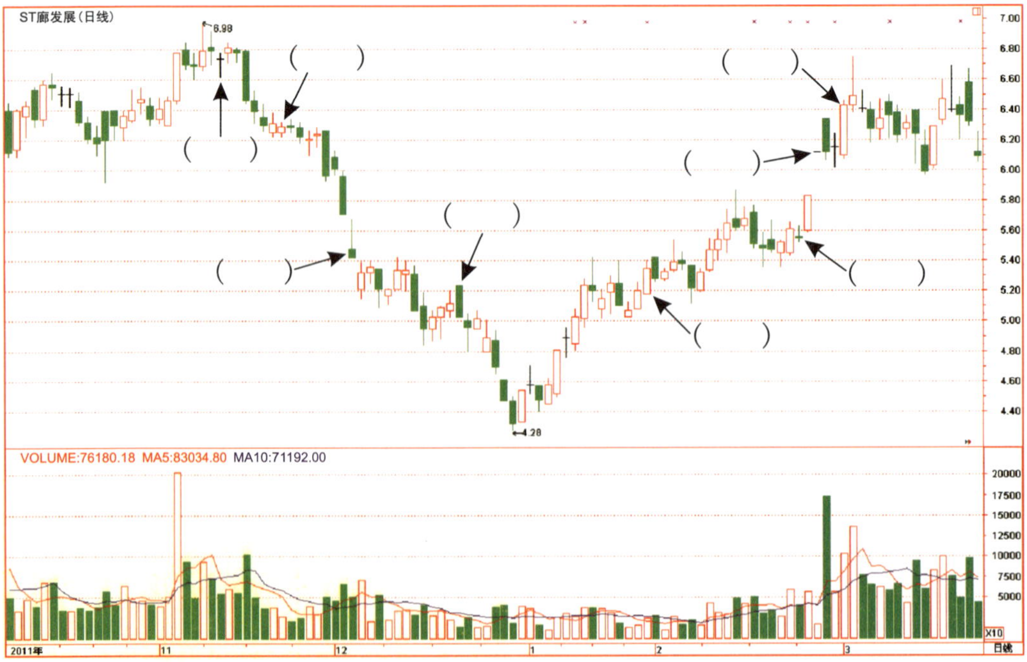

图 1-7

A. 长上影阴线　B. 十字星　C. 小阳线　D. 光脚阳线

E. 一字线　F. 大阳线　G. 小阴星　H. 光头光脚阴线

2. 图 1-8中方框内的K线组合可以还原成以下哪种单K线？（　　）

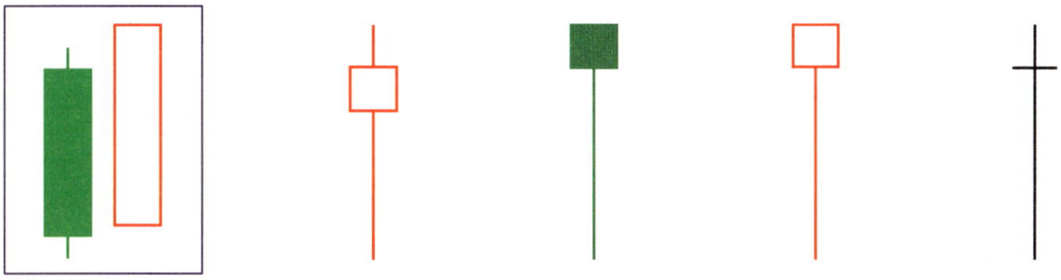

图 1-8　　A.　　B.　　C.　　D.

3. （多选）观察右图的单K线，选出表述正确的选项。（　　）

A. 该K线称为光脚阳线。

B. 该K线表示空方占优，多方已被空方完全压制。

C. 该K线表示上升力量较强，多方仍占有优势。

D. 该K线的上影线表示上档存在一定程度的抛压，且影线越长，上档压力越大。

4. 图 1-9的分时图对应的是何种类型的单K线？（　　）

图 1-9

A. 光头光脚阳线　　B. 光头阳线　　C. 光脚阳线　　D. 长上影阳线

5. 假阳线是指当天收盘价高于开盘价，但却低于上个交易日收盘价的K线。K线虽然呈阳线，但是与前一个交易日的收盘价相比，股价仍是下跌的。下列四幅图中哪一幅为假阳线对应的分时图？(　　)

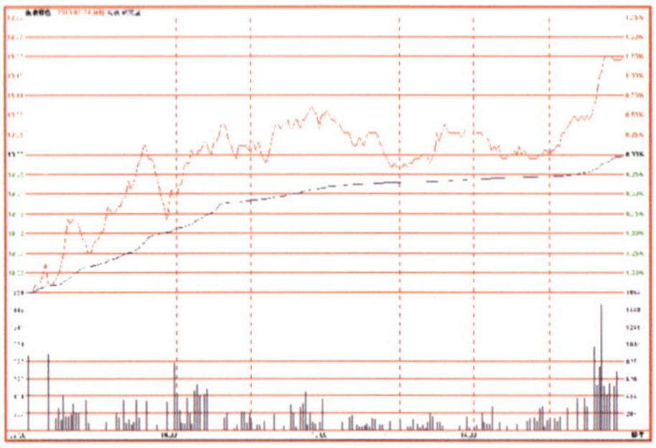

A.

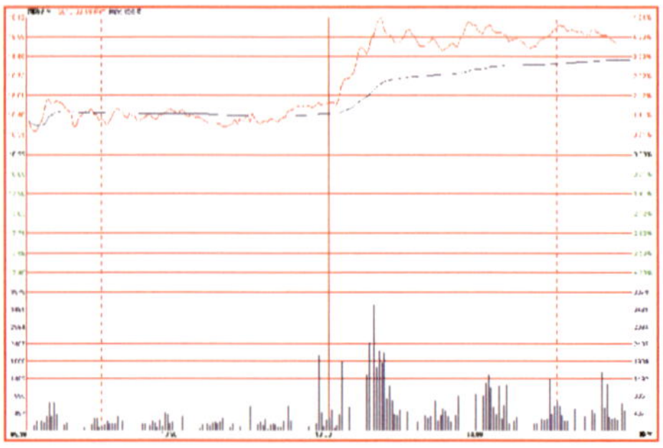

B.

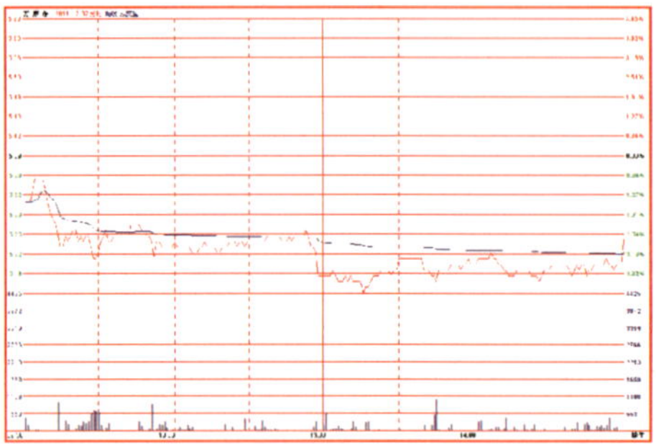

C.

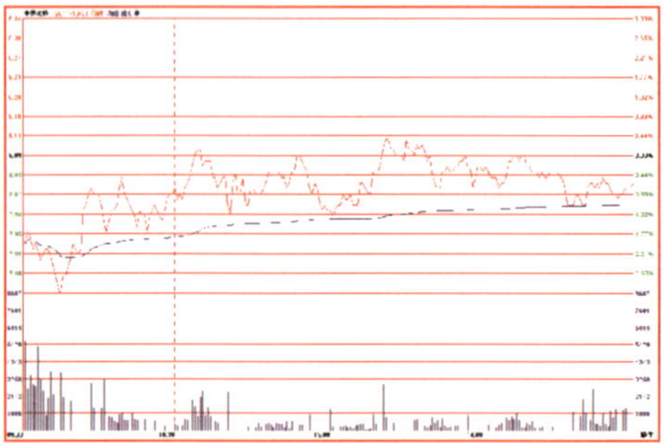

D.

图 1-10

参考答案：

一、填空题

1. 开盘价、收盘价、最高价、最低价　实体、影线　阳线、阴线
2. 日K线、周K线、月K线、季K线、年K线、分时K线

二、选择题

1. 如图 1-11所示
2. C
3. ACD
4. B
5. D

图 1-11

三、将下列的分时走势图与所对应的K线相连。

1. 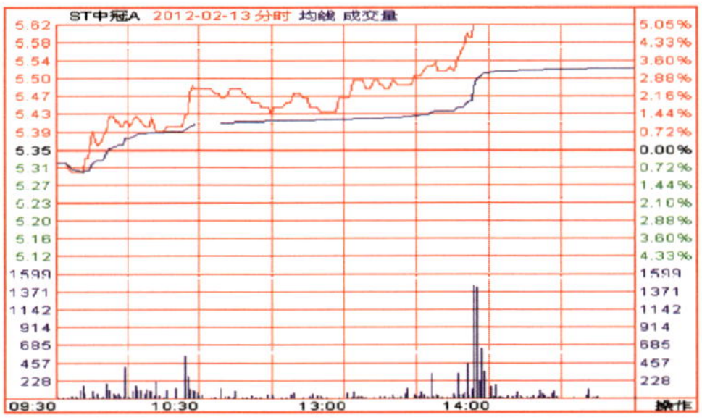

• • A. 

2. 

• • B. 

3. 

• • C. 

4. 

• • D. 

图 1-12

参考答案：

1. — C　　2. — A　　3. — D　　4. — B

四、问答题

1. 写出图 1-13中箭头标示处的K线名称，并说一说这些K线所代表的含义以及它们对股价运行情况的影响。

图 1-13

2. 根据图 1-14中股价的运行情况，说一说图中最后一根阴线的市场含义以及投资者应如何操作？

图 1-14

参考答案：

1. ①是光头阳线，表示股价受到买方支撑，上涨力度较大，后市看好。出现该K线后，股价继续上涨。

②是长脚十字，表示势均力敌的多空双方激烈交战，最后打成平手。由于该K线出现在连续上涨后的高位，所以是一个市场反转的警示信号，该信号出现后，股价停止了上涨。

③是大阴线，表示卖盘踊跃，空方占据上风，后市看跌。该K线出现在高位，后市产生了一波下跌行情。

④是长上影阴线，表示上档抛压沉重，后市不容乐观。该K线出现后，后市继续下跌。

⑤是长下影阳线，表示下档支撑较强，出现在低位，说明买盘逢低介入，为见底信号。该K线出现后，股价见底回升。

⑥是小阴线，表示空方略强于多方，但行情仍不明朗，应以观望为主。该K线出现后，股价继续横向整理。

⑦是大阳线，表示买盘强劲，多方完全占据上风，后市继续看涨。该K线出现后，后市产生了一波稳健的上攻行情。

⑧是小阴星，表示行情不明朗，后市走势难以判断。该K线后面是一根大阳线，说明市场原有的运行趋势并未改变。

⑨是长上影阳线，表示上档抛压沉重，出现在连续上涨后的高位，说明市场出现获利回吐，为卖出信号。该K线出现后，股价出现短暂回调。

2. 图中最后一根K线是一根小幅低开、全天宽幅震荡并大幅走低的大阴线。在高位出现的大阴线表明多空双方经过激烈争夺后，最终空方战胜了多方，掌握了市场的主导权。这根放量下跌的大阴线预示着上涨行情可能结束，投资者应主动减仓，若次一交易日该股继续走低，则说明跌势已经形成，投资者应立即离场观望，如图 1-15所示。

图 1-15

3. 根据图 1-16中股价的运行情况，说一说图中最后一根K线的特征和市场含义以及投资者应如何操作？

图 1-16

参考答案：

3. 图中最后一根K线叫T字线，也称蜻蜓十字，它的开盘价、收盘价和最高价都相同。该K线的长下影线表示下档有较强的支撑。这里的T字线出现在长期下跌后的低位，此时空方动能已基本衰竭，逢低买盘开始介入，导致股价触底回升，所以这是一个见底信号。稳健的投资者可等待下一交易日的确认，若接下来股价继续走高，则投资者可逐步介入做多，如图 1-17所示。

图 1-17

五大理由买卖实操

观察图 1-18中股票的技术形态，制定买卖策略，并填写下列表格。

图 1-18

五 大 理 由 买 卖 法

技术分析	买卖信号
理由一(K线)： 在高位出现纺锤线、长上影K线、墓碑十字等K线后，该股以一根光脚大阴线跌破高位整理平台。	
理由二(趋势)： 股价连续七天受阻于前期高点阻力位，最后向下回落。	
理由三(价量)： 成交量创出近期天量后，股价滞涨回落，显示前期高点成为明显阻力，投资者纷纷出逃。	
理由四(KDJ)： KD在80左右的高位形成死叉。	
理由五(CCI)： CCI向下穿越+100。	
后市方向及操作建议：	

参考答案:

图 1-19

五大理由买卖法

技术分析	买卖信号
理由一(K线): 在高位出现纺锤线、长上影K线、墓碑十字等K线后，该股以一根光脚大阴线跌破高位整理平台。	卖
理由二(趋势): 股价连续七天受阻于前期高点阻力位，最后向下回落。	卖
理由三(价量): 成交量创出近期天量后，股价滞涨回落，显示前期高位成为明显阻力，投资者纷纷出逃。	卖
理由四(KDJ): KD在80左右的高位形成死叉。	卖
理由五(CCI): CCI向下穿越+100。	卖
后市方向及操作建议: 股价上涨受阻，主力出逃迹象明显，后市回落概率较大，应出场观望为宜。	

点评: 高档出现的放量大阳线、大阴线、纺锤线以及十字线等振幅较大的K线，通常是主力出货的线型，这些线型在高档区集中出现时，投资者应引起警惕。

第二章　单根K线形态

第一章中我们介绍了单K线的二十几种基本类型，它们因K线实体颜色、大小，以及影线长短的不同而具有不一样的市场含义，这些单K线中大部分都是需要与其他K线组合起来，才具有行情研判的功能。但是，这里面有几种单K线是比较特殊的，它们常常在股价反转的顶部或底部出现。所以，了解这几种K线对我们研判行情走势具有重要的作用，下面我们来重点介绍这几种K线形态。

看涨信号

反转形态

持续形态

看跌信号

反转形态

持续形态

第一节 锤子线

一、形态描述

锤子线通常出现在下跌趋势的底部，它是一根实体短小且带有长下影线的K线。就像其名字一样，锤子线具有夯实市场底部的含义。

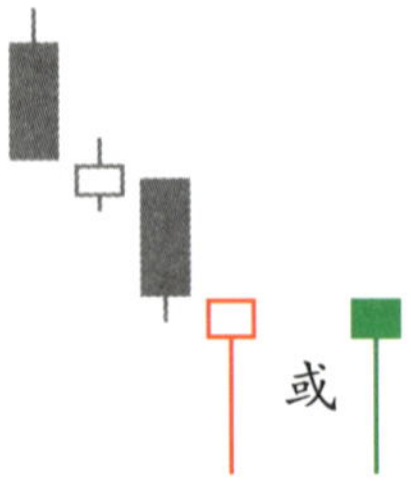

图 2-1

二、辨认法则

1. 锤子线实体很小，且位于当日交易区间的上端。
2. 实体的颜色并不重要。
3. 下影线的长度应为实体长度的数倍，通常为2~3倍。
4. 不应该有上影线，即使有也必须很短。

图 2-2

三、形态蕴含的市场心理

市场仍处于下降趋势中，恐慌气氛弥漫，开盘后抛压继续显现，致使股价不断创出新低。之后，随着卖盘的减少，市场价格开始在买盘的推动下逐渐走高，并收于当天的开盘价附近。这使得市场中空方的力量得到有效释放，如果第二天价格呈现上涨的势头，则证明多方已开始在市场上占据主导地位。

四、注意事项

1. 若锤子线的收盘价高于开盘价形成阳线，则市场状况对多头更有利。
2. 锤子线的下影线越长，市场发生反转的潜力越大。
3. 只有确认第二天市场价格上涨后，投资者方可介入做多。
4. 在底部出现的T字线(蜻蜓十字)可视为锤子线的特殊情形。

五、实例示范

图 2-3

第二节 吊人线

一、形态描述

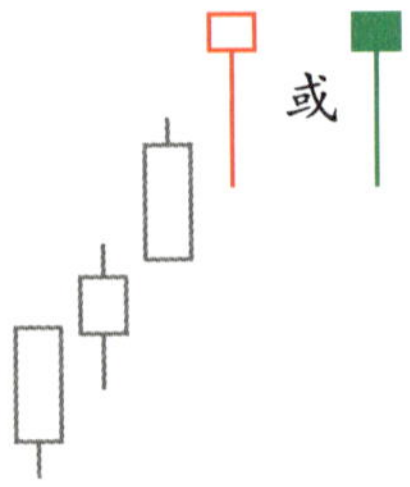

图 2-4

吊人线也称吊颈线或吊首线，通常出现在上升趋势中或上升趋势的顶部，它的形状和锤子线一样，只是出现的位置不同而已。之所以称为吊人，是因为它看起来像一个人高高地挂在上方。

二、辨认法则

1. 吊人线实体很小，且位于当日交易区间的上端。
2. 实体的颜色并不重要。
3. 下影线的长度应为实体长度的数倍，通常为2~3倍。
4. 不应该有上影线，即使有也必须很短。

图 2-5

三、形态蕴含的市场心理

市场处于上涨趋势中，做多气氛浓厚，踊跃的买盘推高了开盘价。但是开盘后卖盘开始涌现，致使价格不断回落，当天的交易价格几乎都在远离开盘价的下方运行，直到当天交易快结束之时，多方开始发力，并使得价格回升到当天开盘价附近，从而收出一根长下影K线。从当天的K线来看，虽然多方仍然占有优势，但长下影线反映空方已经开始主动出击。若当天的吊人线为阴线，且第二天开盘价低于前一天的收盘价，则说明空方已经占据了主导地位。

四、注意事项

1. 虽然吊人线的实体颜色并不重要，但是阴线的吊人线空头意味更浓。
2. 吊人线的下影线越长，市场发生反转的潜力越大。
3. 出现吊人线当天，很多时候会随之出现巨量甚至是天量。
4. 吊人线的反转信号需要第二天市场行情的下跌来确认。
5. 在头部出现的T字线（蜻蜓十字）是吊人线的特殊情形。

五、实例示范

图 2-6

第三节 倒锤子线

一、形态描述

倒锤子线通常出现在下跌趋势的末端，它是一根实体短小且带长上影线的K线。它和锤子线一样，通常是底部反转的信号，但这种反转需要确认。确认的方式是次一交易日的收盘价要高于倒锤子线的实体部分，最好是高开高走收出中、大阳线。

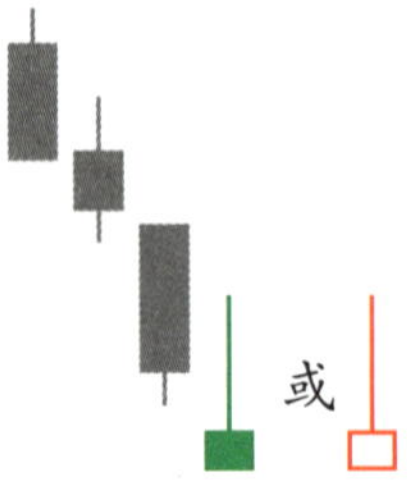

图 2-7

二、辨认法则

1. 倒锤子线实体很小，且位于当日交易区间的下端。
2. 实体的颜色并不重要。
3. 上影线的长度至少为实体长度的2倍。
4. 不应该有下影线，即使有也必须很短。

图 2-8

三、形态蕴含的市场心理

股价继续在下跌趋势中运行，由于市场普遍看跌，导致当天股价跳空低开。开盘后，随着买盘的介入，股价开始逐渐走高。但此时买方的力量并不强大，在空方的打压下，价格又向下回落，几乎以当天的最低价报收。此时空方仍占据主导地位，倘若次一交易日开盘价位于倒锤子线实体的上方且价格出现回升，则说明空方的力量已经在前一天消耗掉了，这样反而会引发空头回补，促使价格出现上涨。

四、注意事项

1. 虽然倒锤子线的实体颜色并不重要，但是阳线的倒锤子线更具看涨意义。
2. 倒锤子线的上影线越长，市场发生反转的潜力越大。
3. 倒锤子线次一交易日价格出现回升是投资者介入做多的前提。
4. 在底部出现的倒T字线(墓碑十字)是倒锤子线的特殊情形。

五、实例示范

图 2-9

第四节 流星线

一、形态描述

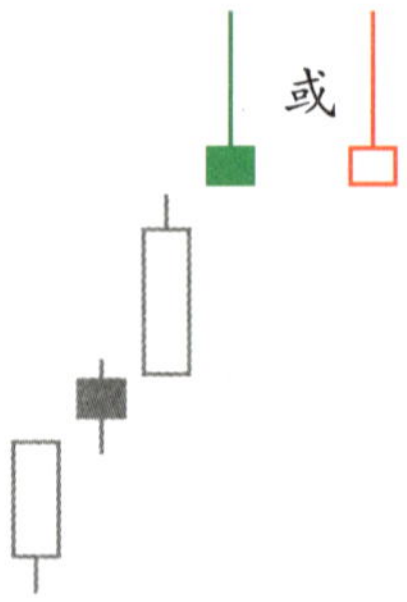

图 2-10

流星线也称射击之星，通常出现在上涨趋势的末端，它的形状和倒锤子线一样，只是两者出现的位置不同。之所以称之为流星线，是因为它看起来就像从天而降的流星拖着长长的尾巴。

二、辨认法则

1. 开盘后形成一个向上跳空的缺口。
2. 流星线的实体很小，且位于当日交易区间的下端。
3. 实体的颜色并不重要。
4. 上影线的长度至少为实体长度的3倍。
5. 不应该有下影线，即使有也必须很短。

图 2-11

三、形态蕴含的市场心理

在上涨趋势中，市场做多热情高涨，股价向上跳空开盘后一路走高，但是冲高后却遭遇卖压，使得价格逐渐向下回落，并报收于当天的开盘价附近。从线型上看，虽然多方仍占有一定的优势，但长上影线表明空方已经发动了反攻，如果第二天价格低开且呈下跌走势，则说明主动权将由多方交到了空方手中。

四、注意事项

1. 虽然流星线的实体颜色并不重要，但是阴线的流星线更具看跌意义。
2. 流星线的上影线越长，市场发生反转的潜力越大。
3. 次一交易日市场价格下跌是流星线作为反转信号的确认条件。
4. 若流星线对应的是巨量或天量，会增加其反转的可能性。
5. 在顶部出现的倒T字线(墓碑十字)是流星线的特殊情形。

五、实例示范

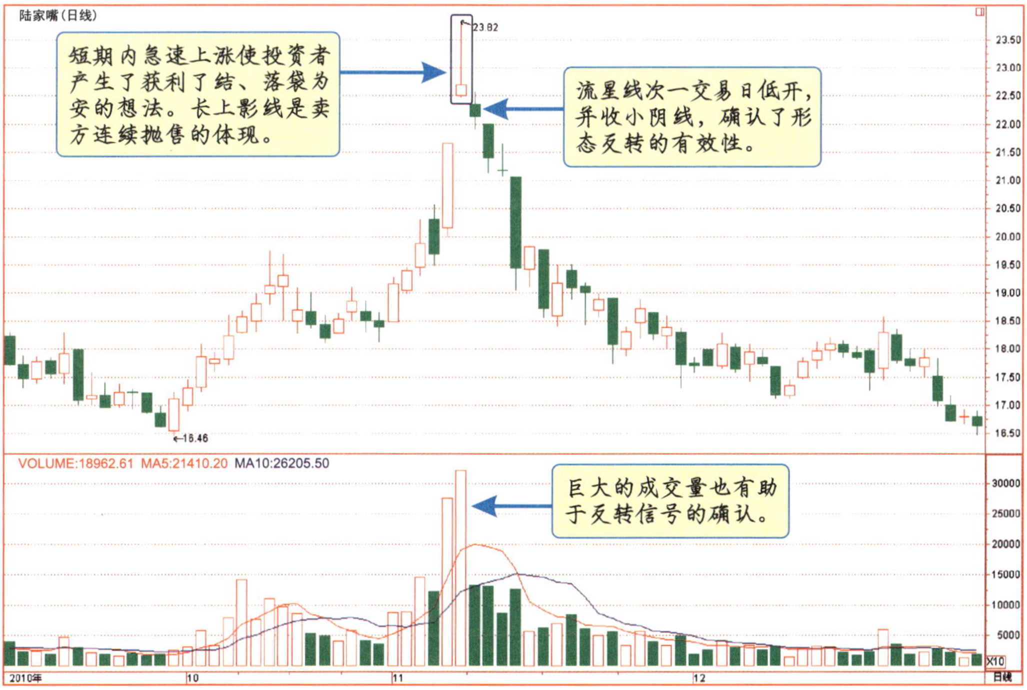

图 2-12

第五节 多头执带

一、形态描述

多头执带是一根光脚阳线，它是指在下跌趋势中，股价大幅跳空低开，开盘价与前一天收盘价形成一个较大的跳空缺口，开盘价就是当天的最低价，之后逆势走高，并以接近最高价的价格收盘。

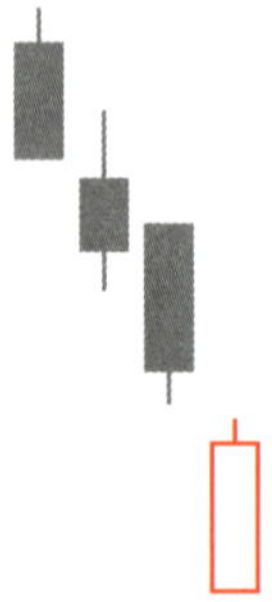

图 2-13

二、辨认法则

1. 开盘价就是当天的最低价，因此没有下影线。
2. 开盘价与前一天的K线实体之间有一个较大的跳空缺口。
3. 收盘价接近当天最高价，但并不一定是最高价。

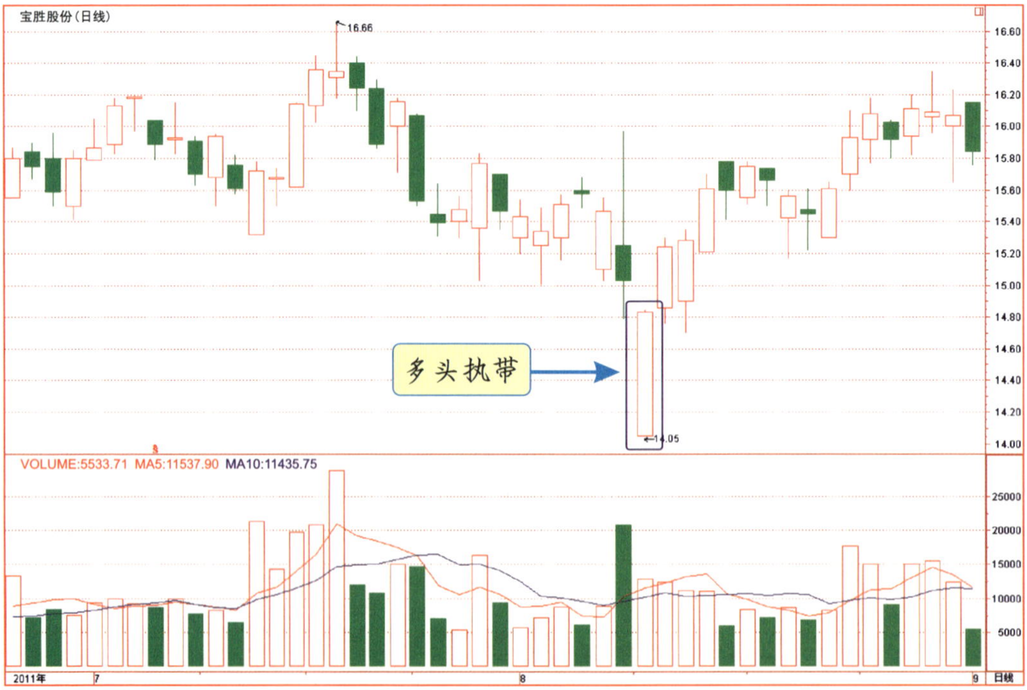

图 2-14

三、形态蕴含的市场心理

股价继续在下跌趋势中运行，空方仍旧掌控市场，当天股价以低于前一天收盘价的价格开盘。由于之前的连续下跌以及大幅跳空，使空方动能基本上得到释放，与此同时，多方力量开始积聚，于是价格在买盘的推升下逐步走高，甚至引发了空头的回补，从而进一步推动价格上涨，最终股价以接近当天最高价收盘。

四、注意事项

1. 多头执带的实体越长，向上反转的力度越大。

2. 多头执带是否能形成反转，需要次一交易日市场价格的确认。次一交易日价格继续上涨，投资者方可介入做多。

五、实例示范

图 2-15

第六节 空头执带

一、形态描述

空头执带是一根光头阴线，它是指在上涨趋势中，股价大幅跳空高开，开盘价与前一天收盘价形成一个较大的跳空缺口，开盘价就是当天的最高价，之后逆势走低，并以接近最低价的价格收盘。

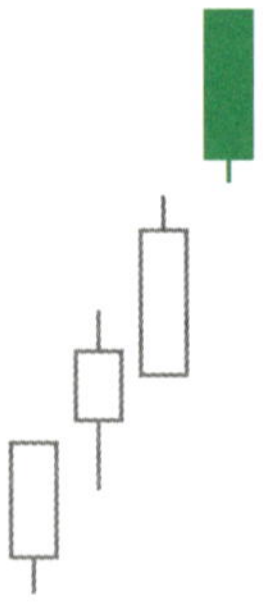

图 2-16

二、辨认法则

1. 开盘价就是当天的最高价，因此没有上影线。
2. 开盘价与前一天的K线实体之间有一个较大的跳空缺口。
3. 收盘价接近当天最低价，但并不一定是最低价。

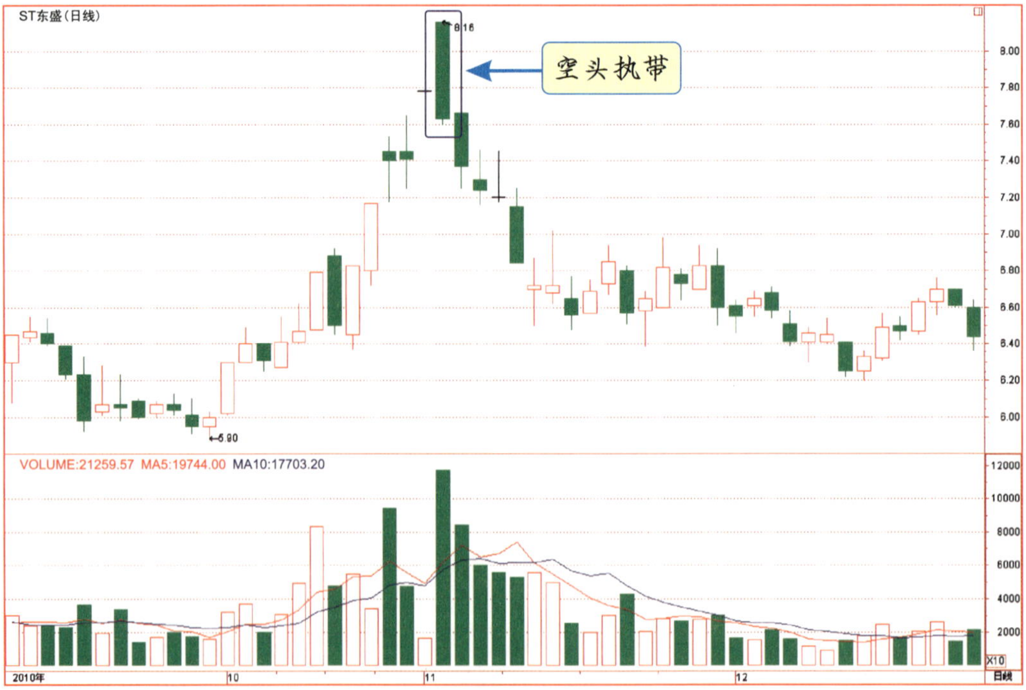

图 2-17

三、形态蕴含的市场心理

市场价格继续在上升趋势中运行，当天突然顺势跳空高开，但高开后空头展开反扑，导致股价逆势下跌。市场中的多头也因为短期股价涨幅较大，开始考虑获利了结，这些行动促使股价加剧下跌，最终股价以接近当天最低价收盘。从当天收出的K线可以看出，在多空较量中，多方节节败退，若次一交易日股价低开且呈下跌走势，则说明主动权已转到空方手中。

四、注意事项

1. 空头执带的实体越长，向下反转的力度越大。

2. 空头执带是否能形成反转，需要次一交易日市场价格的确认。次一交易日价格继续下跌，才能确认趋势反转的有效性。

3. 若出现空头执带当日对应的是天量，会增加其反转的可能性。

五、实例示范

图 2-18

模拟实盘练习

一、选择题

1. (多选)观察右图的K线形态，选出正确的选项。(　　)

A. 此形态若出现在高位，称为流星线；若出现在低位，就称为倒锤子线。

B. 此形态实体短小，但上影线较长，通常是实体的2~3倍。

C. 此形态的长上影线表示市场抛压沉重，无论出现在什么位置，都是看跌的信号。

D. 此形态的上影线越长，市场发生反转的潜力越大。

2. 说出图 2-19中箭头所指处的K线形态，并把字母编号填在括号内。

A. 锤子线	B. 吊人线	C. 倒锤子线
D. 流星线	E. 多头执带	F. 空头执带

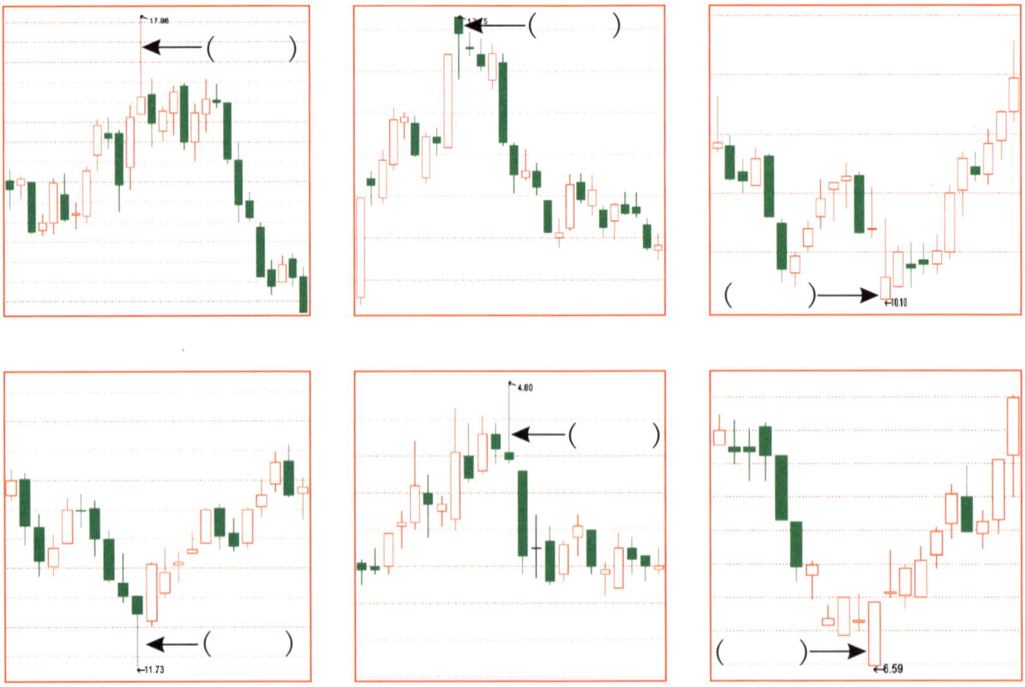

图 2-19

3. 下列选项中，哪一个是空头执带形态？（　　）

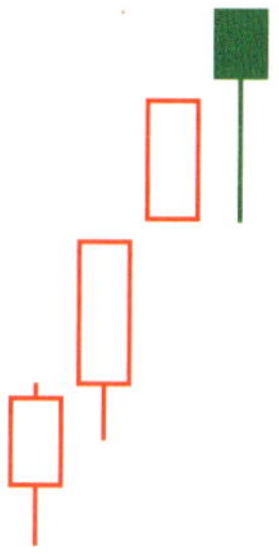

A.

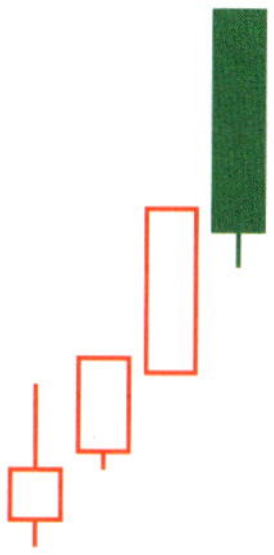

B.

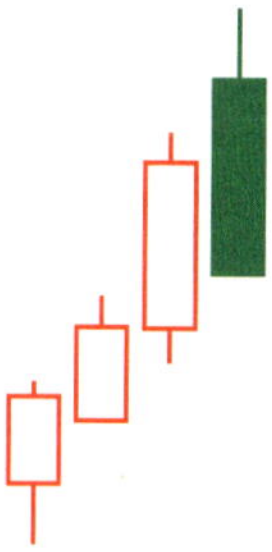

C.

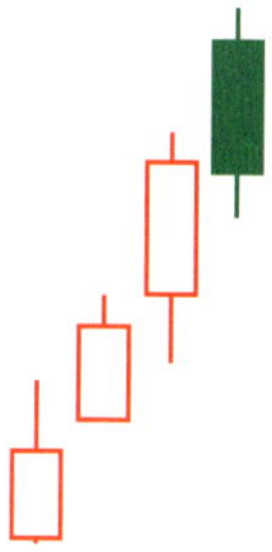

D.

4. 流星线是一根实体短小，下影线很短甚至没有，但上影线很长的K线。它通常出现在高位，是股价见顶回落的信号，其中阴线的流星线更具看跌意义。图2-20中，哪一幅是阴线的流星线？（　　）

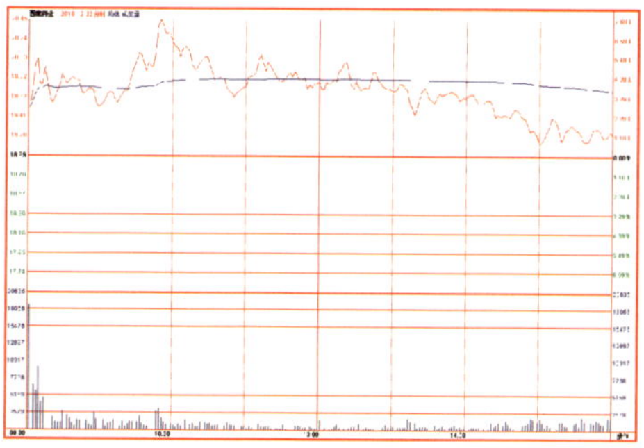

A.

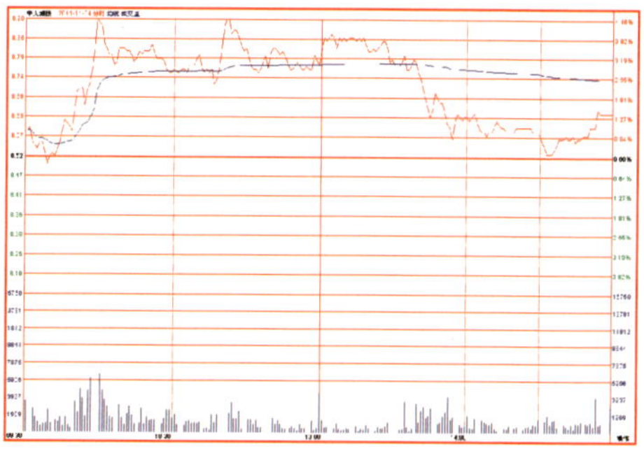

B.

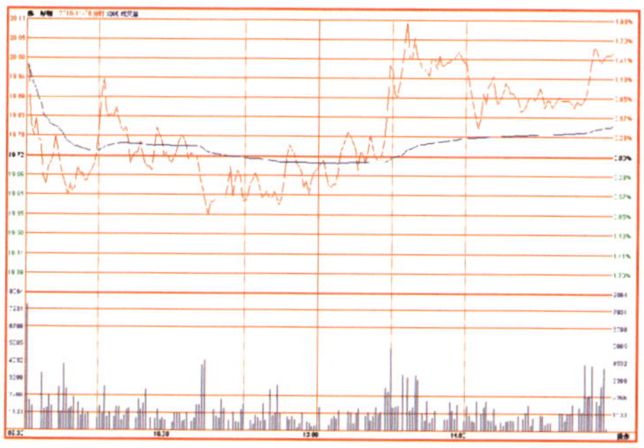

C.

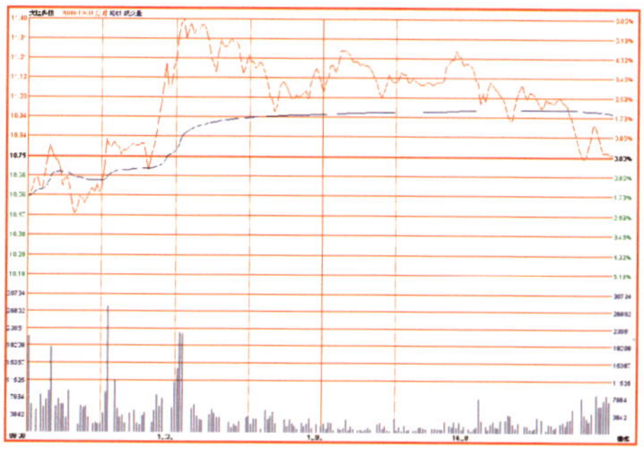

D.

图 2-20

参考答案：1. ABD　　2. D　B　C
A　D　E　　3. B　　4. A

二、问答题

1. 说一说图 2-21中a、b、c三根K线有什么相同之处和不同之处，如何根据它们进行操作？

图 2-21

参考答案：

1. a、b、c三根K线的相同之处是实体都很小，具有很长的下影线，但上影线都很短，甚至没有。不过它们出现的位置不同，其名称和所代表的含义均不相同。K线a和b出现在低位，称为锤子线，它反映了股价连续下跌后，空方能量逐渐衰竭，而多方的介入使得股价逐渐回升，并收出长下影K线，后市可能会因为多方的继续跟进而不断走高。所以，低位的锤子线是一种看涨信号，如果锤子线的下一交易日股价呈上涨态势，投资者可介入做多。K线c出现在高位，称为吊人线，它反映了股价连续上涨后，市场获利盘开始套现离场，导致股价大幅走低，虽然最后被拉回到开盘价附近，但显示出多方做多动能已大幅减弱，后市可能向下回落。所以，高位的吊人线是一种看跌信号。出现吊人线后，如果下一交易日股价收跌，则说明空方已经掌控了市场的主导权，投资者应离场观望。

2. 说一说图 2-22中a、b、c三根K线有什么相同之处和不同之处，如何根据它们进行操作？

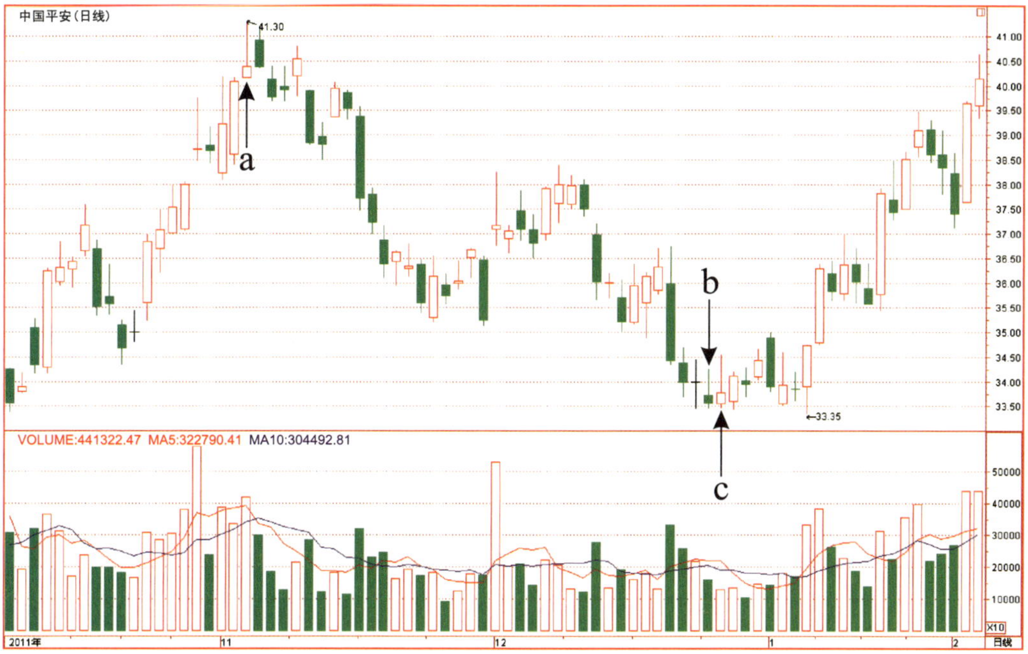

图 2-22

参考答案：

2. a、b、c三根K线的相同之处是实体都很小，上影线很长，没有或只有很短的下影线。不过它们出现的位置不同，其名称和所代表的含义均不相同。K线a出现在高位，称为流星线，它反映股价冲高后遭遇卖压，由于卖盘的力量强于买盘，导致股价不断走低，并回到了开盘价附近。随后由于卖方力量的不断增强以及买方力量的减弱，会促使股价进一步走低。所以，高位的流星线是一种看跌信号，若流星线之后股价低开低走，则说明跌势已经形成，投资者应及时离场。K线b和c出现在低位，称为倒锤子线，它反映股价连续下跌后，空方力量逐渐减弱，多方开始出击，试探市场。由于此时多方仍未形成气候，所以价格被空方压回到开盘价附近，收出一根长上影K线。虽然上攻暂时受阻，但多方力量已开始逐渐聚集，如果倒锤子线之后价格出现回升，则说明多方力量已经战胜了空方，后市将会逐渐走强。所以，低位的倒锤子线是一种看涨信号，如果倒锤子线之后股价出现上涨，投资者可介入做多。

3. 观察图 2-23中股价的运行情况，根据本章所学的单K线，预判该股的后市走势，并说一说接下来应如何操作？

图 2-23

4. 观察图 2-24中股价的运行情况，根据本章所学的单K线，预判该股的后市走势，并说一说接下来应如何操作？

图 2-24

参考答案：

3. 该股近期上涨到高位后，出现了两根流星线。第一根流星线形成后，该股收出一根小阳线，且小阳线的收盘价略高于前一天流星线的收盘价，反映出多方仍在负隅顽抗，但小阳线之后马上又收出一根流星线，显示出多方虽试图继续上攻，但遭到了空方的打压，导致股价再次回落。第二根流星线形成后，空方已经完全掌控了市场的主导权，这一点可以从图中最后一根下跌的阴线得到验证。所以这两根流星线是看跌的信号，接下来该股可能向下回落，投资者应在最后一根阴线形成后尽快离场，如图 2-25所示。

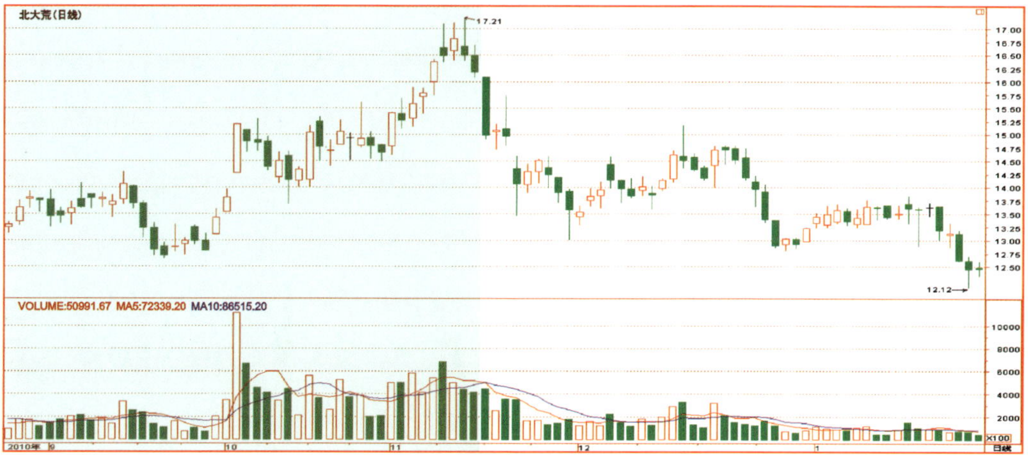

图 2-25

4. 该股连续下跌后，在低位收出一根锤子线，表明股价大幅下跌后，部分投资者开始逢低介入，将价格逐步推高。但是，这种力量能否持续还不得而知，我们需要下一个交易日的走势来验证，如果第二天价格呈现上涨势头，说明买方的力量正逐渐转强，后市继续走高的可能性将增大。而该股在收出锤子线后的第二天，价格继续低开，最终只收出一根下跌的小阳星，显示多方力量仍然十分微弱，说明股价缺乏反转向上的动能，后市可能会继续下行，投资者此时应继续观望，如图 2-26所示。

图 2-26

5. 观察图 2-27中股价的运行情况，根据本章所学的单K线预判该股的后市走势，并说一说接下来应如何操作？

图 2-27

参考答案：

5. 该股下跌到低位后，于图中倒数第四个交易日收出一根多头执带线，当天股价延续先前下跌势头大幅跳空低开，开盘后多方奋起反抗，使得股价逐步回升，虽然最后仍然收于前一根K线的最低价下方，但这根K线已经反映出了空方力量的衰竭和多方力量的崛起。多头执带形成后，接下来的三天股价连续走高，反映出多方已经掌控了市场的主导权，开始稳步上攻，由于多头力量的进一步凝聚，后市有望继续走高，投资者此时可逐步介入做多，如图 2-28所示。

图 2-28

五大理由买卖实操

观察图 2-29中股票的技术形态，制定买卖策略，并填写下列表格。

图 2-29

五大理由买卖法

技术分析	买卖信号
理由一(K线)：出现流星线形态。	
理由二(趋势)：股价在下降趋势线附近受阻回落。	
理由三(BOLL)：股价运行至布林线上轨附近后受阻回落。	
理由四(价量)：后高不及前高，后量却超过前量，反映抛压沉重。	
理由五(MACD)：DIF与DEA在低位形成金叉。	
后市方向及操作建议：	

参考答案：

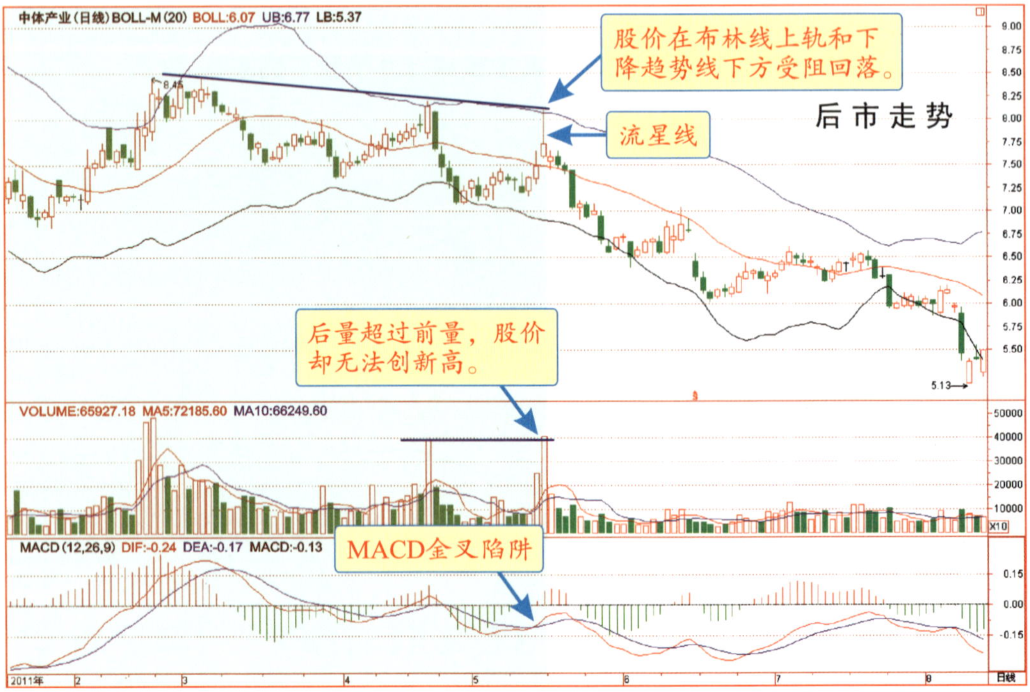

图 2-30

五大理由买卖法

技术分析	买卖信号
理由一(K线)：出现流星线形态。	卖
理由二(趋势)：股价在下降趋势线附近受阻回落。	卖
理由三(BOLL)：股价运行至布林线上轨附近后受阻回落。	卖
理由四(价量)：后高不及前高，后量却超过前量，反映抛压沉重。	卖
理由五(MACD)：DIF与DEA在低位形成金叉。	买
后市方向及操作建议：虽然MACD在低位金叉发出买入信号，但是另外四个理由均显示目前股价上涨受阻，后市可能回落，此时不宜介入。	

点评： MACD在0轴之下的金叉通常是下降途中的反弹而已，之后股价可能再次回落。要判断是否可以买入，需要结合其他的技术分析方法进行综合研判。

第三章 双K组合形态

双K组合是我们在行情分析中最常碰到的一类K线形态。两根实体颜色相同或相反的K线，因其实体大小以及位置关系的不一样，可以组合成许许多多不同的K线形态，这些形态中，有些是顶部反转形态，有些是底部反转形态，还有的是上涨或下跌途中的持续形态。在众多的形态中，有些其实并无多大意义。因此，本章挑选了其中21种最典型的双K组合。另外，为了方便读者学习和对比，我们特意把两种关系相反的形态或几种相关联的形态放在一起讲解。

看涨信号

看跌信号

第一节 贯穿线

一、形态描述

贯穿线也称刺透线或斩回线，这种形态通常出现在下跌趋势中，由两根K线所构成，第一天是一根阴线，第二天是一根开低走高的大阳线，大阳线的开盘创出新低，但收盘价却位于前一根阴线实体中点的上方。

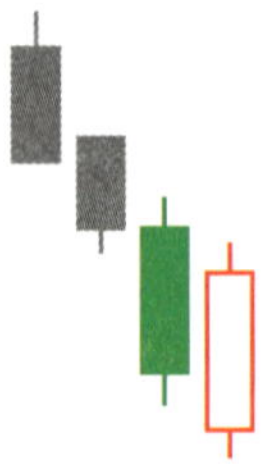

图 3-1

二、辨认法则

1. 第一根K线是一根大阴线。
2. 第二根K线是一根大阳线，它的开盘价低于大阴线的最低价（而非收盘价）。
3. 大阳线的收盘价位于大阴线实体中点之上。

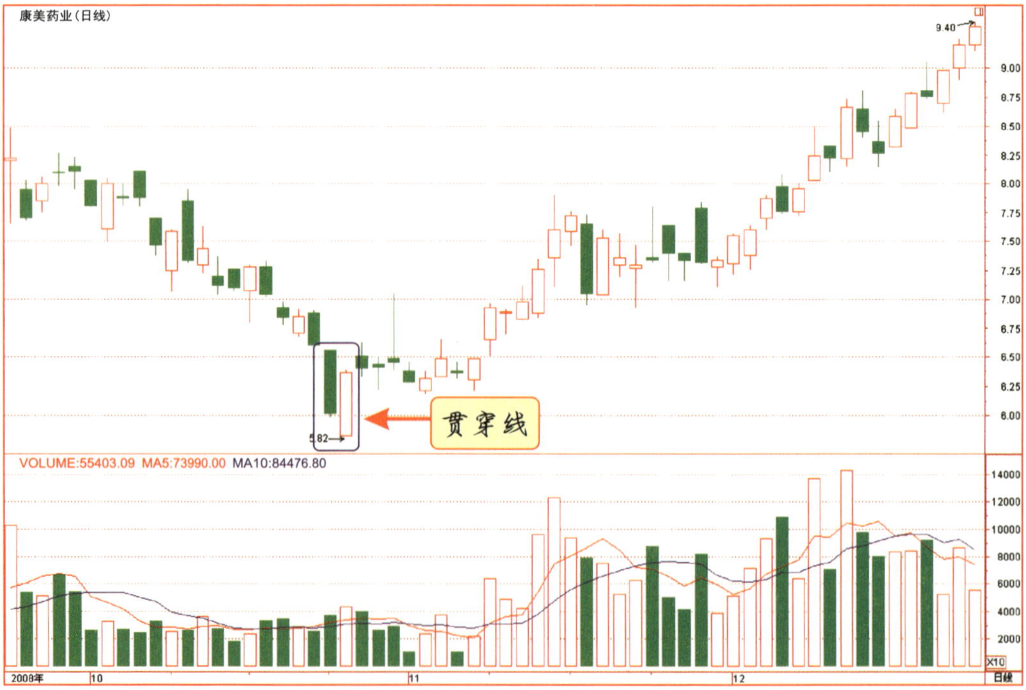

图 3-2

三、形态蕴含的市场心理

下降趋势中继续出现的大阴线，使得空头气氛更加浓厚，市场处于强烈的杀跌气氛中。第二天股价向下跳空开盘，证明空方继续主宰盘面，但是随后市场人气开始聚集，多头发力上攻，并使价格回升到前一天阴线实体的上半部分，这说明多头已经积蓄了较大的能量，这种行为甚至会引发部分空头的回补，并促使市场更快地形成底部。

四、形态解析

贯穿线可以还原成一根锤子线，锤子线是市场趋势发生转变的信号。因此，还原后的单K线支持原形态的市场含义。

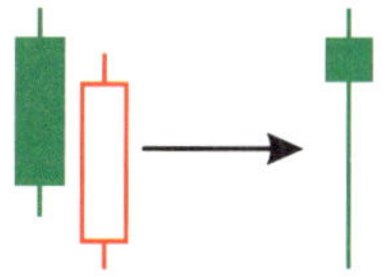

五、注意事项

1. 阳线实体越长，市场发生反转的潜力越大。

2. 如果贯穿线阳线的收盘价超过了阴线的开盘价，即阳线实体包含了阴线的实体，则该形态就演变成了多头吞噬形态（本章后面会介绍）。

六、实例示范

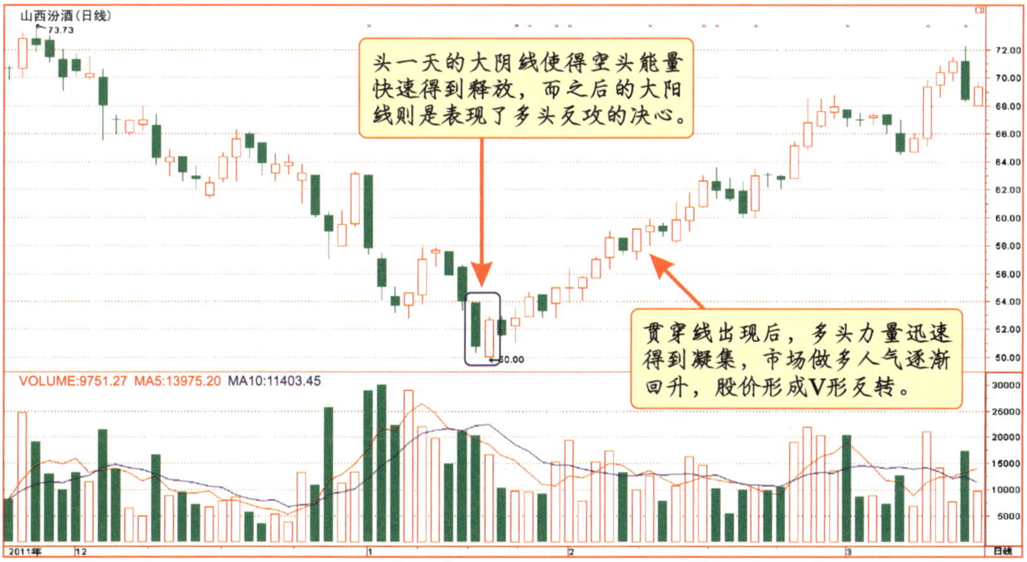

图 3-3

第二节 乌云盖顶

一、形态描述

乌云盖顶与上一节所讲的贯穿线形态正好相反，这种形态出现在上升趋势中，第一天先出现一根大阳线，第二天股价跳空高开，然后逐步下探，并收在前一根阳线实体中部之下。

图 3-4

二、辨认法则

1. 第一根K线是一根大阳线。
2. 第二根K线是一根大阴线，它的开盘价高于大阳线的最高价（而非收盘价）。
3. 大阴线的收盘价位于大阳线实体中点之下。

图 3-5

三、形态蕴含的市场心理

股价在上升趋势中运行，市场做多气氛异常狂热，但是长时间的上涨使得多头能量大幅消耗，大阳线之后的高开更是几乎耗尽了多头的最后一点能量，开盘后多方已无力继续挺进，反而是空头展开了反扑，于是多方在当天的角逐中渐渐败下阵来，最后以大阴线报收，且其收盘价已深入到前一天阳线实体的下半部分，这种情形严重打击了多头的嚣张气焰。

四、形态解析

乌云盖顶可以还原成一根流星线，流星线是市场趋势转变的信号。因此，还原后的单K线完全支持原形态的空头气势。

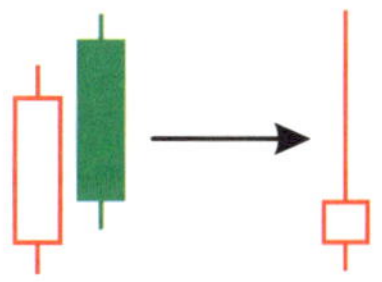

五、注意事项

1. 阴线实体越长，市场发生反转的潜力越大。

2. 如果乌云盖顶形态第二天阴线的收盘价低于阳线的开盘价，即阴线实体完全包含了阳线的实体，则该形态就演变成了空头吞噬形态（本章后面会介绍）。

3. 若出现阴线当日成交量呈现巨量或天量，则市场反转的可能性更大。

六、实例示范

图 3-6

第三节 多头母子

一、形态描述

多头母子也称看涨孕线，通常出现在下降趋势的末端，由一阴一阳两根K线组成，第二根K线实体完全被第一根K线实体所吞噬。这种排列意味着下降趋势可能结束。

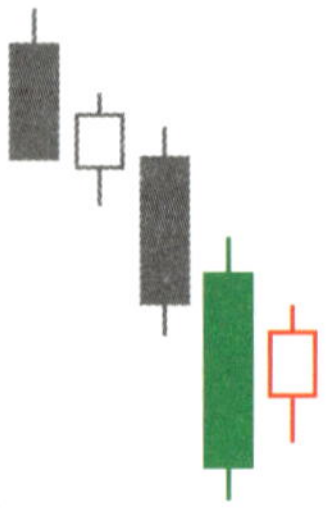

图 3-7

二、辨认法则

1. 第一根K线为阴线，实体较长；第二根K线为阳线，实体较短。

2. 西式的母子形态要求阳线的开、收盘价都在阴线的实体范围之内。日式的母子形态要求阳线的实体和影线均处于阴线的实体之内。

图 3-8

三、形态蕴含的市场心理

市场继续处于下降趋势中，此时出现的大阴线说明空方依旧主宰盘面，而第二天股价的高开，引起了空头的警惕，一部分空头改变了原来的看法，开始进行回补，再加上多头能量的聚集，导致市场价格开始上扬。如果第三天价格继续走高，则趋势反转将得到确认。

四、形态解析

多头母子可以还原成一根锤子线，锤子线是一种见底信号。因此，还原后的单K线不会改变原形态的市场含义。

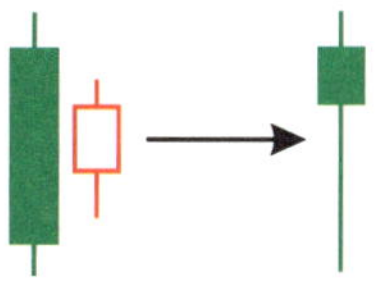

五、注意事项

1. 该形态出现后的下一个交易日股价继续上涨，反转才能得到确认。

2. 阳线实体的位置越处于阴线实体的上方，或阳线的收盘价越接近阴线的开盘价，对多头越有利。

六、实例示范

图 3-9

第四节 空头母子

一、形态描述

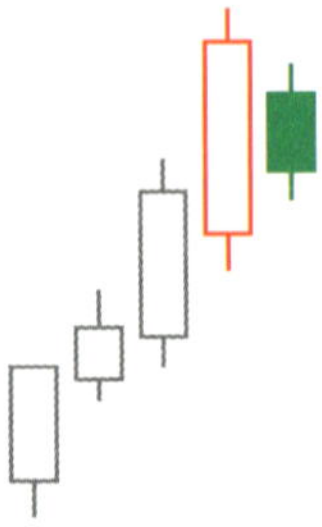

图 3-10

空头母子也称看跌孕线，通常出现在上涨趋势的末端，由一阳一阴两根K线组成，第二根K线实体完全被第一根K线实体所吞噬。这种排列意味着上涨趋势可能结束。

二、辨认法则

1. 第一根K线为阳线，实体较长；第二根K线为阴线，实体较短。

2. 第二根K线的开、收盘价都在第一根K线的实体范围之内。

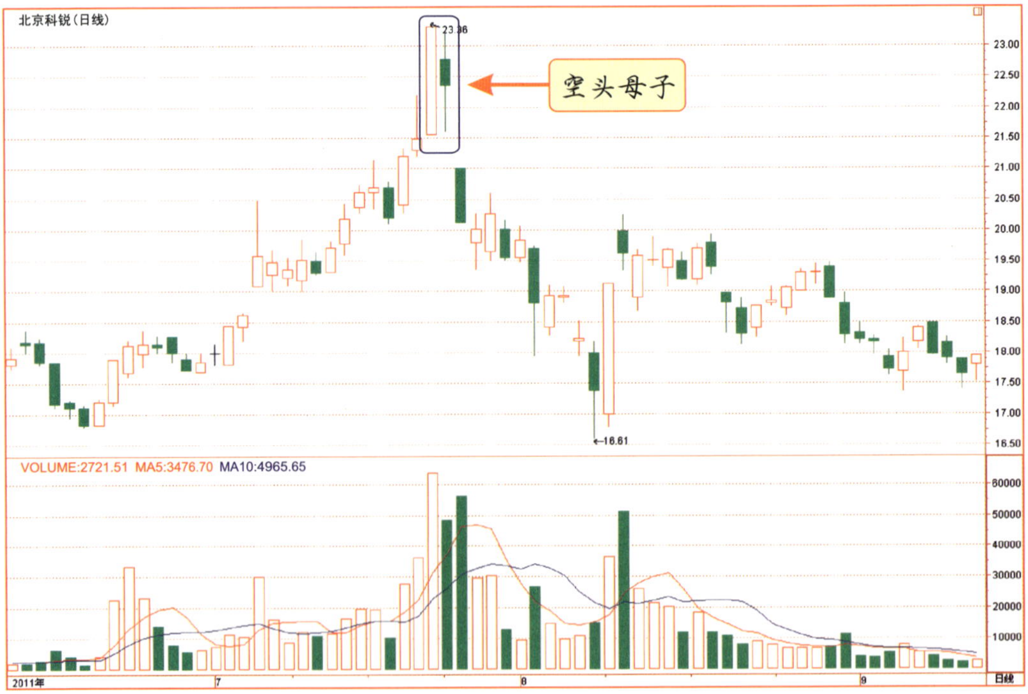

图 3-11

三、形态蕴含的市场心理

市场处于上涨趋势中，此时出现的大阳线显示多头继续高歌猛进。但第二天，市场的低开使得多头变得谨慎，一部分投资者会抛出股票以套利，致使当天的股价收低。这种情形说明涨势受到了空方的压制，如果第三天股价继续走低，则说明市场将由空方所掌控。

四、形态解析

空头母子可以还原成一根流星线，流星线是市场看跌的信号。因此，还原后的单K线不会改变原形态的市场含义。

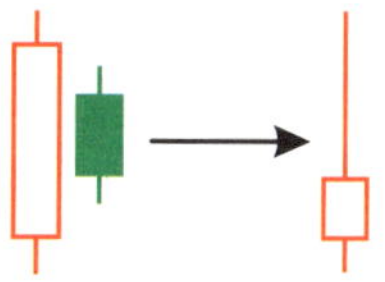

五、注意事项

1. 该形态出现后的下一交易日股价继续下跌，反转才能得到确认。

2. 阴线实体的位置越处于阳线实体的下方，或阴线的收盘价越接近阳线的开盘价，对空头越有利。

六、实例示范

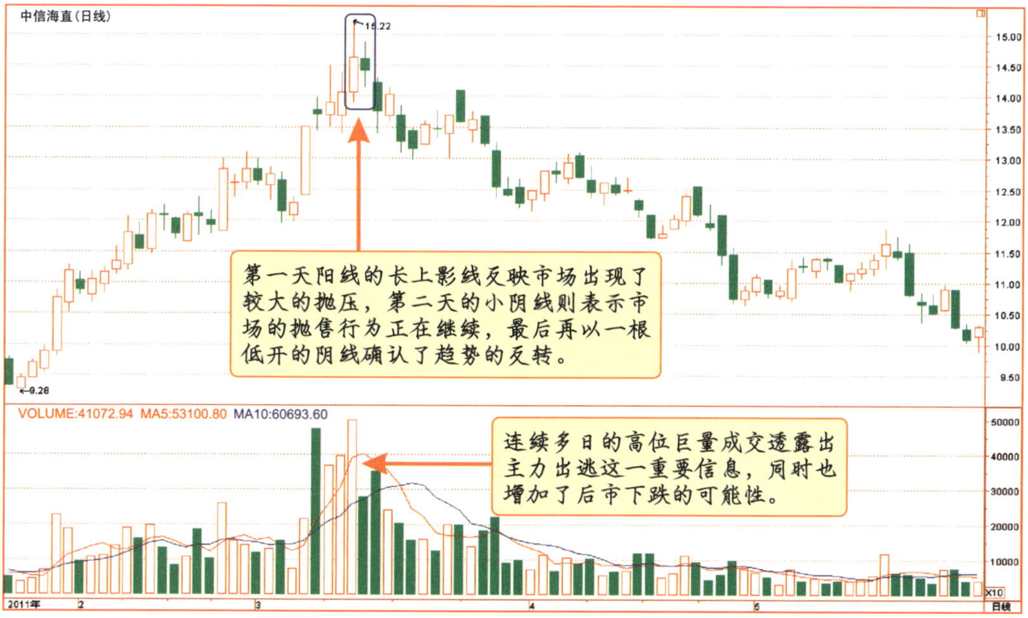

图 3-12

第五节 多头母子十字

一、形态描述

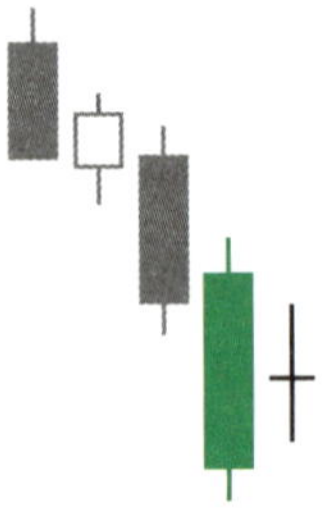

图 3-13

多头母子十字是从多头母子形态演变而来的，它由一根大阴线和紧随其后的一根十字线组成。十字线反映了多空双方对市场下一步走势未能达成一致，市场很有可能在此转势。通常来说，多头母子十字比多头母子的反转意义更强。

二、辨认法则

1. 第一根K线为大阴线。
2. 第二根K线为十字线。
3. 十字线位于大阴线的价格变动范围之内。

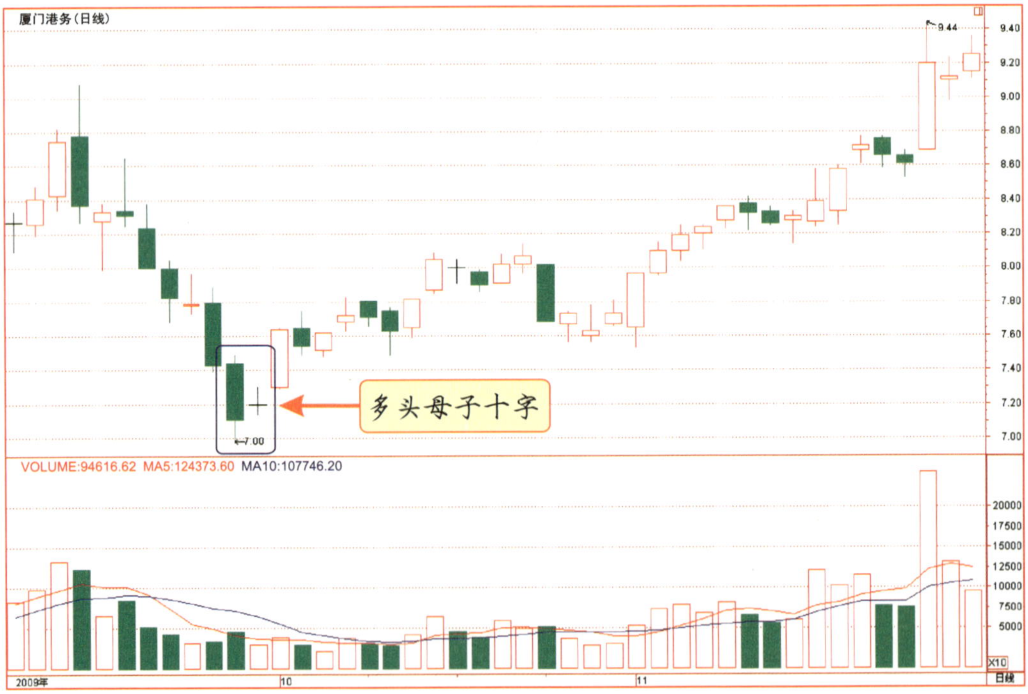

图 3-14

三、形态蕴含的市场心理

多头母子十字所蕴含的市场心理和多头母子基本相同。第一天股价继续呈现下跌趋势，但第二天股价出现高开，开盘后多空双方展开激烈争持，到收盘时双方仍未能达成一致意见，导致当天收出一根开、收盘价相等的十字线。该形态显示多空双方已到了摊牌的时候了，市场的反转可能就此产生。

四、形态解析

多头母子十字可以还原成类似于锤子线的K线，只是它的实体部分要长一些，但还原后的单K线不会改变原形态的市场含义。

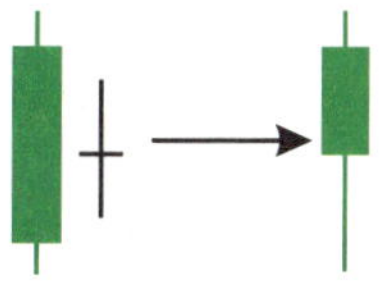

五、注意事项

虽说多头母子十字比多头母子更容易形成反转，但仍然建议投资者确认后再跟进做多，确认的条件是下一交易日股价继续上涨。

六、实例示范

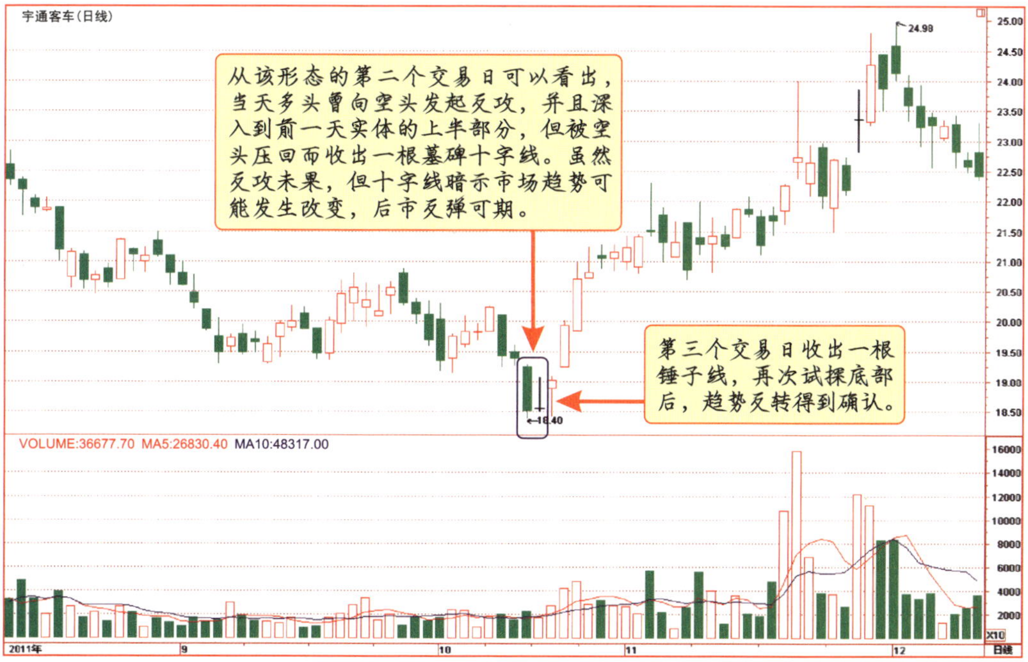

图 3-15

第六节 空头母子十字

一、形态描述

空头母子十字是从空头母子形态演变而来的，它由一根大阳线和紧随其后的一根十字线组成。十字线反映了未来市场走势极不确定，之后的行情走势可能发生改变。通常来说，空头母子十字比空头母子的反转意义更强。

图 3-16

二、辨认法则

1. 第一根K线为大阳线。
2. 第二根K线为十字线。
3. 十字线位于大阳线的价格变动范围之内。

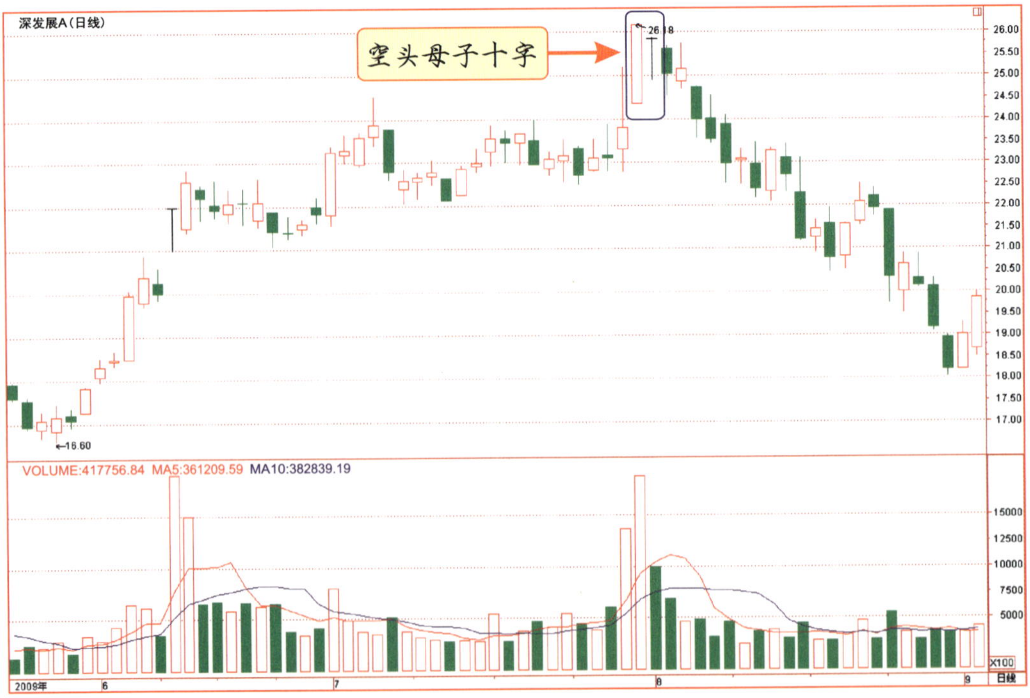

图 3-17

三、形态蕴含的市场心理

空头母子十字所蕴含的市场心理和空头母子基本相同。第一天收出的大阳线显示多方继续主导市场，但第二天的低开则显示做多的投资者开始变得谨慎起来，当天股价上下震荡反映出多空双方相持不下，到收盘时仍未能对后市走势达成共识，但这种情形说明市场原先的走势可能要发生改变了。

四、形态解析

空头母子十字可以还原成一根类似流星线的K线，只是它的实体部分要长一些，但还原后的单K线不会改变原形态的市场含义。

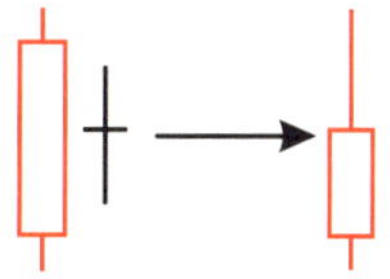

五、注意事项

空头母子十字同样比空头母子更具反转的意义，并且一般来说，上升趋势中出现的空头母子十字比下降趋势中出现的多头母子十字的反转效力要更强。

六、实例示范

图 3-18

第七节 多头吞噬

一、形态描述

吞噬形态也就是我们通常所说的抱线形态或穿头破脚形态。多头吞噬形态出现在下降趋势中，由两根实体长短不同的K线组成，第一根为顺势下跌的阴线，第二根为低开高走的大阳线，大阳线的实体部分完全包含了前一天阴线的实体部分。

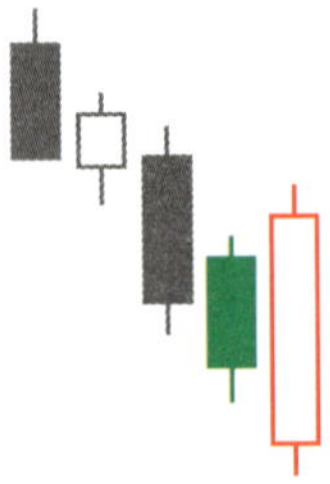

图 3-19

二、辨认法则

1. 市场处于明确的下降趋势中。

2. 第一天阴线的实体完全被第二天阳线的实体所吞没，影线部分则不考虑在内。

3. 两根K线实体的上端或下端可以相等，但它们不能同时相等。

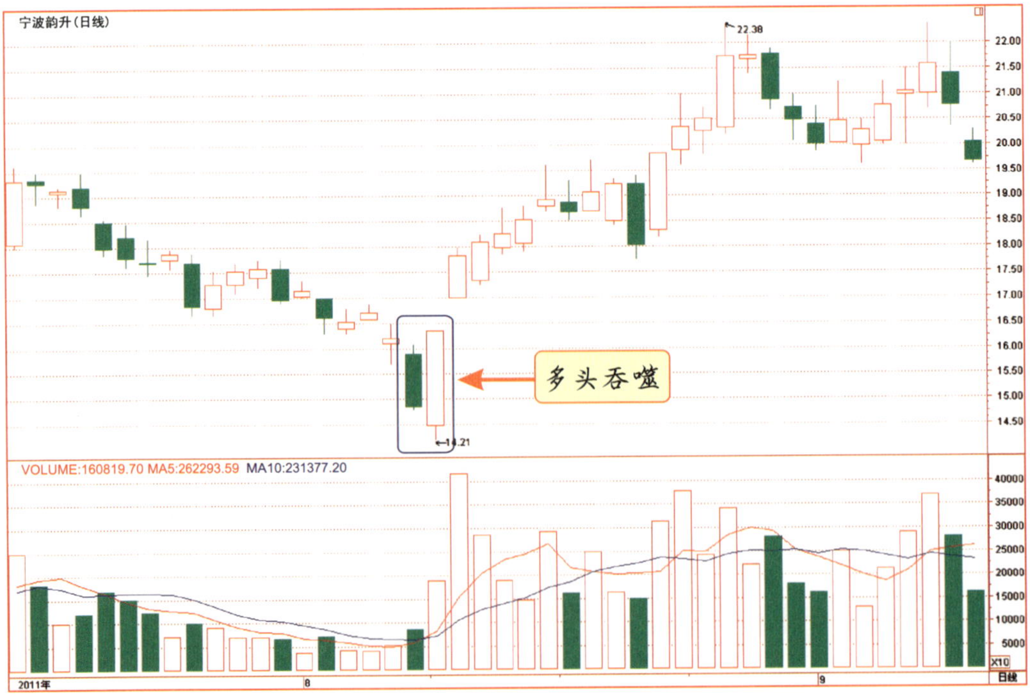

图 3-20

三、形态蕴含的市场心理

在下降趋势中，股价延续先前的下跌走势，第二天价格出现低开，开盘后在抄底盘的介入下，股价开始逐步回升，市场人气开始聚集。这种情形甚至促使部分空头进行回补，于是，价格被买盘逐渐推升，使得当天的收盘价超越了前一天的开盘价。该形态意味着多头已经扭转了先前的被动局面，取得了盘面控制权。

四、形态解析

多头吞噬可以还原成一根阳线的锤子线，还原后的单K线完全阐释了原形态的多头气势。

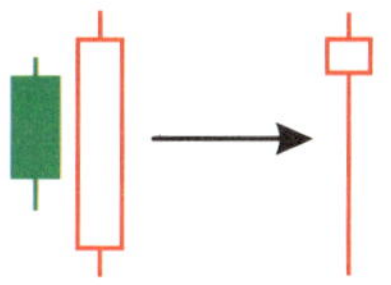

五、注意事项

1. 如果大阳线能够吞噬前一根K线的实体及影线或前面的好几根K线，那么发生反转的力量更大。

2. 若出现大阳线当日伴随着成交量的有效放大，则反转更可靠。

3. 多头吞噬是贯穿线的后续发展阶段，因此它比贯穿线的反转意义更强。

六、实例示范

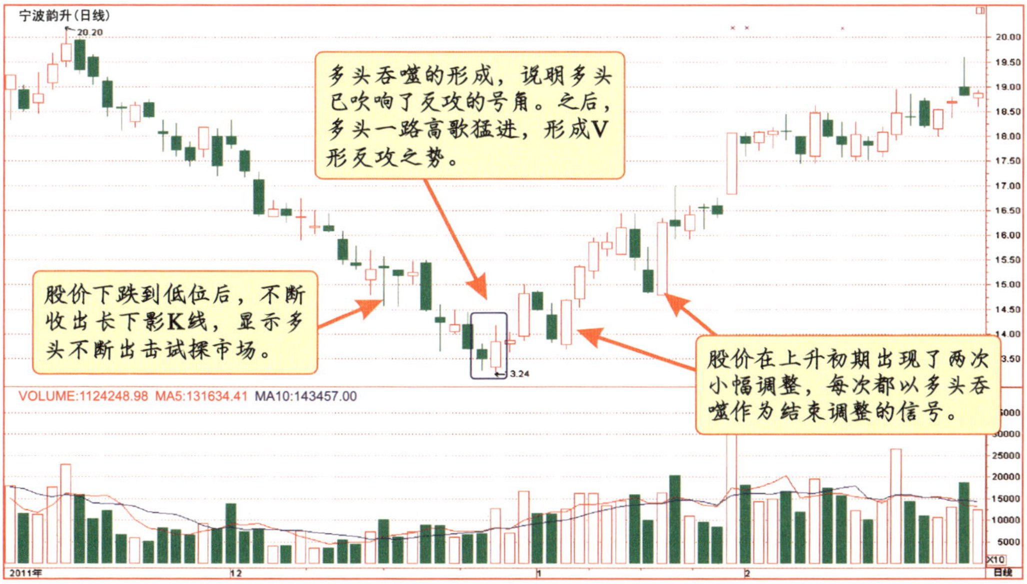

图 3-21

第八节 空头吞噬

一、形态描述

空头吞噬形态出现在上涨趋势中，由两根实体长短不同的K线组成，第一根为顺势上涨的阳线，第二根为开高收低的大阴线，且大阴线的实体部分完全包含了前一天阳线的实体部分。

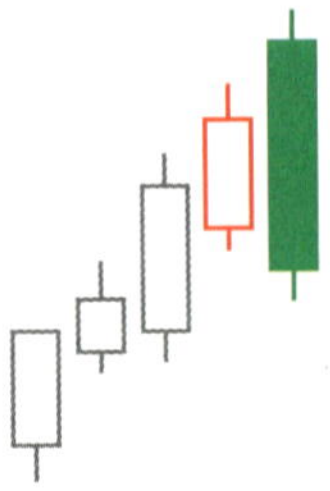

图 3-22

二、辨认法则

1. 市场处于明确的上涨趋势中。

2. 第一天阳线的实体完全被第二天阴线的实体所吞没，影线部分则不考虑在内。

3. 两根K线实体的上端或下端可以相等，但它们不能同时相等。

图 3-23

三、形态蕴含的市场心理

在上升趋势中，股价延续先前的上升走势，收出小阳线，第二天价格出现高开，但开盘后抛压开始涌现，致使股价逐步回落。收盘时，股价已经向下跌破了前一天的开盘价。这种情形意味着多头已经完全被空头所压制，空头已经掌控了当前的局面。

四、形态解析

空头吞噬可以还原成一根阴线的流星线，还原后的单K线完全阐释了原形态的空头气势。

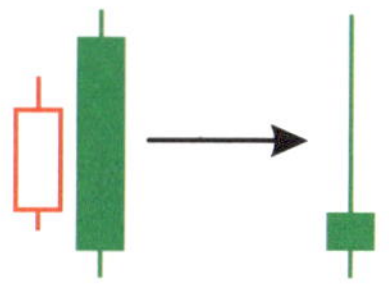

五、注意事项

1. 如果大阴线能够吞噬前一根K线的实体及影线或前面的好几根K线，那么发生反转的力量更大。

2. 若大阴线伴随的是巨量或天量，则形态反转信号更为准确。

3. 空头吞噬是乌云盖顶的后续发展阶段，因此它比乌云盖顶的反转意义更强。

4. 该形态出现在指数中反转的可靠性高于个股(个股中主力有时会刻意为之)。

六、实例示范

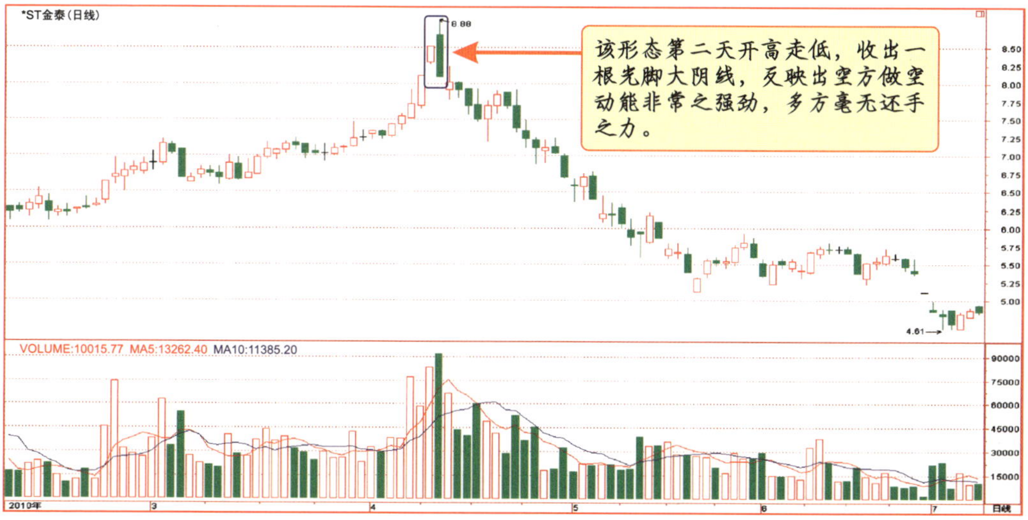

图 3-24

第九节 多头遭遇线

一、形态描述

遭遇线也称约会线或反攻线。多头遭遇线出现在下降趋势中，由两根运行方向相反的K线组成，第一天为一根大阴线，第二天股价大幅跳空低开，之后逐步回升，最后在前一天的收盘价处收盘。该形态和贯穿线相类似，不同的地方在于多头遭遇线只回升到前一天的收盘价，而贯穿线回升到了前一天实体的中点之上。

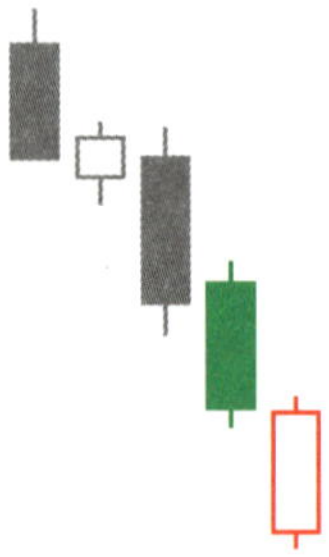

图 3-25

二、辨认法则

1. 第一根K线为大阴线，第二根K线为大阳线。
2. 第一根K线延续先前的下降走势，第二根K线顺势跳空低开，随后逆势上攻。
3. 两根K线的收盘价相同。

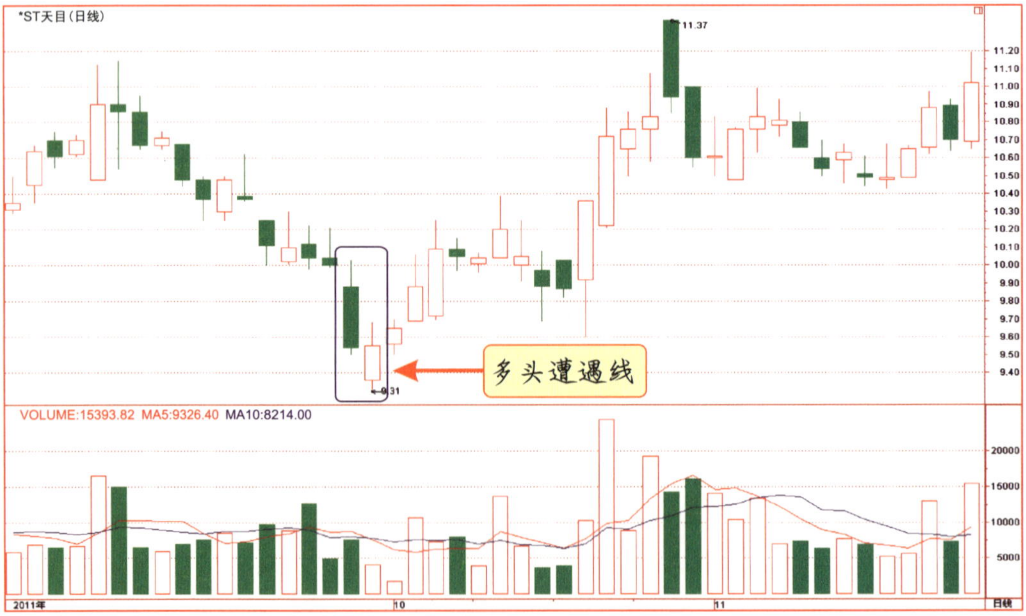

图 3-26

三、形态蕴含的市场心理

市场处于下降趋势中，一根大阴线再度强化了市场的空头气氛。第二天股价跳空低开后，多头组织反攻，市场人气逐渐得到聚集，股价开始逐步回升，最后收在前一天的收盘价处。这种现象反映市场出现了较大的分歧，若第三天市场价格走高，则更多的力量将会加入到多方的阵营中，市场反转将得以实现。

四、形态解析

多头遭遇线可以还原成一根下影线较长的阴线，说明下档有一定的支撑，还原后的单K线虽然不能确认原形态，但也不存在冲突。

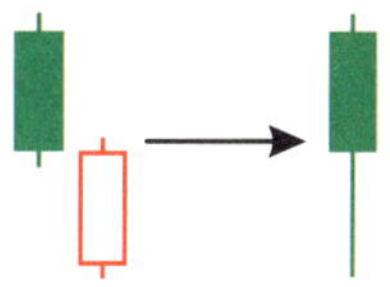

五、注意事项

1. 多头遭遇线反转的力度不如贯穿线强，因此，该形态反转需要得到后一交易日股价上涨的确认。若确认线再度走低，则形态可能演变为切入线。

2. 第二天的阳线实体越长，反转的潜力越大。

六、实例示范

图 3-27

第十节 空头遭遇线

一、形态描述

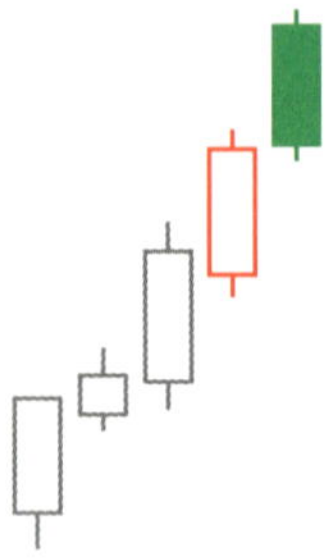

图 3-28

空头遭遇线出现在上升趋势中，它的K线排列刚好与多头遭遇线相反，第一天市场顺势收出一根大阳线，第二天股价大幅跳空高开，之后向下回落，最后在前一天的收盘价处收盘。该形态和乌云盖顶相类似，不同的地方在于空头遭遇线只回落到前一天的收盘价，而乌云盖顶回落到了前一天实体的中点之下。

二、辨认法则

1. 第一根K线为大阳线，第二根K线为大阴线。
2. 第一根K线延续先前的上升走势，第二根K线顺势跳空高开，随后逆势回落。
3. 两根K线的收盘价相同。

图 3-29

三、形态蕴含的市场心理

市场处于上升趋势中，一根大阳线强化了市场的多头气氛。第二天股价顺势跳空高开，开盘后空方展开反扑，部分多头也开始获利离场，使得价格向下回落，最后收在前一天的收盘价处。这种情形说明多方力量已基本耗尽，而空方力量开始逐渐积聚。如果第三天股价低走，则市场反转将得到确认。

四、形态解析

空头遭遇线可以还原成一根上影线较长的阳线，说明上档有一定的抛压，还原后的单K线虽然不能确认原形态，但也不存在冲突。

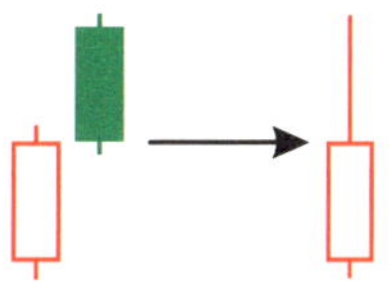

五、注意事项

1. 空头遭遇线反转的力度不如乌云盖顶强，因此，该形态反转需要得到后一交易日股价下跌的确认。

2. 第二天的阴线实体越长，反转的潜力越大。

3. 若该形态第二天的阴线伴随的是巨量或天量，发生反转的可能性更大。

六、实例示范

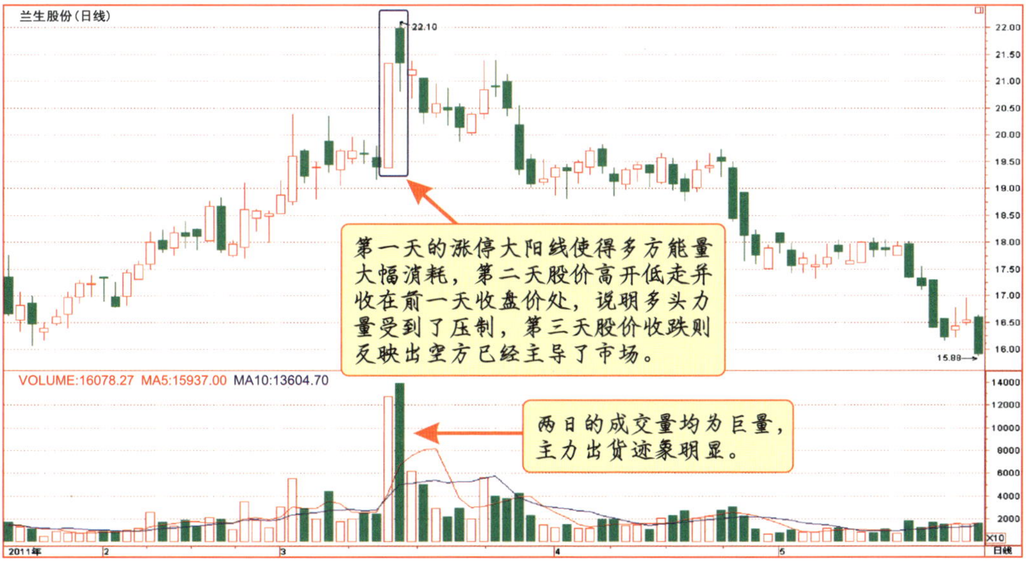

图 3-30

第十一节 旭日东升

一、形态描述

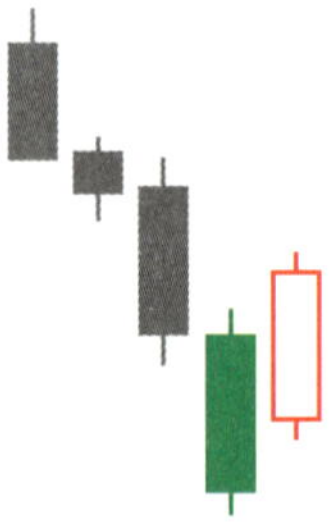

图 3-31

旭日东升通常出现在下降趋势的末端，先是顺势收出一根大阴线，接下来再出现一根高开高收的大阳线，且大阳线的收盘价超过了前一根K线的开盘价。这种走势寓意前景光明，后市看好，因此取名为旭日东升。该形态与多头吞噬有些类似，差别在于第二天大阳线开盘价的位置不同。

二、辨认法则

1. 第一根K线为大阴线，第二根K线为大阳线。

2. 大阳线的开盘价位于前一天阴线的实体内，收盘价高于前一天阴线的开盘价，且收盘价接近当天的最高价。

图 3-32

三、形态蕴含的市场心理

市场处于下降趋势中，一根大阴线再度强化了市场的空头气氛。第二天，多方奋起反抗，形成高开盘，取得了一个良好的开局，之后多头力量进一步发展壮大，致使股价一路走高，并收复了前一交易日失去的所有跌幅。该形态反映了空方动能逐渐衰竭后，多方强势出击并最终战胜空方的过程。

四、形态解析

旭日东升可以还原成一根锤子线，还原后的单K线完全支持原形态的市场含义。

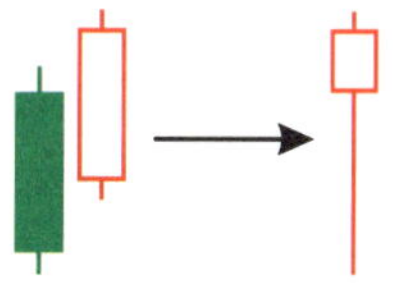

五、注意事项

1. 第二天的阳线实体越长，即收盘价超越前一天阴线的开盘价越多，市场反转的潜力越大。

2. 若第二天阳线对应的成交量有效放大，则该形态反转的可靠性更强。

六、实例示范

图 3-33

第十二节 倾盆大雨

一、形态描述

倾盆大雨通常在股价有一段较大的升幅后出现，第一根K线是一根顺势上涨的大阳线，第二根K线是一根低开低收的大阴线，大阴线的收盘价比前一根阳线的开盘价要低。该形态与空头吞噬有些类似，差别在于它们第二天阴线开盘的位置不同。

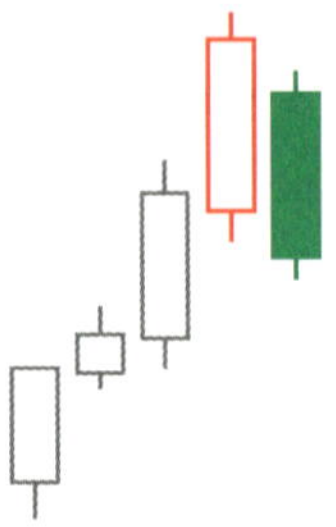

图 3-34

二、辨认法则

1. 第一根K线为大阳线，第二根K线为大阴线。

2. 大阴线的开盘价位于前一天阳线的实体内，而收盘价低于前一天阳线的开盘价，且收盘价接近当天的最低价。

图 3-35

三、形态蕴含的市场心理

市场处于上涨趋势中，第一根大阳线再度强化了市场的多头气氛。第二天，空方展开反扑，导致当天的价格直接低开，股价在空方的打压下不断回落，到收盘时空方将前一天的涨幅悉数抹去。该形态表明市场中的投资者追涨意愿减弱，持有股票的投资者纷纷抛售离场，这种行为极大地打击了多方的做多热情。

四、形态解析

倾盆大雨可以还原成一根阴线的流星线，还原后的单K线完全支持原形态的市场含义。

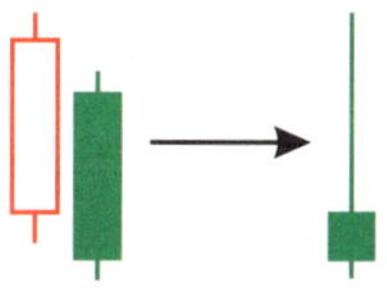

五、注意事项

1. 第二天阴线的收盘价超越前一天阳线的开盘价越多，市场反转的潜力越大。
2. 若该形态伴有巨大的成交量，则发生反转的可能性更大。

六、实例示范

图 3-36

第十三节 平底

一、形态描述

平底是指股价下跌到低档区后，出现的两根最低价完全相同的K线。这两根K线的实体颜色、长短以及是否有影线都不重要，重要的是这两根K线的最低价要相等。图3-37中这种先阴后阳的平底形态是出现最频繁的一种组合。

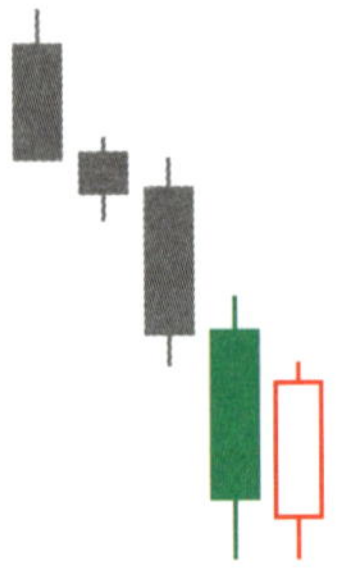

图 3-37

二、辨认法则

1. 由两根最低价相等的K线所组成。

2. 这两根K线的类型、实体颜色和长短、上下影线长度以及排列的位置均无特殊要求。

图 3-38

三、形态蕴含的市场心理

下降趋势发展了一段时间之后，股价继续创出新低。此时，市场杀跌动力开始减弱，而多头力量逐渐孕育，第二天，股价下探到前一根K线的最低价后便停止了下跌，有时甚至在前一根K线的最低价处开盘后便逆势回升。这种现象说明目前的最低价是多方坚守的一道防线，空方两次攻到这个价位都无功而返，反映多方取得了防守上的成功，积蓄力量之后将展开反攻。

四、形态解析

平底形态的解析因K线排列的不同而略有差异，本节所列举的平底可以还原成一根锤子线，具有夯实市场底部的含义。因此，还原后的单K线完全支持原形态的市场含义。

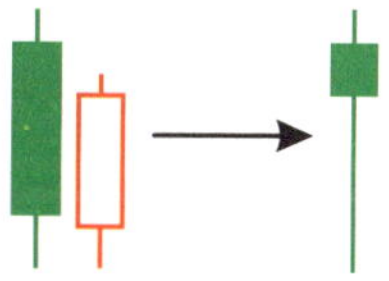

五、注意事项

1. 若第三个交易日股价呈上涨走势且成交量呈现放大之势，说明多方反击成功，是介入做多的好时机。

2. 连续出现三根或三根以上最低价相同的K线，也应视为平底形态。

六、实例示范

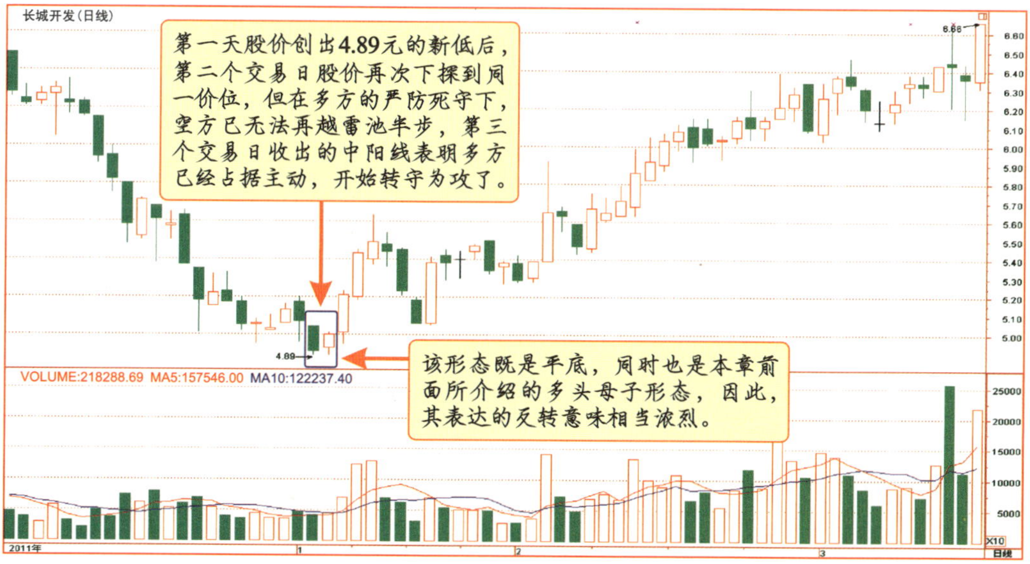

图 3-39

第十四节 平顶

一、形态描述

图 3-40

平顶是指股价上涨到高档区后，出现的两根最高价完全相同的K线。和平底一样，这两根K线的实体颜色、长短以及是否有影线都不重要，重要的是这两根K线的最高价要相等。图 3-40中这种先阳后阴的平顶形态是出现最频繁的一种组合。

二、辨认法则

1. 由两根最高价相等的K线所组成。

2. 这两根K线的类型、实体颜色和长短、上下影线长度以及排列的位置均无特殊要求。

图 3-41

三、形态蕴含的市场心理

上升趋势发展了一段时间之后，股价继续创出新高。第二天，股价上摸到前一根K线的最高价后停止了上涨，或者以前一根K线的最高价开盘后便向下回落。这种现象说明多方虽有意再次挑战新高，但是由于上涨能量几乎消耗殆尽，再加上空方力量的压制，始终无法向上挺进。与此同时，空方力量却在逐渐壮大，并最终打败了多方。

四、形态解析

平顶形态的解析因K线排列的不同而略有差异，本节所列举的平顶可以还原成一根阴线的流星线，还原后的单K线完全阐释了原形态的空头气势。

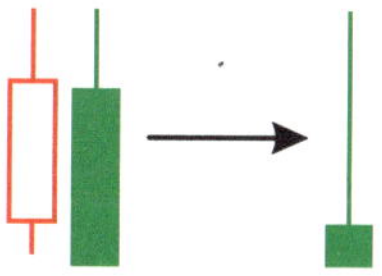

五、注意事项

1. 平顶是较为可信的见顶信号，尤其是后一根K线为放量回落的大阴线时，持筹者应在形态形成当天主动减仓，若第三个交易日价格向下回落，则应果断离场。

2. 连续出现三根或三根以上最高价相同的K线，也应视为平顶形态。

六、实例示范

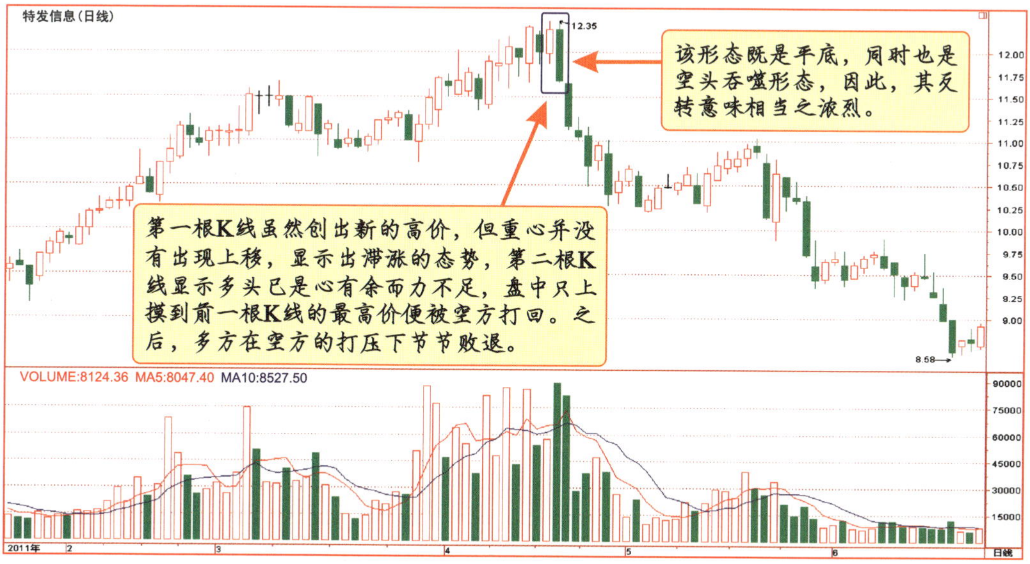

图 3-42

第十五节 阴孕阴

一、形态描述

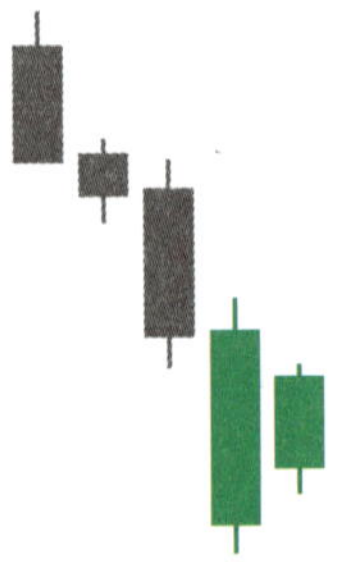

图 3-43

阴孕阴通常出现在下降趋势中，由一长一短两根阴线组成，后一根阴线完全被前一根阴线所吞没，也有人称之为家鸽归巢。如图 3-43所示，除了第二根K线的颜色不同之外，阴孕阴与多头母子从外形上看几乎一模一样。

二、辨认法则

1. 第一根K线是一根大阴线。

2. 第二根K线是一根开高收低的小阴线，且小阴线的交易区间都位于前一根阴线的实体之内。

图 3-44

三、形态蕴含的市场心理

下降趋势发展了一段时间之后，继续收出一根大阴线，但此时空方能量已大幅减弱。第二天，股价出现高开，不过由于此时多方力量仍然比较薄弱，股价在空方的打压下小幅走低，但没有再创出新低，而是在前一天的实体内小幅波动。尽管当天收出小阴线，但是收盘价仍然高于前一天的收盘价，所以该形态已显示出底部逐步抬高，多头力量逐渐增强的迹象。

四、形态解析

阴孕阴可以还原成一根带有一定长度下影线的阴线，还原后的单K线显示下档有一定的支撑，但不具有看涨意味。因此，该形态是否能形成反转需要进一步确认。

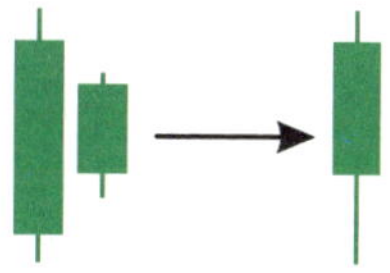

五、注意事项

1. 第二根小阴线的实体越接近第一根大阴线的开盘价，反转的潜力越大。
2. 第三天价格呈上涨走势，反转才能得到确认。

六、实例示范

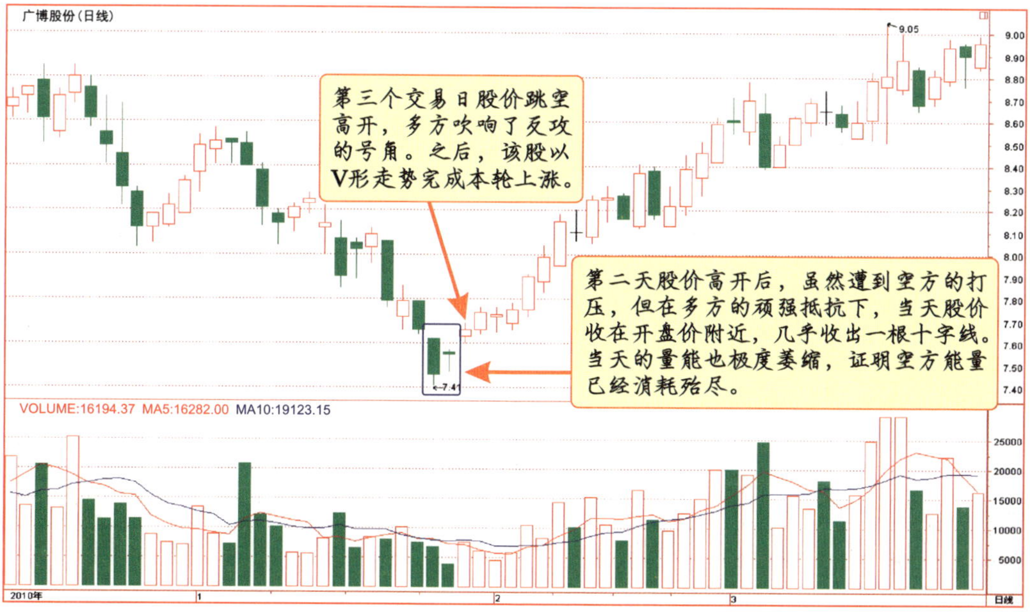

图 3-45

第十六节 阳孕阳

一、形态描述

阳孕阳通常出现在上涨趋势中，由一长一短两根阳线组成，后一根阳线完全被前一根阳线所吞没。该形态表示股价上涨乏力，后市可能下跌。阳孕阳与空头母子从外形上看几乎一模一样，只是它们第二根K线的颜色不同。

图 3-46

二、辨认法则

1. 第一根K线是一根大阳线。

2. 第二根K线是一根开低收高的小阳线，且小阳线的交易区间都位于前一根阳线的实体之内。

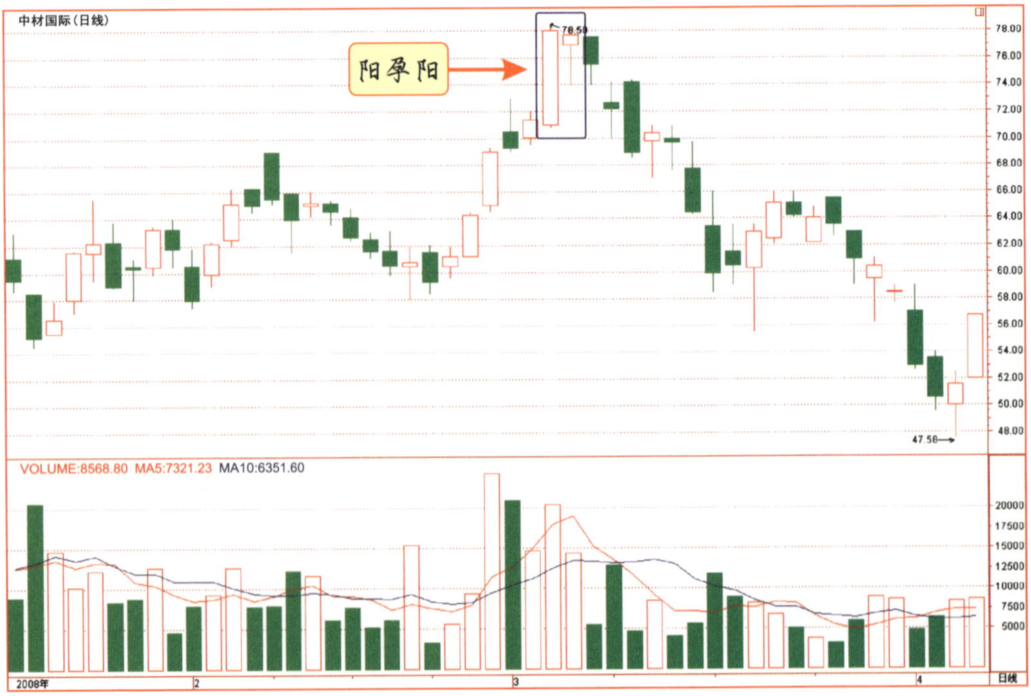

图 3-47

三、形态蕴含的市场心理

股价上涨到高档区后，先收出一根大阳线，第二天空方的力量压低了开盘价，这引起了多头的警惕。开盘后，多方展开抵抗，虽然价格有所回升，但在空方的强压之下收盘价仍低于前一根K线的收盘价。该形态显示出多方欲振乏力，无法再创出新高，若第三天股价呈现下跌态势，则说明空方已经掌控了市场。

四、形态解析

阳孕阳可以还原成一根带有一定长度上影线的阳线，还原后的单K线显示上档有一定的抛压，但不具有看跌意味。因此，该形态是否能形成反转需要进一步确认。

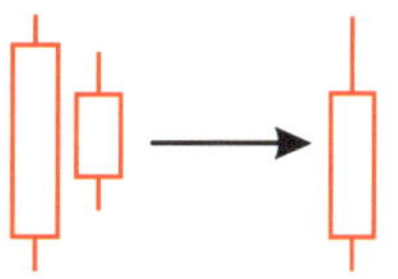

五、注意事项

1. 股价上涨初始阶段出现的阳孕阳可能只是中途的休整，此时应区别对待。
2. 只有当该形态出现后的下一个交易日价格出现下跌，反转才能得到确认。

六、实例示范

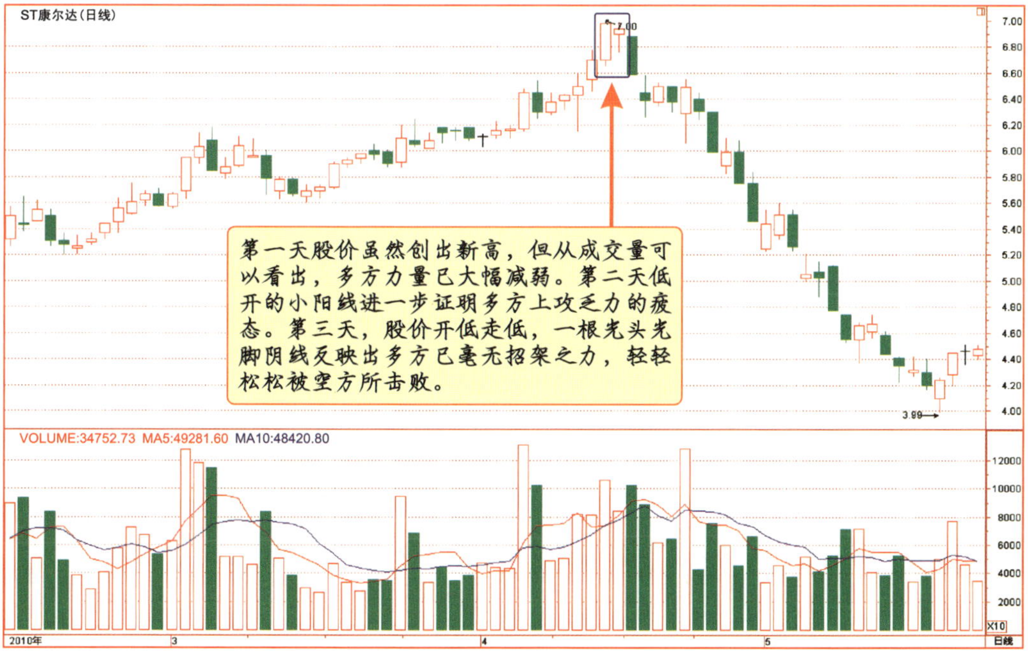

图 3-48

第十七节 上升分离线

一、形态描述

图 3-49

分离线是由两根开盘价相等、运动方向相反的K线所组成，因此也称为分手线。上升分离线出现在上升途中，由一阴一阳两根开盘价相等的K线组成，属于上涨持续形态，出现该形态后，价格一般会继续上涨。

二、辨认法则

1. 在上涨趋势中先出现一根阴线，再收出一根阳线。
2. 两根K线的开盘价相等。

图 3-50

三、形态蕴含的市场心理

在上升趋势中途，出现了一根阴线，使得多头对接下来的行情产生了一丝疑虑，但是市场强烈的做多气氛仍使多头对后市抱有信心，于是第二天股价出现高开，其价格与前一日阴线的开盘价完全一样。这种现象使多头对自己先前的疑虑一扫而光，他们再次进场做多并推动价格不断走高。

四、形态解析

上升分离线可以还原成一根带有长下影线的阳线，还原后的单K线完全支持原形态的多头气势。

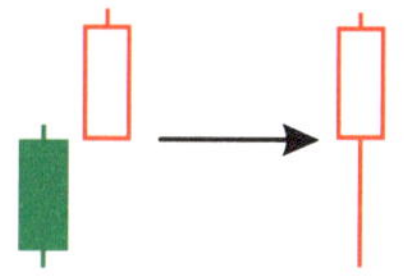

五、注意事项

1. 第二天阳线的实体越长，股价持续上涨的可能性越大。

2. 在下降趋势发展了较长时间之后出现上升分离线，后市可能上涨，可积极关注。

六、实例示范

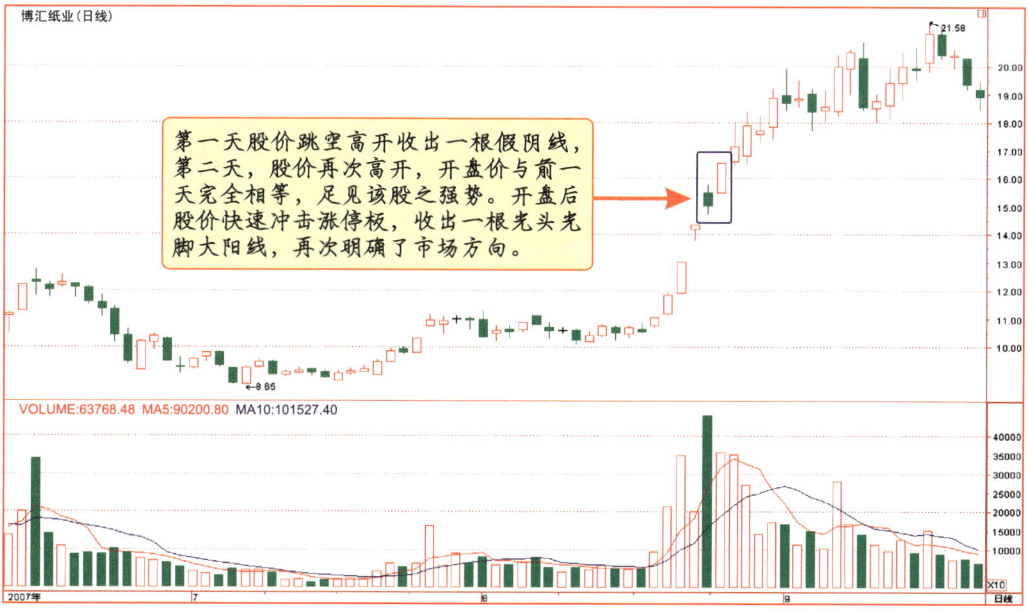

图 3-51

第十八节 下降分离线

一、形态描述

下降分离线一般出现在下降途中，由一阳一阴两根开盘价相等的K线组成，属于下跌持续形态，出现该形态后，价格一般会继续下跌。

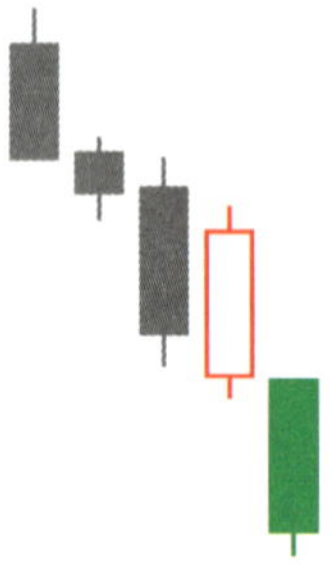

图 3-52

二、辨认法则

1. 在下跌趋势中先出现一根阳线，再收出一根阴线。
2. 这两根K线具有相同的开盘价。

图 3-53

三、形态蕴含的市场心理

股价下跌了一段时间后，某日收出一根阳线，但此时正是多方力量涣散，空方势头强劲之时。第二天，空方再度压低了开盘价，使得当天以与前一天开盘价相同的价位开盘，开盘后，空方继续发威，而多方则毫无抗争之力，导致股价继续走低并再次收出阴线。这种现象说明多方虽有反攻之心，但仍难以形成气候，后市将由空方继续主导。

四、形态解析

下降分离线可以还原成一根带有长上影线的阴线，还原后的单K线完全支持原形态的空头气势。

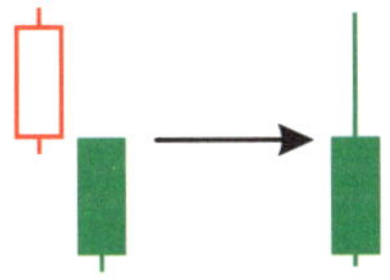

五、注意事项

1. 第二天阴线的实体越长，股价持续下跌的可能性越大。

2. 在上涨趋势发展了较长时间之后出现下降分离线，后市可能下跌，持股者应准备离场。

六、实例示范

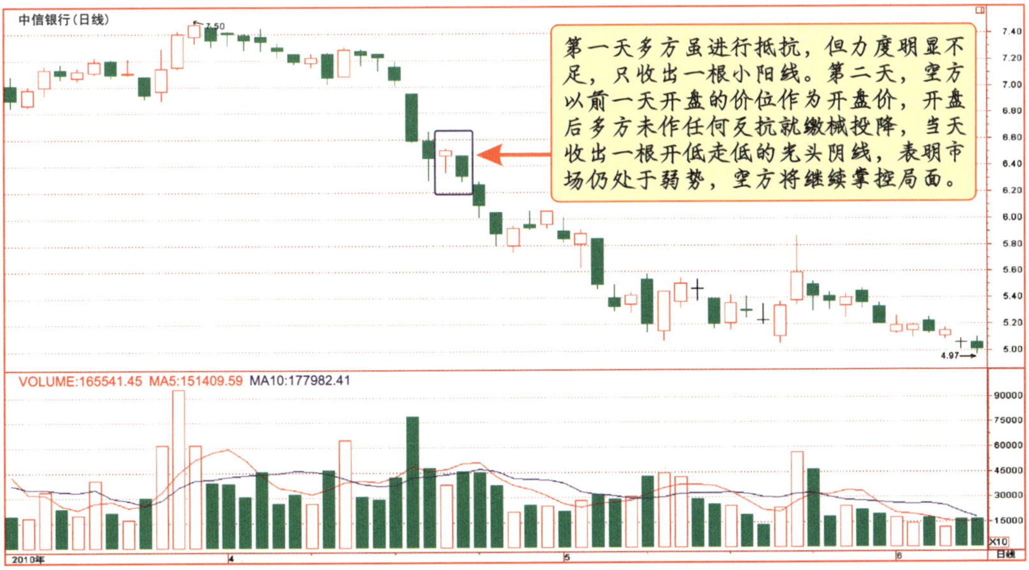

图 3-54

第十九节 待入线

一、形态描述

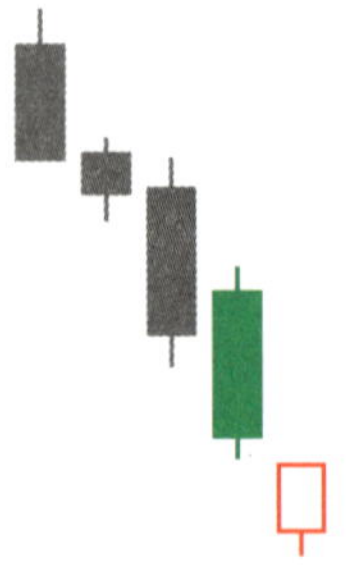

图 3-55

待入线通常出现在下降途中，由一阴一阳两根K线组成，前面一根K线是阴线，后面一根K线是阳线，阳线的收盘价在前一根K线的实体下方，且有一定的距离。该形态属于下跌持续形态，后市一般会继续下跌。

从线型上看，我们可以把待入线看成是贯穿线的初始发展阶段，因此它还不具备反转的气势。

二、辨认法则

1. 第一根K线是阴线，第二根K线是阳线，且通常是小阳线。
2. 第二根K线的开、收盘价都在阴线的收盘价之下。

图 3-56

三、形态蕴含的市场心理

在下跌过程中，一根阴线强化了市场当前的空头气氛。第二天市场顺势低开，但是这种低开并未得到市场的一致认可，于是开盘后多方发起反攻，股价逆势走高，但是由于多方力量不足，反攻在前一天的收盘价之下结束。这种情形表明多方目前仍难以形成气候，之后空方重新控制市场，并使得股价再次下跌。

四、形态解析

待入线可以还原成一根带有较长下影线的大阴线，还原后的单K线支持原形态的看跌含义。

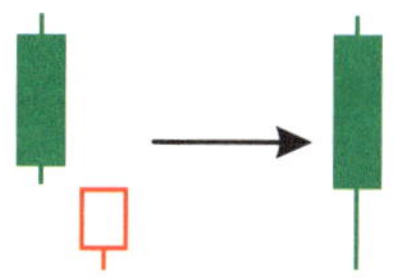

五、注意事项

若在长期下降趋势之后出现待入线，也可能形成底部反转，此时需要第三根K线的上涨来验证。若第三根上涨K线为大阳线，则该形态将演变成启明星。

六、实例示范

图 3-57

第二十节 切入线

一、形态描述

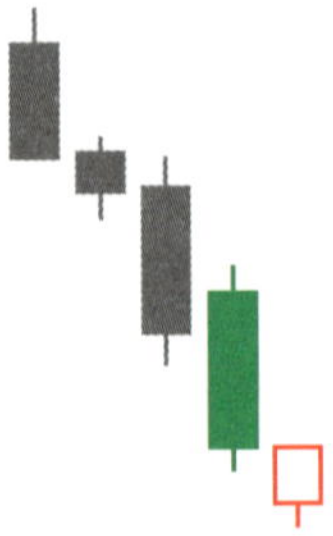

图 3-58

切入线和待入线一样，也是由一根阴线和一根阳线组成，不同之处在于切入线第二根阳线的收盘价等于或略高于第一根阴线的收盘价。该形态也是一种下跌持续形态，通常出现在下跌途中。

从线型上看，虽然切入线第二天阳线的收盘价已在第一天大阴线的实体范围内，但它仍然缺乏反转的动力。

二、辨认法则

1. 第一根K线是阴线，第二根K线是阳线，且通常是小阳线。

2. 第二根K线的开盘价低于前一根K线的收盘价，而收盘价等于或略高于前一根K线的收盘价。

图 3-59

三、形态蕴含的市场心理

切入线所蕴含的市场心理和待入线相似，只是第二根K线反弹的力度略强于待入线。从K线位置可以看出多方仍受到空方力量的压制，以至于多方仍无法深入到空方的腹地。所以，后市仍是一个以空方力量为主导的市场。

四、形态解析

切入线可以还原成一根带有较长下影线的大阴线，还原后的单K线支持原形态的看跌含义。

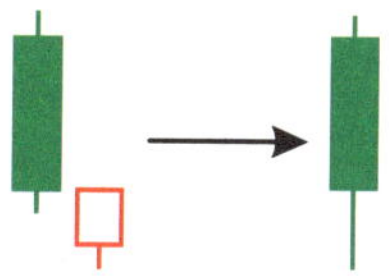

五、注意事项

1. 切入线和多头遭遇线十分相似，但多头遭遇线是作为一种反转形态出现在下降趋势的末端，且多头遭遇线第二天的阳线实体相对来说会长一些。

2. 切入线和待入线一样，若出现在长期下降趋势之后，也可能形成底部反转，但此时需要第三根K线的上涨来验证。

六、实例示范

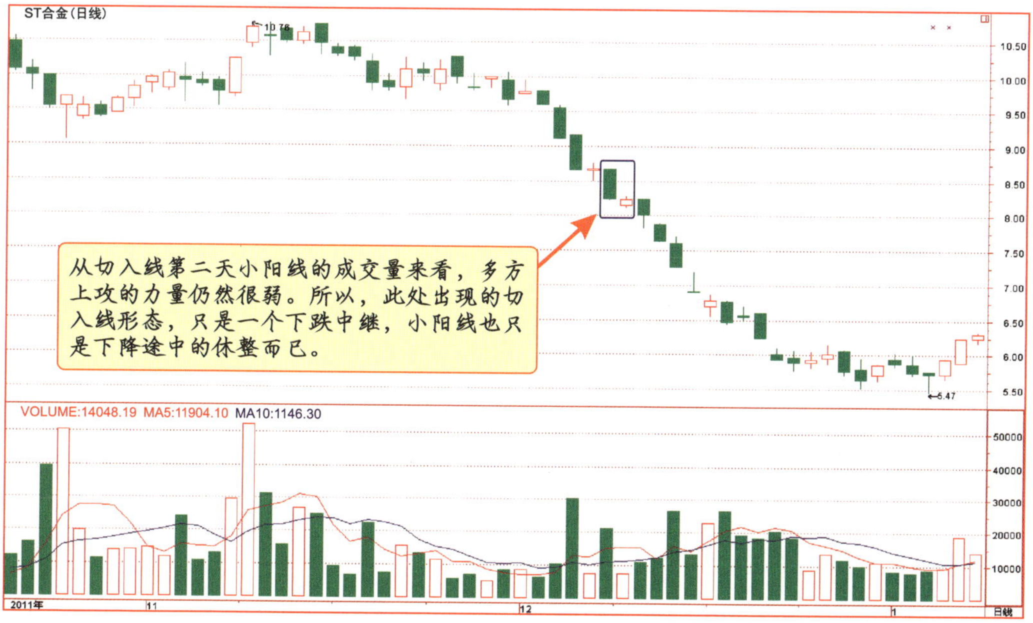

图 3-60

第二十一节 插入线

一、形态描述

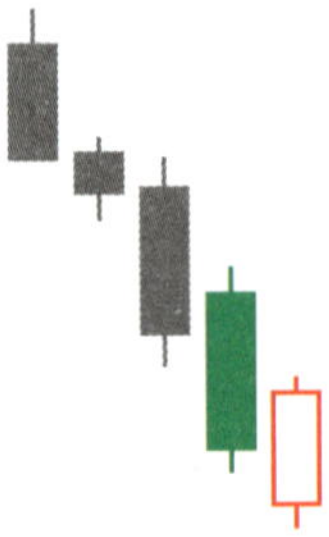

图 3-61

插入线与切入线、待入线一样，也是由一根阴线和一根阳线组成，不同之处在于插入线第二天阳线的收盘价比另外两种形态要收得更高，阳线的收盘价位于前一天阴线实体中点稍低的地方。

从线型上看，插入线比切入线和待入线更接近贯穿线，虽然其反转的气势没有贯穿线强，但下降趋势持续很长时间后出现该形态，我们应积极关注。

二、辨认法则

1. 第一根K线是阴线，第二根K线是阳线，其实体比切入线和待入线中要长。

2. 第二根K线的开盘价低于前一根K线的收盘价，而收盘价接近于前一根K线实体的中点，但并未超过中点。

图 3-62

三、形态蕴含的市场心理

插入线所蕴含的市场心理与待入线和切入线仍然相似，只是第二根K线反弹的力度略强于前两者。虽然多方力量有所增强，但仍然敌不过强大的空方，这使得多方信心受到极大的打击，多方动能衰竭后，股价继续走低。

四、形态解析

插入线可以还原成一根类似锤子线的长下影阴线，还原后的单K线与原形态有一定的冲突，因为插入线已与贯穿线十分接近。因此，需要对该形态进行确认。

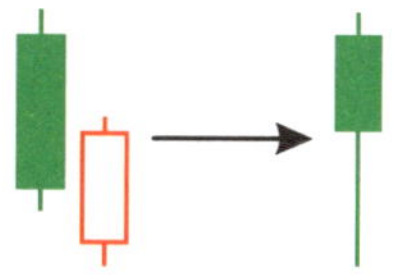

五、注意事项

1. 待入线、切入线、插入线和贯穿线，这四种形态的气势由弱逐渐转强，前三种形态是贯穿线的三个不同发展阶段，所以只有贯穿线才具备真正的反转潜力。

2. 插入线和前两种形态一样，若出现在长期下降趋势之后，也可能是一个见底信号，但此时需要第三根K线的上涨来确认其反转是否有效。

六、实例示范

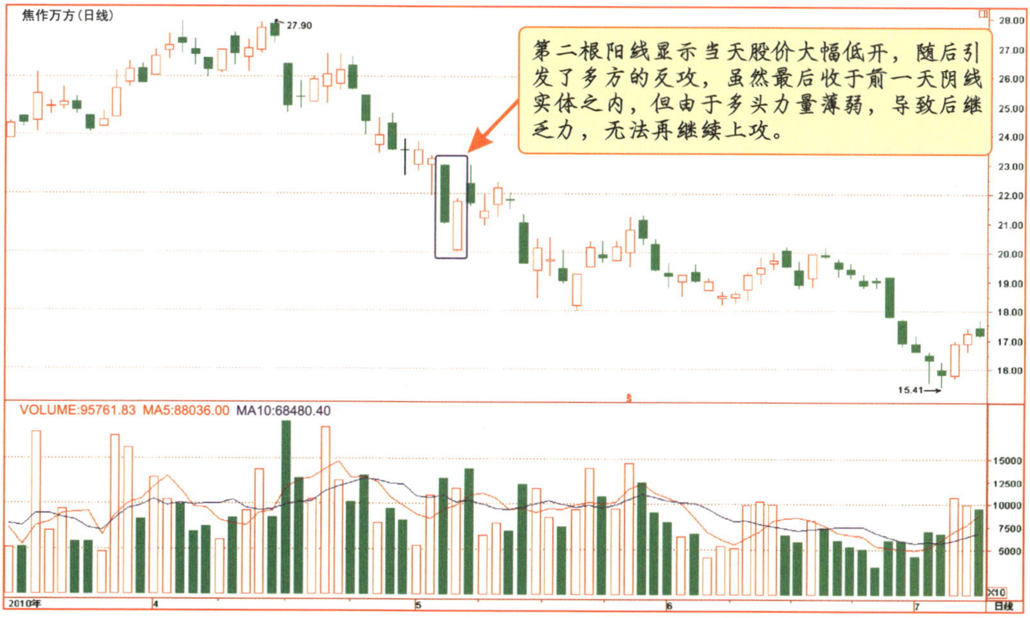

图 3-63

模拟实盘练习

一、选择题

1. 贯穿线是一种看涨的低位反转形态，由一根阴线与一根阳线组成，其中第二根阳线开盘创出新低，但收盘价却位于前一根阴线的实体中点之上。观察下列四幅图，选出其中的贯穿线。（　　）

A.　　B.　　C.　　D.

2. 上升分离线是由两根开盘价相等、运行方向相反的K线组成，其中前一根K线是阴线，后一根K线是阳线，它一般出现在上升途中，属于上升持续形态。请从图 3-64中选出正确的上升分离线。（　　）

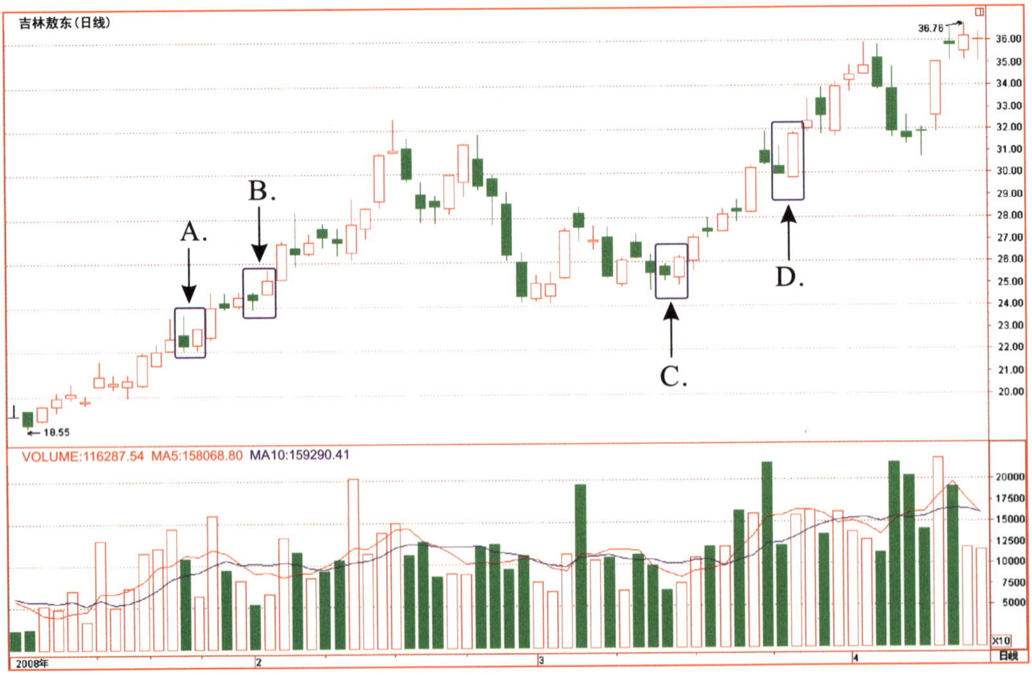

图 3-64

3. 下列四个选项中，哪一个不属于看跌信号？（　　）

A.　　B.　　C.　　D.

4. 下列四个选项中，哪一个不可以还原成图 3-65中的单K线？（　　）

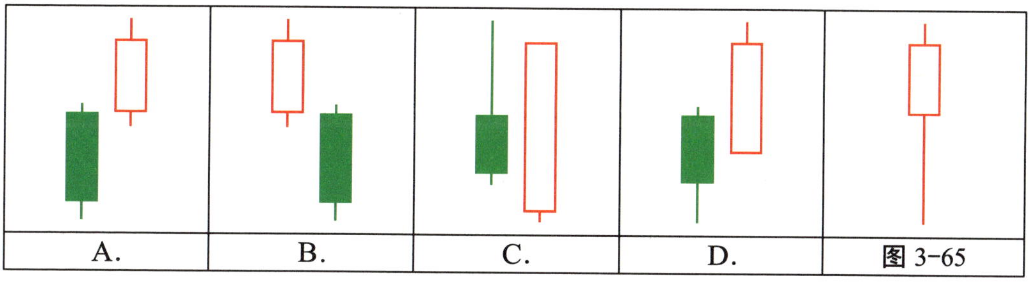

5. 在下降趋势末端，先是出现一根大阴线，然后再出现一根高开高收的大阳线，且大阳线的收盘价超过前一根阴线的开盘价，这种走势寓意前景光明，就像初升的太阳，因此称为旭日东升。图 3-66中哪一选项是旭日东升形态？（　　）

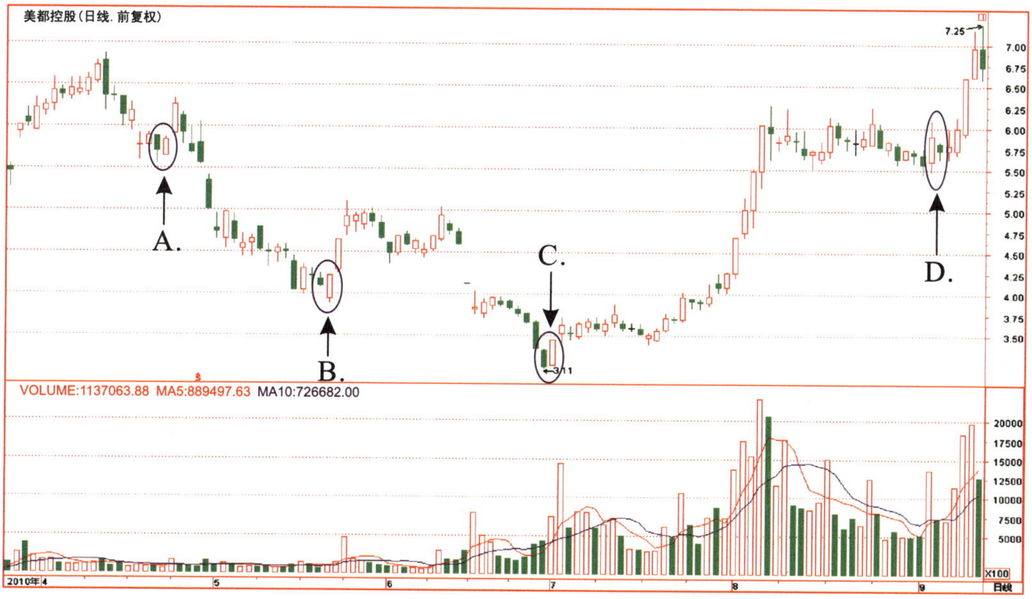

图 3-66

6. 观察图 3-67中的两个K线组合，选出下列表述有误的一项。（　　）

A. ①为倾盆大雨形态，②为乌云盖顶形态。

B. 这两个K线组合均表示目前空方的力量强于多方，后市可能下跌。

C. K线组合①比K线组合②更具看跌意味。

D. ①可以还原成一根光脚大阴线，②可以还原成一根光头大阴线。

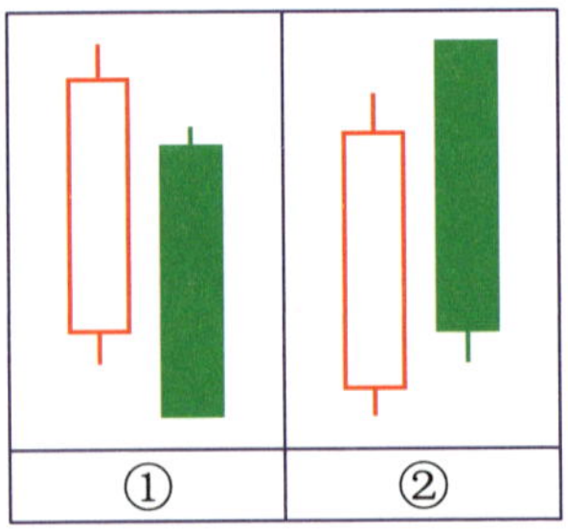

图 3-67

7. 平底由两根最低价相同的K线所组成，它反映了股价大幅下跌后空方动能已基本消耗殆尽，空方没有能力再继续向下打压，后市可能止跌回升。图 3-68中，哪一幅不是平底形态？（　　）

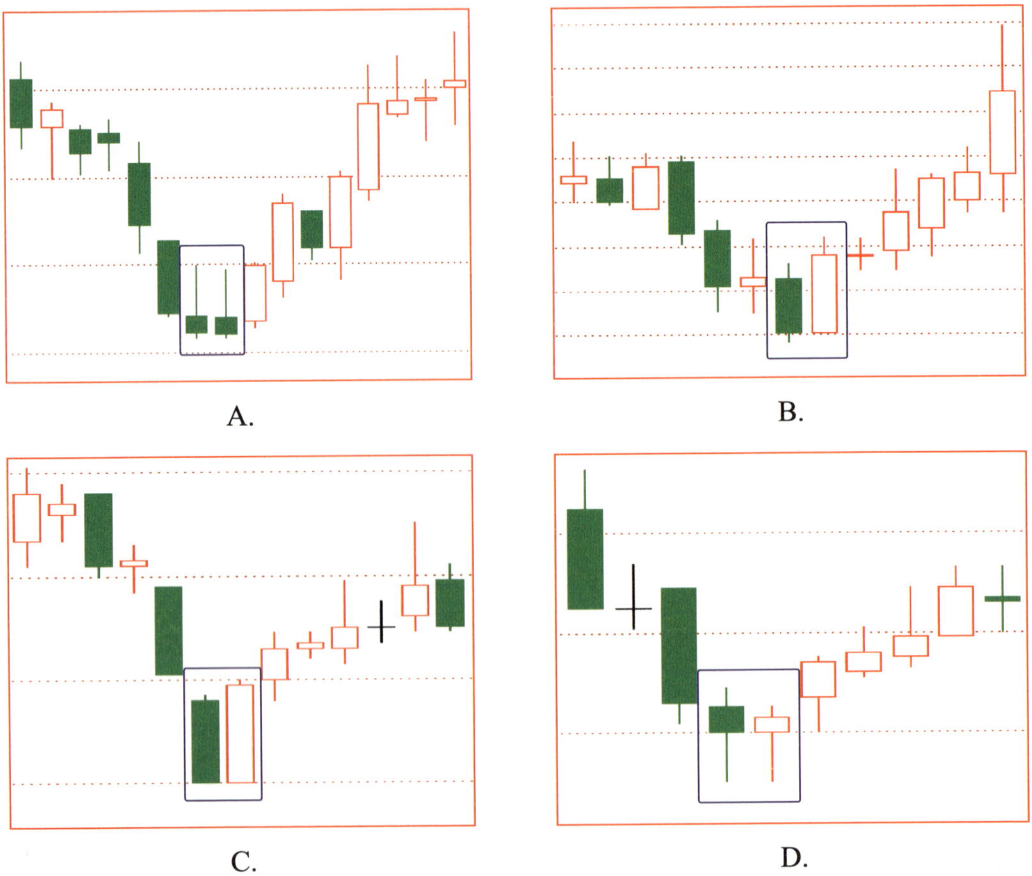

图 3-68

8. 图 3-69是某只股票连续两天的分时走势图，这两天对应的K线组合起来是下列选项中的哪一种形态？（　　）

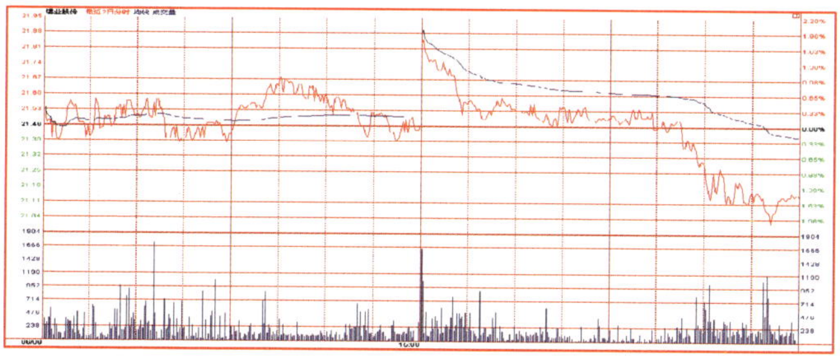

图 3-69

A. 乌云盖顶

B. 空头母子

C. 多头吞噬

D. 空头吞噬

9. 说出下列各图中箭头所指处K线组合的名称，并将正确的字母编号填到横线上。

A. 乌云盖顶　B. 倾盆大雨　C. 多头吞噬　D. 空头吞噬　E. 多头母子

F. 空头母子　G. 多头母子十字　H. 阳孕阳　I. 阴孕阴　J. 切入线

（1）

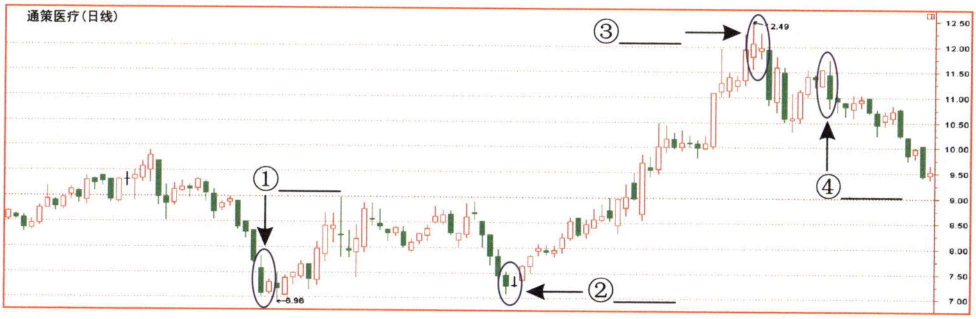

图 3-70

（2）

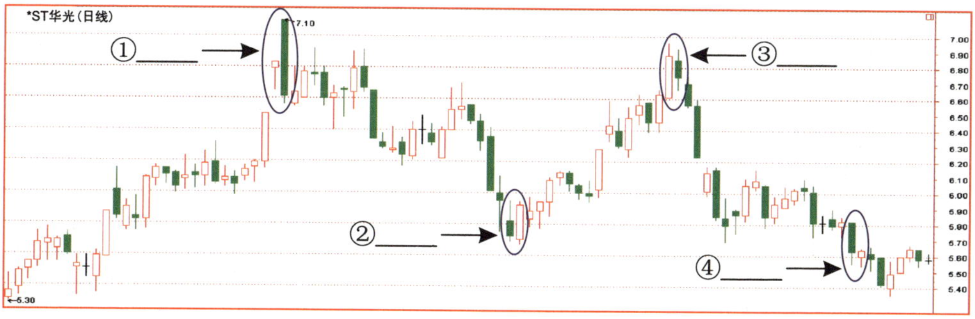

图 3-71

参考答案：

1. B　2. B　3. C　4. B　5. C　6. D　7. B　8. D

9.（1）①E、②G、③H、④B　（2）①D、②C、③F、④J

二、配对题（将K线组合与其对应的名称连线）

1.
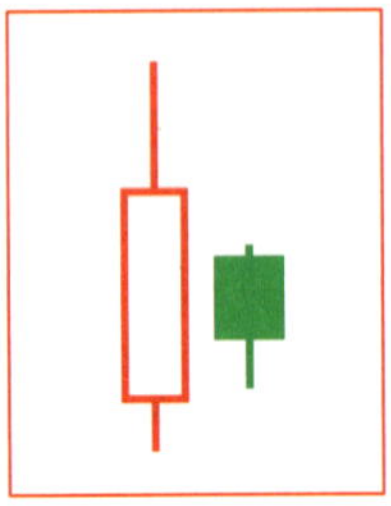

2.
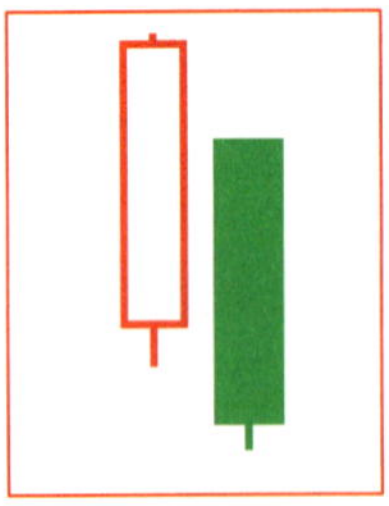

3.
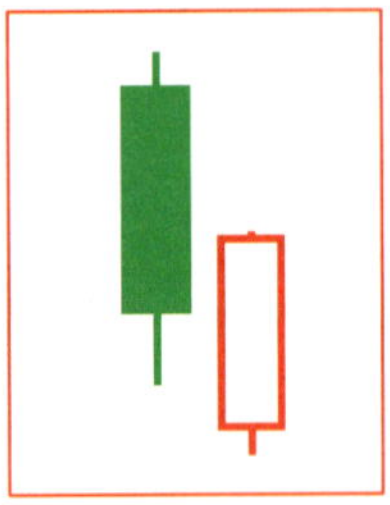

4.
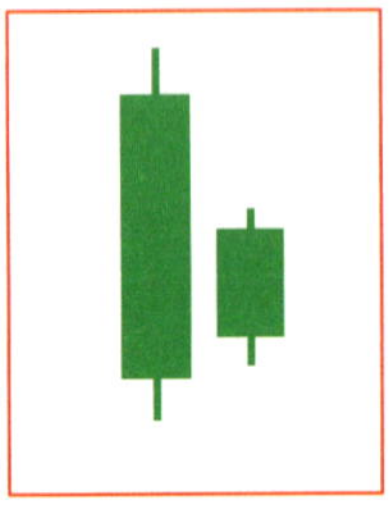

5.
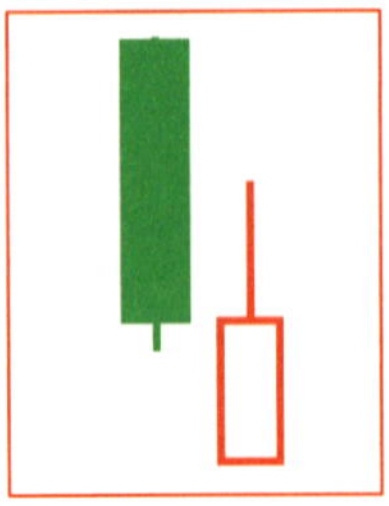

A. 多头母子

B. 阴孕阴

C. 空头母子

D. 贯穿线

E. 倾盆大雨

F. 乌云盖顶

G. 插入线

H. 多头吞噬

I. 平顶

J. 多头遭遇线

6.
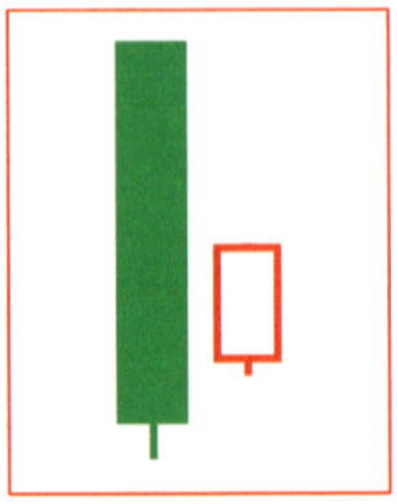

7.
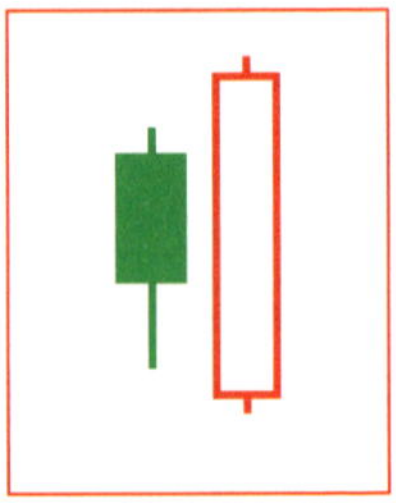

8.
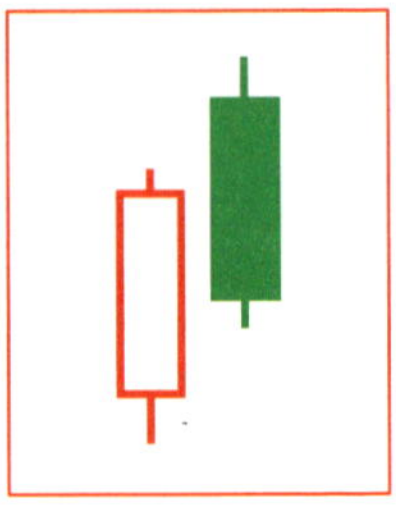

9.
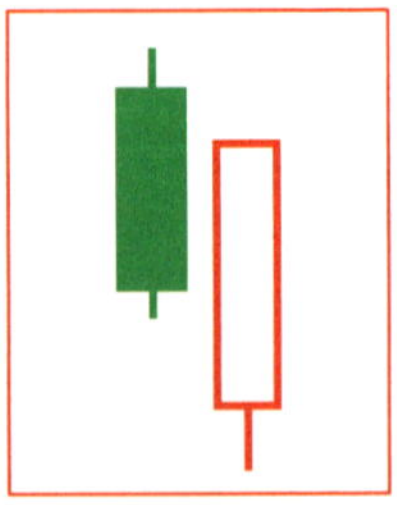

10.
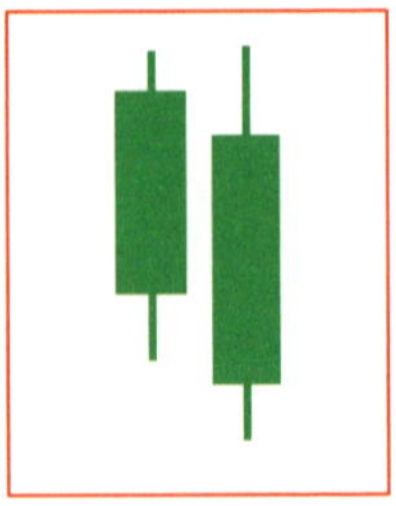

参考答案： 1. C　2. E　3. G　4. B　5. J　6. A　7. H　8. F　9. D　10. I

三、问答题

1. 找出图 3-72中关键位置的双K组合，说出它们的名称，并分析这些K线组合对股价运行情况的影响。

图 3-72

参考答案：

1. 如图 3-73所示，股价连续下跌后，在a处形成多头吞噬形态，显示多头力量完全占据了上风，出现该形态后，股价强劲上涨；股价上涨到高位后，在b处形成空头母子形态，说明多方力量减弱，后市可能出现回调，该形态后一交易日的阴线确认了空头母子的反转作用；股价回调到c处后，形成平底形态，同时这也是一个贯穿线形态，说明空方能量已基本消耗殆尽，多方再次进场做多，该形态出现后，股价止跌回升；当股价上涨至前期高点附近后，在d处再次形成空头母子形态，股价再次回落；股价回落过程中，在e处和f处形成了多头吞噬形态，股价出现小幅反弹。

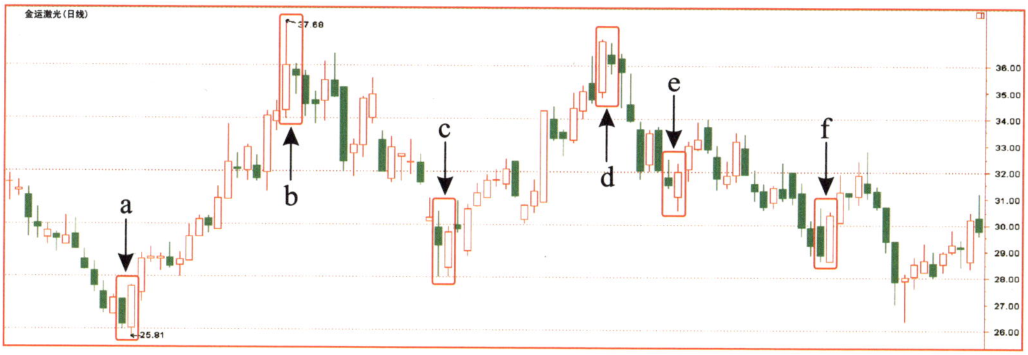

图 3-73

2. 观察图 3-74中股价的运行情况，指出方框内K线组合的名称，判断后市走势，并说一说投资者此时应如何操作？

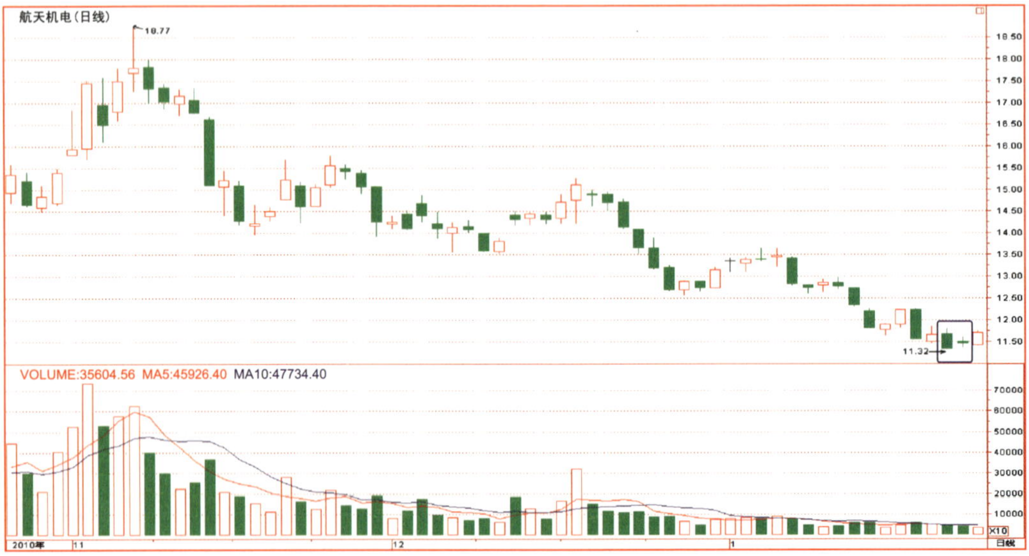

图 3-74

3. 观察图 3-75股价的运行情况，指出方框内K线组合的名称，判断后市走势，并说一说投资者此时应如何操作？

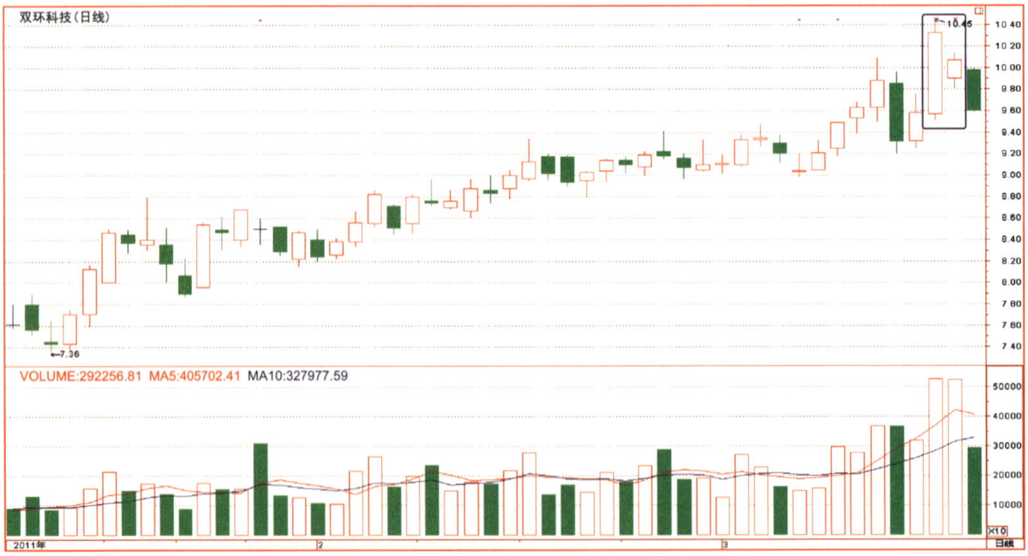

图 3-75

参考答案：

2. 图中方框内的K线组合叫阴孕阴。该形态第二天的小阴星完全在第一天的阴线实体内运行，显示空方动能已基本衰竭，无力再创新低，若下一交易日多方力量继续增强，市场趋势将可能反转过来。图3-74中最后一个交易日收出一根上涨的小阳线，说明多方已经夺取了市场的主动权。此时投资者可适当买入，若随后股价的上涨能得到成交量的有效配合，即可放心介入，如图3-76所示。

图3-76

3. 图中方框内的K线组合叫阳孕阳。该形态第二天的小阳线完全被第一天的大阳线所包含，说明股价经过连续的上涨后，多方能量逐渐被耗尽，无力再创新高。若此时空方力量得到聚集，股价很容易反转向下。该股在阳孕阳之后收出一根低开低走的阴线，显示多方已毫无还手之力，后市将由空方所主导。持筹者此时应果断清仓离场，见图3-77所示。

图3-77

4. 观察图 3-78中股价的运行情况，指出方框内K线组合的名称，判断后市走势，并说一说投资者此时应如何操作？

图 3-78

5. 观察图 3-79中股价的运行情况，指出方框内K线组合的名称，判断后市走势，并说一说投资者此时应如何操作？

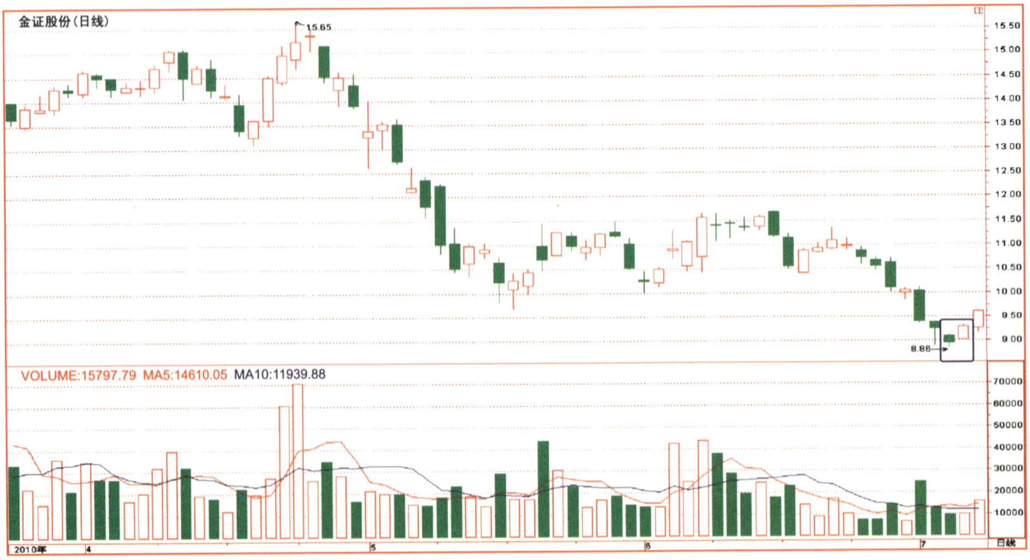

图 3-79

参考答案：

4. 图中方框内的K线组合叫平顶。该形态由两根最高价相等的K线组成，它表示股价长期上涨后，多方上涨动能减弱，无力再创新高，后市可能反转回落。该股在平顶形态的前一交易日和后一交易日均收出一根长十字线，这也是市场转势的重要信号。所以该股后市下跌已不可避免，投资者应在平顶形成后主动减仓，若十字线之后股价继续下跌，则反转得到确认，投资者应果断出局，如图 3-80所示。

图 3-80

5. 图中方框内的K线组合叫旭日东升。该形态第二根K线是一根高开高走的中阳线，且收盘价突破了前一天的开盘价，显示多头力量此时已完全占据上风。该形态就像初升的太阳，寓意前景光明，是一种准确率较高的低位反转形态。该股在旭日东升之后继续收出一根阳线，成交量也相应地放大，反映多方能量进一步得到积聚，这将促使该股在多方的主导下继续向上运行，投资者此时可积极介入做多，如图 3-81所示。

图 3-81

6. 观察图 3-82，说一说该股上涨到高位后出现了哪些双K组合，并根据这些组合判断该股的后势走势。

图 3-82

参考答案：

6. 如图 3-83所示，该股上涨到高位后，在①处出现空头母子形态，显示多头上涨能量减弱，随后股价开始回调，在②处形成双底形态后出现止跌并迎来小幅回升，而上升至前一高点附近后，在③、④两处分别形成空头遭遇线和平顶形态，反映出多方动能基本衰竭，无法继续上攻，接下来该股在⑤、⑥两处均形成倾盆大雨形态，反映空方已经完全占据上风，该股后市下跌已成定局。

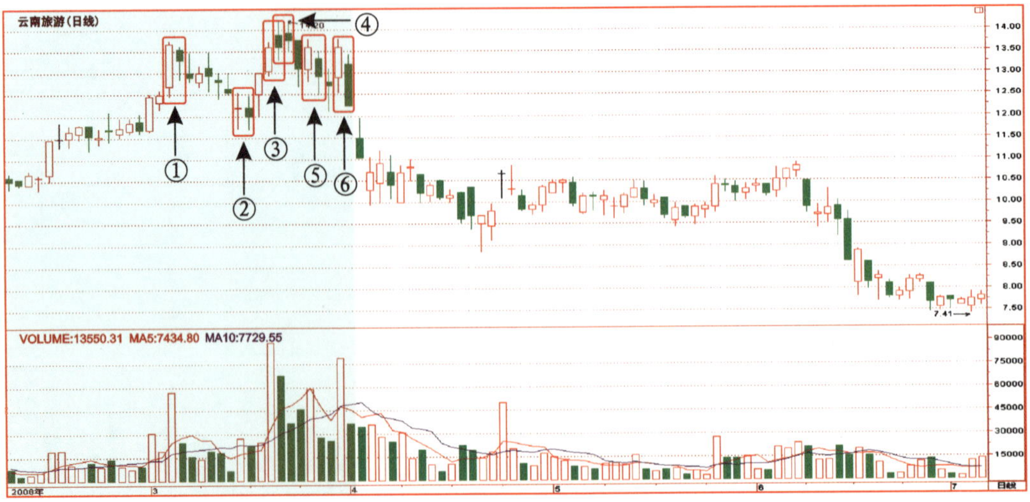

图 3-83

五大理由买卖实操

观察图 3-84中股票的技术形态，制定买卖策略，并填写下列表格。

图 3-84

五大理由买卖法

技术分析	买卖信号
理由一(K线)：	
理由二(百分比线)：	
理由三(价量)：	
理由四(CCI)：	
理由五(ROC)：	
后市方向及操作建议：	

参考答案:

图 3-85

五大理由买卖法

技术分析	买卖信号
理由一(K线): 出现旭日东升形态。	买
理由二(百分比线): 股价回调至前一波涨幅的1/3(33.3%)处后出现止跌。	买
理由三(价量): 股价回调过程中,成交量极度萎缩,意味卖压明显减弱。	买
理由四(CCI): CCI向上穿越-100。	买
理由五(ROC): ROC在超卖区与股价形成底背离。	买
后市方向及操作建议: 股价回调至关键价位后受到支撑,有望再度上涨,可逢低适量买入。	

点评: 股价还未回落至前一低点,成交量却已萎缩至前一低点水平,表明投资者极度惜售,市场抛压不大,后市止跌回升的可能性很大。

第四章 三K组合形态

在利用K线理论分析的过程中，有时候一两根K线并不能看出多空力量的对比状况，或者说无法提供足够的研判信息，所以我们要借助三根甚至多根K线来进行研判。由于三根K线组合比两根K线组合多了一根K线，所获得的信息将会更多，得出的结论相对于双K组合来说更准确，其信号的可信度也就更大。三根K线的组合同样也是不下数十种，本章精选了国内股市较常出现、准确率较高的21种K线形态。通常情况下，每一种形态都有其对应或相反的形态，读者可以将相关形态对比学习，方便记忆和运用。

看涨信号

看跌信号

第一节 启明星

一、形态描述

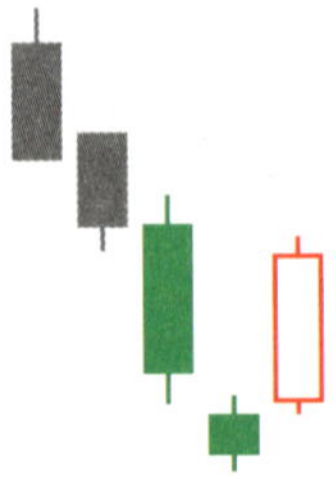

图 4-1

启明星也称早晨之星或晨星，一般出现在下跌趋势的末端，为见底信号。它由三根K线组成，第一天是一根大阴线，第二天是一根向下跳空的小阴(阳)线，第三天是一根大阳线，且其收盘价已经深入到了大阴线的实体内。比较理想的启明星是第二天的小实体与第一天和第三天的K线实体之间都存在跳空缺口。

二、辨认法则

1. 第一根K线是延续先前下跌走势的大阴线。
2. 第二根K线是一根实体短小的K线，实体的颜色并不重要，阴阳皆可。
3. 第三根K线是大阳线，其收盘价最好能够超过第一天大阴线实体中点。
4. 第一根和第二根K线实体之间有一个跳空缺口。

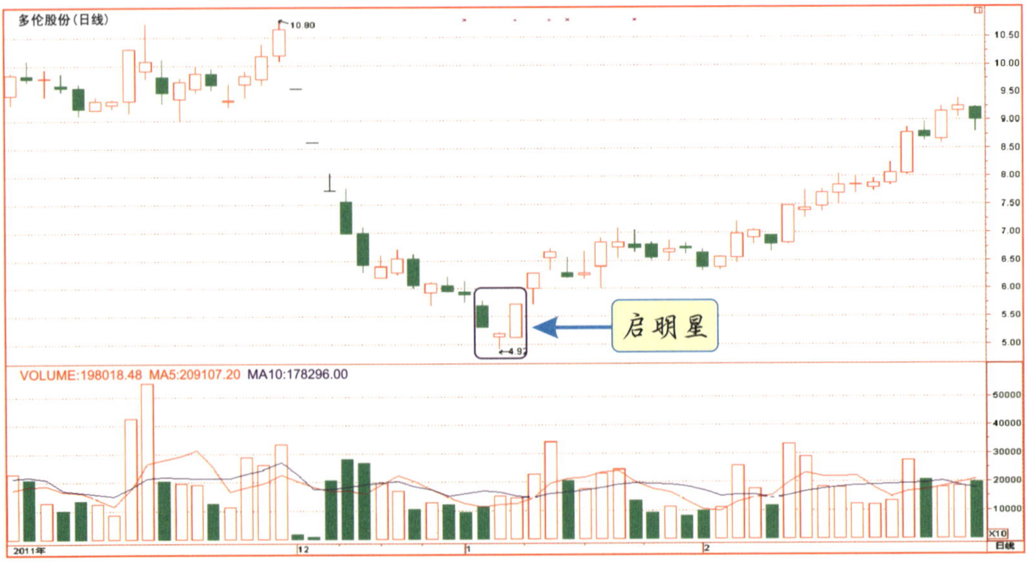

图 4-2

三、形态蕴含的市场心理

下降趋势中继续收出大阴线，使得空头气氛更加浓厚，也引发了市场的恐慌杀跌。这种杀跌力量使第二天股价跳空低开，股价全天呈现窄幅波动，显示空方能量大幅释放后已经逐步衰竭。第三天，蓄势已久的多方发起反攻，踊跃的买盘不断推高股价，最终收出大阳线。该形态显示了股价由下跌、止跌到反攻的过程。

四、形态解析

启明星可以还原成一根具有看涨意味的锤子线，还原后的单K线完全支持原形态的多头意义。

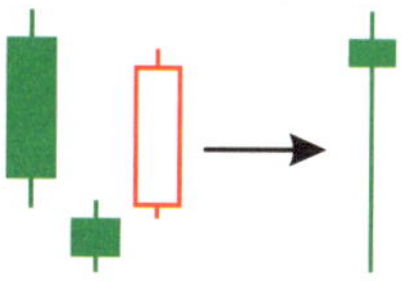

五、注意事项

1. 第三天阳线实体越长，市场反转潜力越大，若当天呈现放量上涨走势则更佳。

2. 启明星除了我们介绍的标准形态外，还有一些变体。如在大阴线和大阳线之间包含两根或三根星线时，依然把它们看做是启明星形态，分别称为启明双星和启明三星。

六、实例示范

图 4-3

第二节 黄昏星

一、形态描述

黄昏星也称夜星，一般出现在上涨趋势的末端，为见顶信号。它由三根K线组成，第一天是一根大阳线，第二天是一根向上跳空的小星线，第三天是一根大阴线，且它的收盘价已深深扎入了第一天阳线的实体内。有些文献还要求第三天和第二天的K线之间也形成跳空缺口。

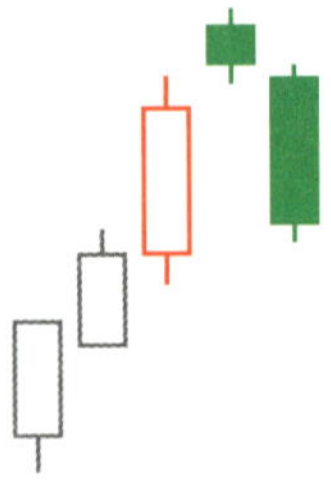

图 4-4

二、辨认法则

1. 第一根K线是延续先前上涨走势的大阳线。
2. 第二根K线是一根实体短小的K线，实体的颜色并不重要，阴阳皆可。
3. 第三根K线是大阴线，其收盘价最好能够向下穿越第一天大阳线实体中点。
4. 第一根和第二根K线实体之间有一个跳空缺口。

图 4-5

三、形态蕴含的市场心理

上涨趋势中继续收出大阳线，市场虽然仍旧表现出一副欣欣向荣的做多场面，但多空分歧正在加大。第二天，股价跳空高开后，一直在开盘价附近波动，显示出多方做多动能开始减弱，与此同时，空方力量开始得到聚集。第三天，空方大行其道，使得多方节节败退，最后被空方所打败。

四、形态解析

黄昏星可以还原成一根具有看跌意味的流星线，还原后的单K线完全支持原形态的空头意义。

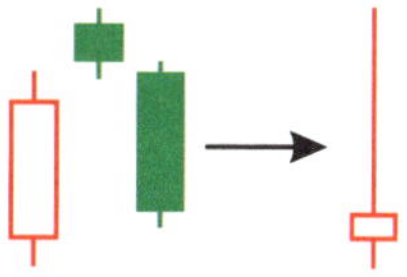

五、注意事项

1. 第三天的阴线实体越长或者扎入第一天阳线实体部分越多，越有可能发生反转。

2. 第二根星线带有长上影线或伴有巨量，都有助于反转的确认。

3. 黄昏星和启明星一样，也存在黄昏双星、黄昏三星等变体。

六、实例示范

图 4-6

第三节 十字启明星

一、形态描述

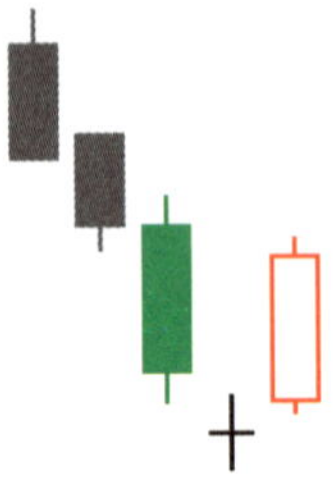
图 4-7

十字启明星是启明星的特例，它第一天和第三天的K线走势与启明星一样，分别是一根大阴线和一根大阳线，只是第二天的小星线变成了十字星。

低位的十字星本来就是市场可能反转的信号，而第三天的大阳线证实了这种猜想。因此，十字启明星是一种比启明星更具反转意义的形态。

二、辨认法则

1. 第一天是一根顺势下跌的大阴线。

2. 第二天是一根十字星，十字星和第一天的阴线实体之间存在跳空缺口。

3. 第三天是一根大阳线，其收盘价深入到了第一天大阴线的实体内，若能深入到大阴线实体中点之上则更佳。

图 4-8

三、形态蕴含的市场心理

十字启明星所蕴含的市场心理和启明星基本相同，但是十字启明星比启明星更具技术分析的意义。低位十字星的出现暗示原有的走势可能要发生改变，而第三天的大阳线则表明多方最终胜出，市场将朝多方期望的方向发展。

四、形态解析

十字启明星可以还原成一根锤子线，还原后的单K线充分支持原形态的看涨意味。

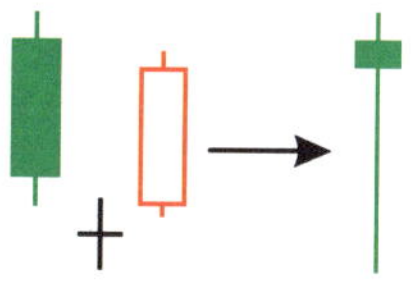

五、注意事项

1. 第三天的大阳线深入第一天大阴线的实体部分越多，反转的潜力越大。

2. 十字启明星还有一种变体叫多头弃婴，即第二根十字星的上影线与第一根和第三根K线的下影线都出现跳空缺口，这种形态非常少见，但出现后市场反转的概率极高。

六、实例示范

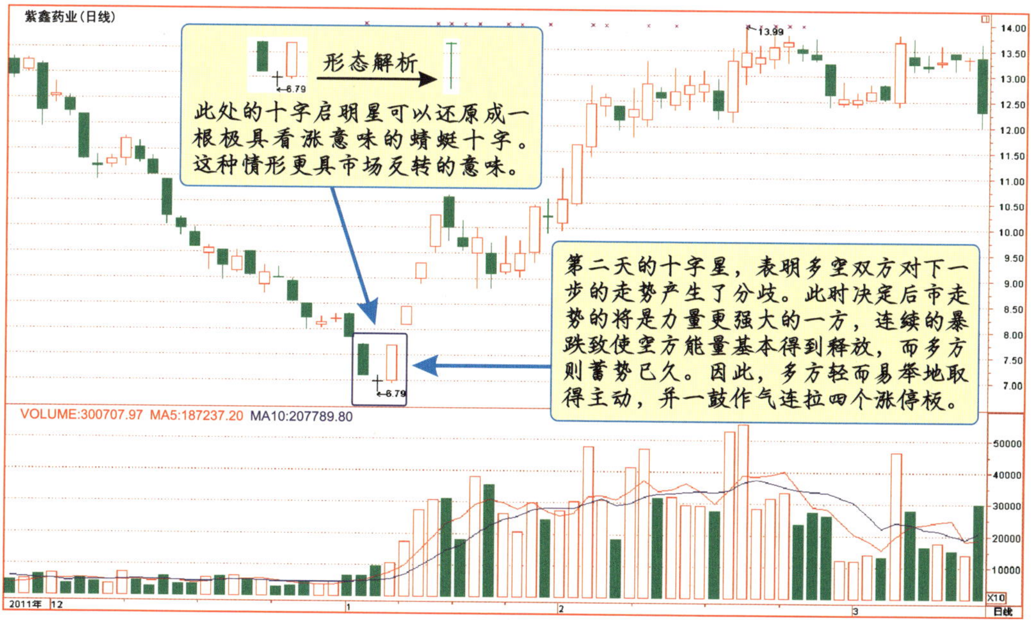

图 4-9

第四节 十字黄昏星

一、形态描述

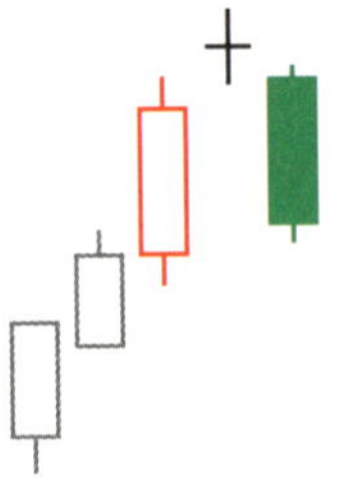

图 4-10

十字黄昏星是黄昏星的特例，它第一天和第三天的K线走势与黄昏星一样，分别是一根大阳线和一根大阴线，只是第二天的小星线变成了十字星。

十字黄昏星也是一种顶部反转形态，但它的市场反转意义比黄昏星更强。

二、辨认法则

1. 第一天是一根顺势上涨的大阳线。

2. 第二天是一根十字星，十字星和第一天的阳线实体之间存在跳空缺口。

3. 第三天是一根大阴线，其收盘价深入到了第一天大阳线的实体内，若能深入到大阳线实体中点之下则更佳。

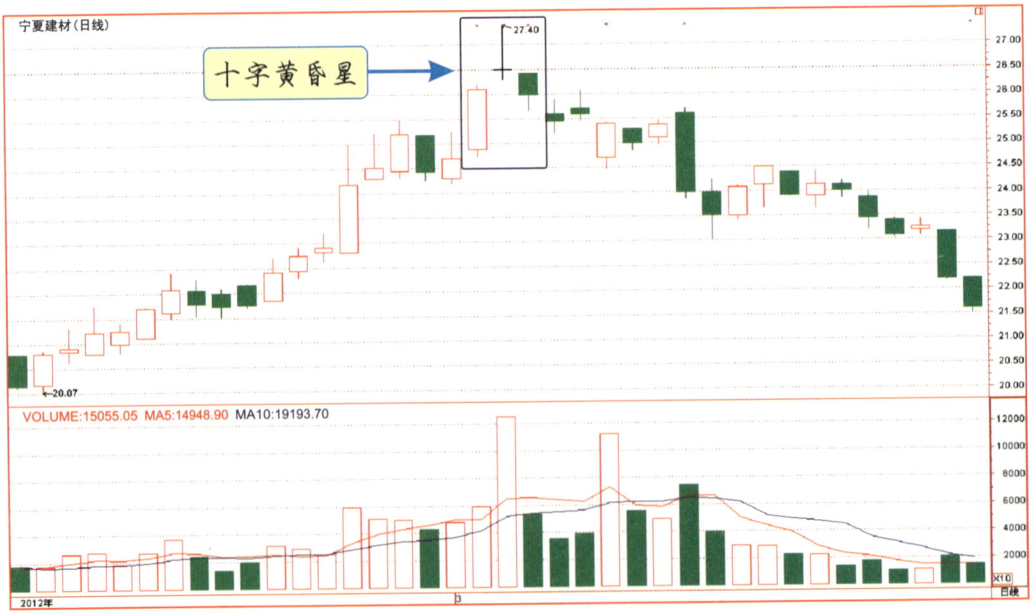

图 4-11

三、形态蕴含的市场心理

十字黄昏星所蕴含的市场心理和黄昏星基本相同，但是十字黄昏星比黄昏星更具技术分析的意义。高位十字星的出现，说明多方上涨动能减弱，并在多空较量中打成平手，暗示市场原有的运行方向可能发生改变。第三天的大阴线则反映空方已经控制了盘面，市场趋势将由空方所主导。

四、形态解析

十字黄昏星可以还原成一根流星线，还原后的单K线充分支持原形态的看跌意味。

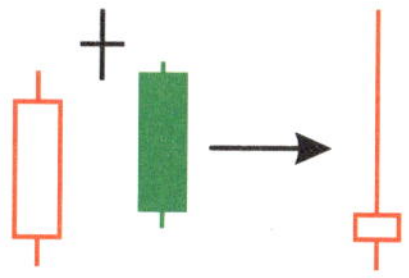

五、注意事项

1. 第三天的大阴线深入第一天大阳线的实体部分越多，反转的可能性越大。

2. 十字黄昏星还有一种变体叫空头弃婴，即第二根十字星的下影线与第一根和第三根K线的上影线都出现跳空缺口，这种形态非常少见，但出现后市场反转的概率极高。

六、实例示范

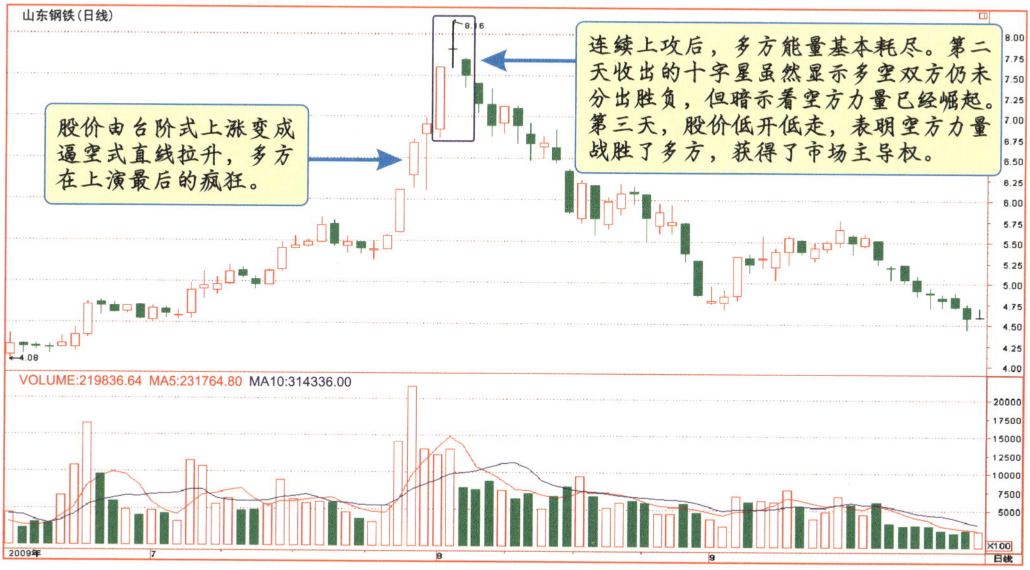

图 4-12

第五节 红三兵

一、形态描述

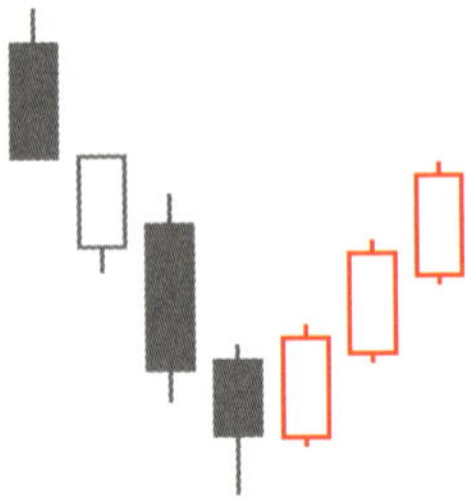

图 4-13

红三兵是较常见的底部反转信号之一，它由连续三根开、收盘价逐步抬高的中、大阳线组成，其中第二根和第三根K线分别以比前一天收盘价低的价格开盘，并以比前一天收盘价高的价格收盘，三根阳线表现为逐渐攀升，这是一种稳健的上行态势。如果红三兵形态出现在长期下跌或横盘整理之后，后市上涨的可能性非常大。

二、辨认法则

1. 连续出现三根中、大阳线，且三根阳线的实体大体相当。

2. 第二天和第三天的开盘价都位于前一天阳线实体内，且一般位于实体中点之上。

3. 每天的收盘价应是当天的最高价或接近于当天的最高价，且后两天的收盘价都高于前一天的收盘价。

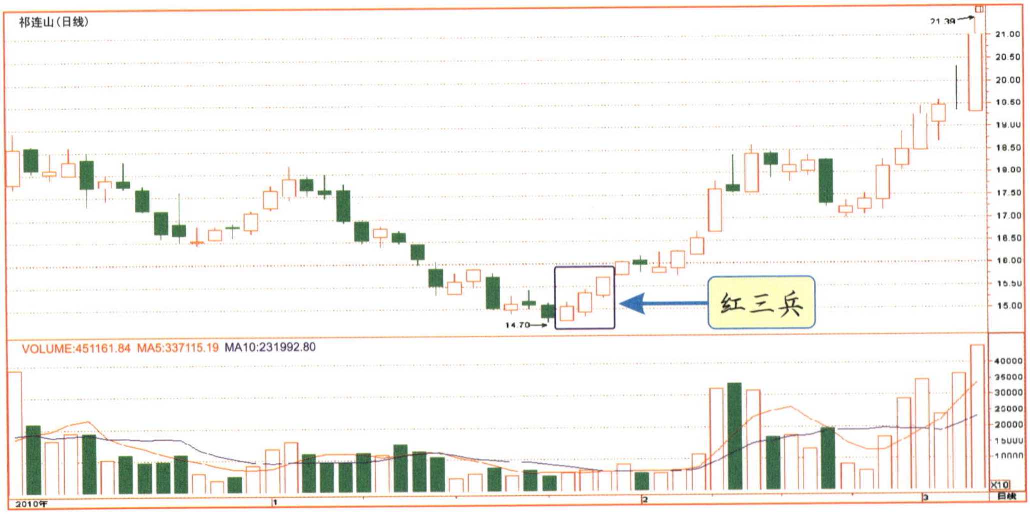

图 4-14

三、形态蕴含的市场心理

连续三日收出阳线，反映了当前的市场是一个以买方为主导的市场。但是三日连收阳线并不代表空方力量就不存在，第二天和第三天的低开显示市场出现了一定程度的卖压，但开盘后，买方的力量压倒了卖方，并推动价格逐步走高，显示多方力量和空方力量经过争夺较量后，每次都以多方胜利而告终，这种走势极大的提振了市场的信心。

四、形态解析

红三兵可以还原成一根极具看涨意味的大阳线，还原后的单K线充分支持原形态的多头意义。因此，该形态无需再确认。

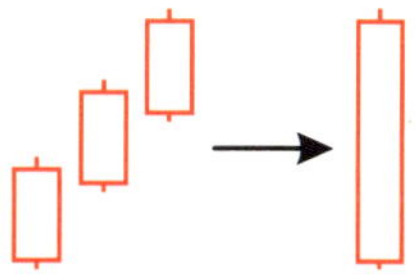

五、注意事项

1. 如果股票长时间下跌或横盘后出现红三兵形态，且伴随着成交量的放大，是该股启动的前奏，可择机介入。

2. 红三兵为三根大阳时，短期的超买会引发获利回吐，此时股价可能会暂时回档，投资者可待股价回调至关键支撑位(如红三兵涨幅的1/3、1/2或2/3)止跌后介入。

六、实例示范

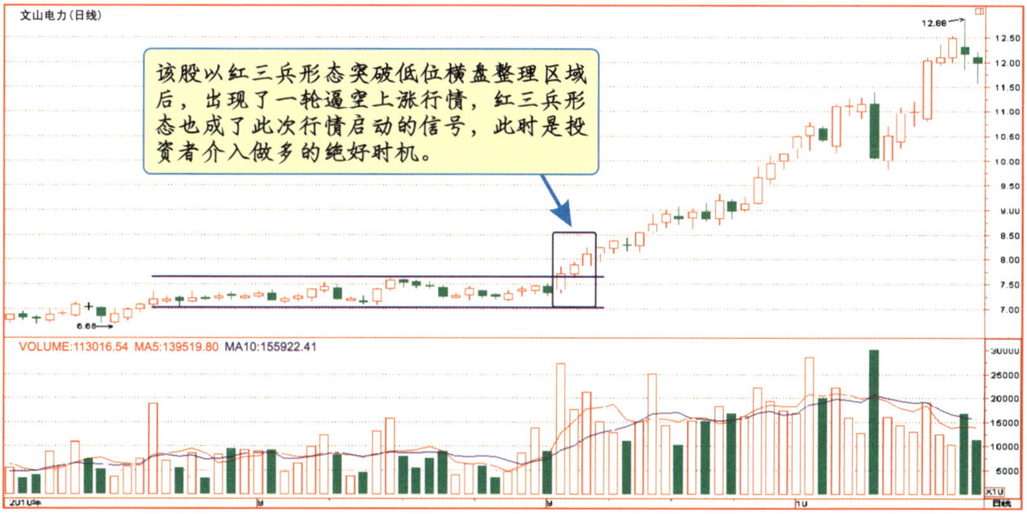

图 4-15

第六节 大敌当前

一、形态描述

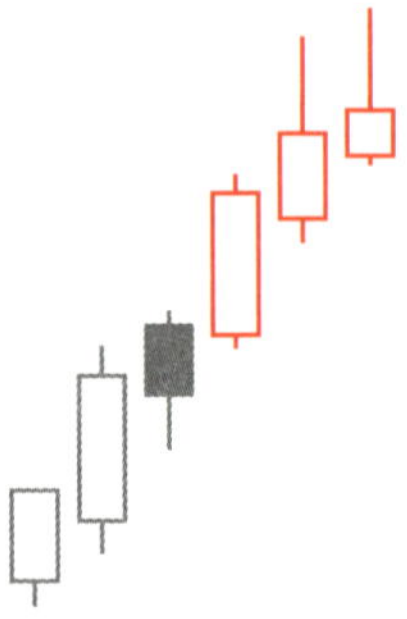

图 4-16

大敌当前是红三兵形态的变形，与红三兵不同的是，该形态通常出现在上涨趋势的末端或是阶段性的顶部，是一种看跌形态。大敌当前也是由三根阳线组成，第一根为大阳线，第二根和第三根为实体逐渐缩小的小阳线，且这两根小阳线都出现了很长的上影线。该形态显示投资者做多意愿逐渐减弱，上涨动能缺失。

二、辨认法则

1. 连续出现三根阳线，它们的收盘价逐渐提高，但实体却逐渐缩小。
2. 第二根和第三根阳线的开盘价都在前一根阳线的实体内。
3. 第二根和第三根阳线出现了很长的上影线。

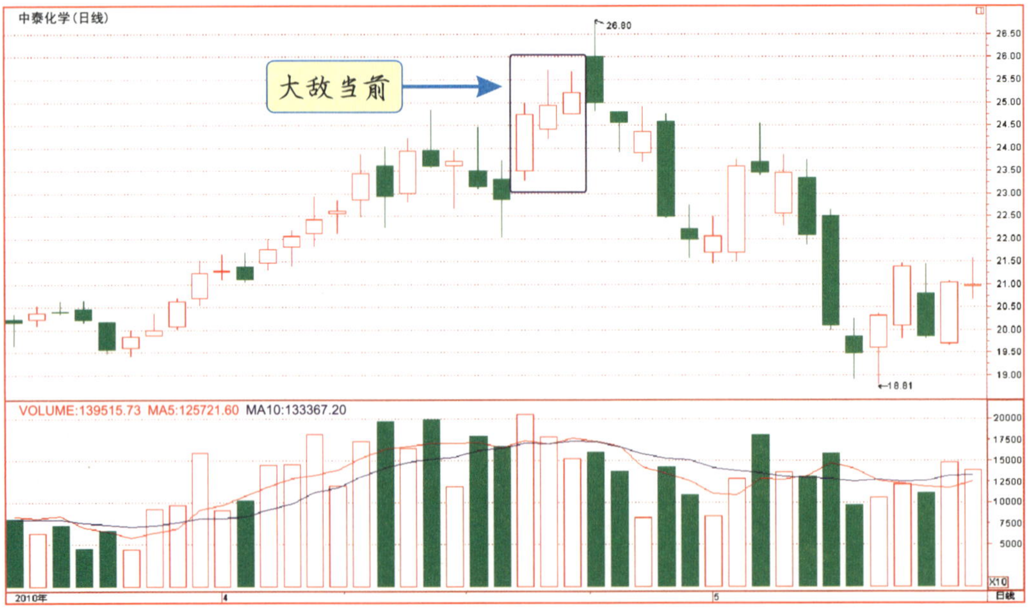

图 4-17

三、形态蕴含的市场心理

在上涨趋势中，第一根大阳线强化了市场的多头气氛。第二天，空方压低了开盘价，开盘后多方继续向上挺进，但是上涨到一定程度后卖压开始显现，多方试图消化卖压，但无奈力不从心，最后只能以小阳线报收，并留下一条较长的上影线。第三天，多方试图再度上攻，但最后同样被空方打得节节败退。多空双方经过激烈争夺后，多方力量被大幅削弱，而空方力量逐步发展壮大。

四、形态解析

大敌当前可以还原成一根上影线较长的大阳线，在高位出现显出了市场的疲势。但是，大敌当前的弱势是相对于红三兵而言的，市场是否真的会反转还需进一步确认。

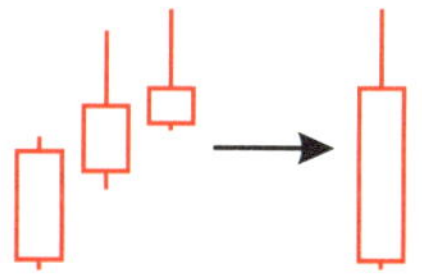

五、注意事项

1. 第二天和第三天的阳线实体越小，上影线越长，说明多方的力道越弱。

2. 该形态出现在长期上涨的高位，股价可能见顶，为强烈的卖出信号；若出现在初升阶段，则为短线调整的信号。

六、实例示范

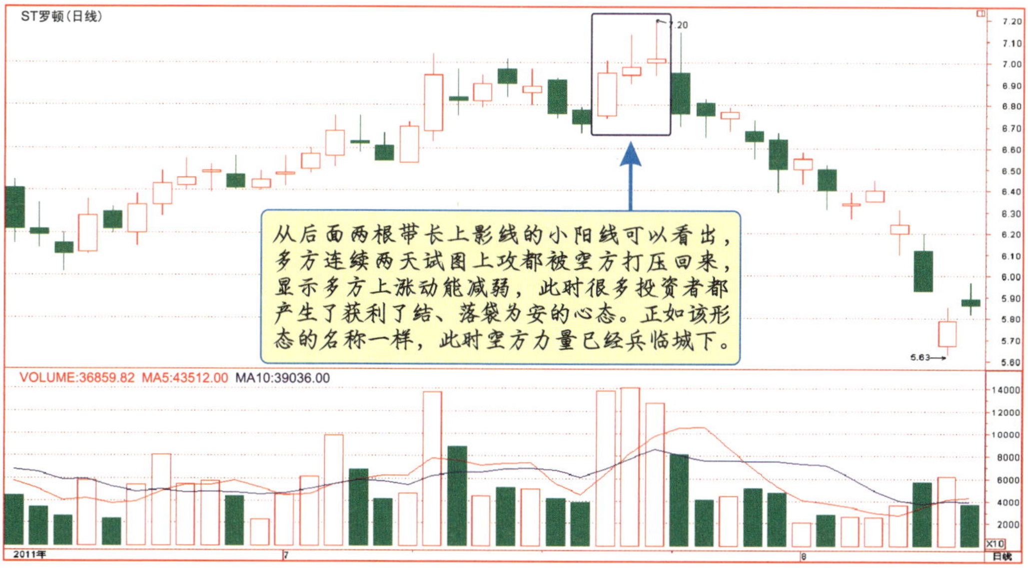

图 4-18

第七节 步步为营

一、形态描述

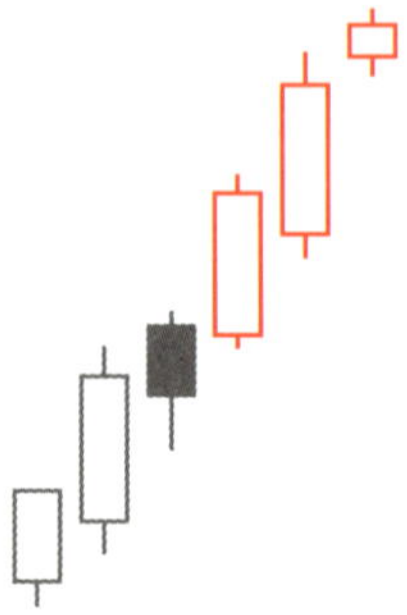

图 4-19

步步为营与大敌当前一样，也是红三兵形态的变形，它是一种出现在上涨趋势末端或是阶段性顶部的看跌形态。该形态由两根大阳线和一根紧随其后的小阳线或小阳星组成。如果第二天和第三天的K线实体之间有跳空缺口，则该形态更有效。

第三天的小实体阳线显示出多空双方对下一步的走势存在分歧，市场需要暂时停顿以确定之后的发展方向。

二、辨认法则

1. 第一天和第二天为大阳线，第三天为一根小阳线或小阳星。
2. 第三根K线在第二天的收盘价附近开盘，或者当天跳空高开后小幅走高。

图 4-20

三、形态蕴含的市场心理

第一天和第二天的大阳线显示多方仍旧掌控盘面，但是连续的上涨使得多方能量逐渐减弱。第三天开盘后，多空双方在前一天的收盘价附近形成相持，最终以小阳报收。该形态显示出多空双方的分歧正逐步加大，在空方的反击下，多方已没有能力继续向上挺进。如果接下来空方力量继续增强，那么市场趋势将随时可能出现反转。

四、形态解析

步步为营可以还原成一根大阳线，还原后的单K线与原形态的市场含义相冲突。因此，后市是否下跌需要进一步的确认。

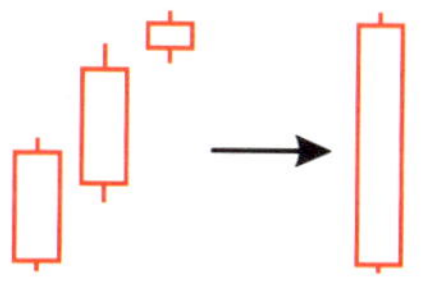

五、注意事项

如果该形态第三天是一根向上跳空的小阳线，且第四天价格向下回落收出大阴线的话，就会形成黄昏星形态，这将加强市场反转的可能性。

六、实例示范

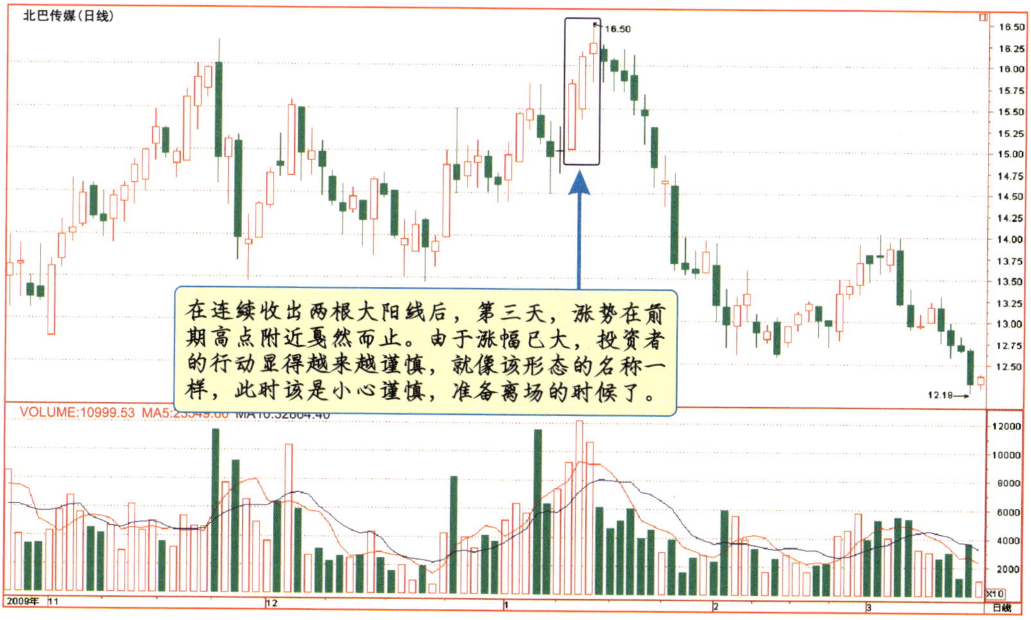

图 4-21

第八节 黑三鸦

一、形态描述

黑三鸦是与红三兵相反的形态，是较为常见的顶部反转信号之一。它由三根中、大阴线组成，其中第二根和第三根阴线以比前一天收盘价高的价格开盘，并以比前一天收盘价低的价格收盘，三根阴线自上而下呈阶梯状排列。

该形态通常出现在高档区或是连续上涨行情之后，预示价格将进一步下跌。

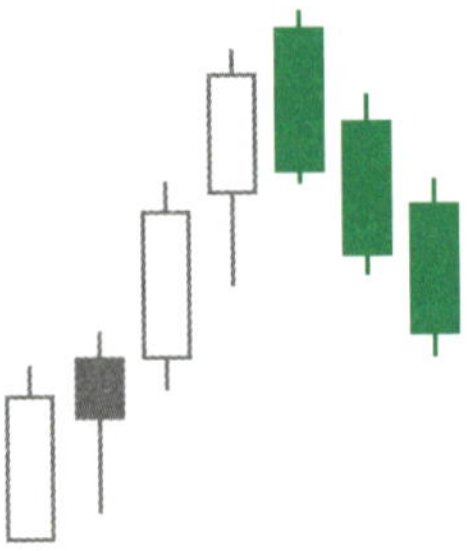

图 4-22

二、辨认法则

1. 连续出现三根中、大阴线，三根阴线的实体大体相当。

2. 第二天和第三天的开盘价都在前一天的阴线实体范围内。

3. 三根阴线的收盘价应是最低价或接近于当天的最低价，且后两天的收盘价都低于前一天的收盘价。

图 4-23

三、形态蕴含的市场心理

股价连续上涨后，到达顶部区域，此时多方能量逐渐减弱，而空方能量却逐渐积聚。第一天多空双方经过激战后，空方取得了胜利。第二天多方重新进场，并推高了开盘价，但是最终仍以失败收场。第三天多方欲再度反击，但仍无果而终。经过三天的较量后，空方完全占据了上风，而多方的信心却被一点一点地蚕食。该形态显示出高档的沉重抛压使股价不断受到冲击，这极大地打击了多方的信心。

四、形态解析

黑三鸦可以还原成一根极具空头意味的大阴线，还原后的单K线充分支持原形态的空头气势。因此，该形态无需再确认。

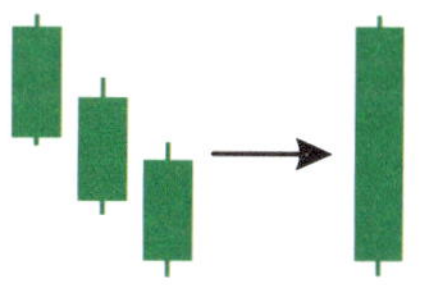

五、注意事项

黑三鸦还有一种特殊的变体，即前一根阴线的收盘价就是下一根阴线的开盘价，俗称黑三鸦接力形态。这是一种比黑三鸦更具反转意味的形态。

六、实例示范

图 4-24

第九节 双鸦跃空

一、形态描述

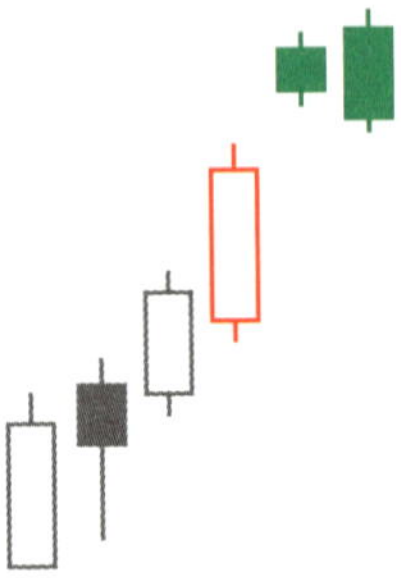

图 4-25

双鸦跃空出现在上涨趋势中，第一天先收出一根大阳线，随后出现一小一大两根向上跳空的阴线，并且后一根阴线高开低走，完全吞没了前一根阴线。

该形态后两根K线与第一根大阳线形成向上跳空的缺口，就像两只乌鸦在空中飞过。它是一种看跌的K线形态。

二、辨认法则

1. 第一天是一根大阳线。

2. 第二天和第三天都是阴线，并且这两根阴线和第一天的大阳线之间都要形成向上跳空的缺口。

3. 第三天的阴线高开低收，完全吞没了第二天的阴线。

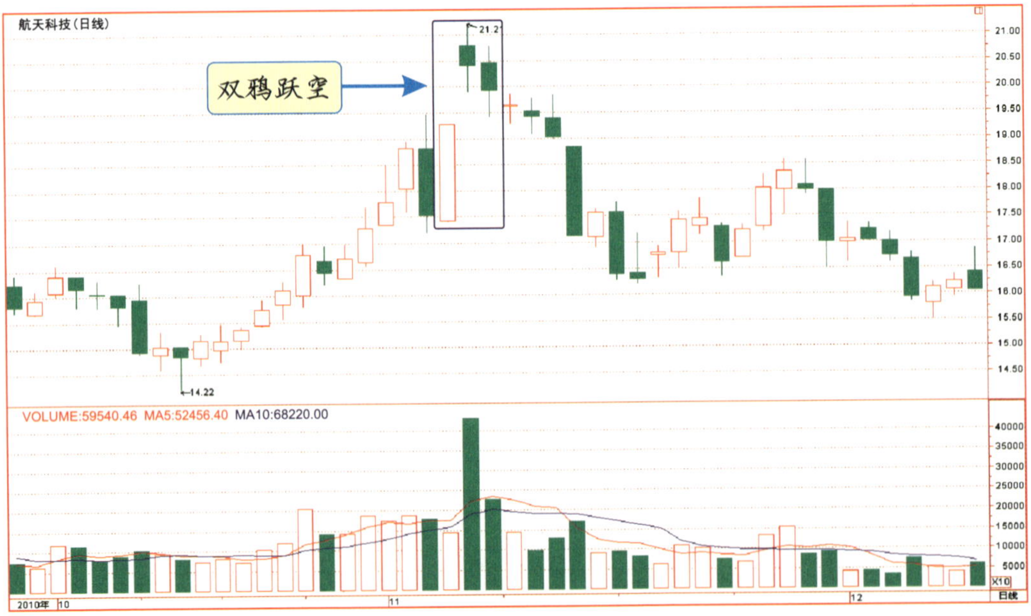

图 4-26

三、形态蕴含的市场心理

股价处于上涨趋势中，第一天的大阳线进一步强化了市场的多头气氛。第二天股价顺势跳空高开，但是开盘后市场卖压开始显现，导致当天价格向下回落。虽然收出一根阴线，但当天的交易价格仍在前一天的收盘价之上，因此多方仍然占有优势。第三天，价格再次高开，但是多方却遭到空方更为猛烈的打压，致使当天的收盘价回落到了前一天的收盘价之下。虽然价格勉强收在第一天的收盘价之上，但是这种形态极大地打击了多方的信心，也显示出多方力量正逐渐转弱。

四、形态解析

双鸦跃空可以还原成一根带有较长上影线的阳线，虽然它显示上档有一定的抛压，但并不是一根看空的单K线，因此原形态需进一步确认。

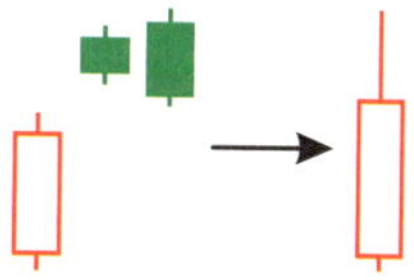

五、注意事项

1. 标准的双鸦跃空出现的频率相当低，但出现后市场反转的概率较大。

2. 双鸦跃空第三根阴线如果继续向下发展，并在第一根大阳线实体内收盘，则该形态就演变成了两只乌鸦(下一节将会介绍)。

六、实例示范

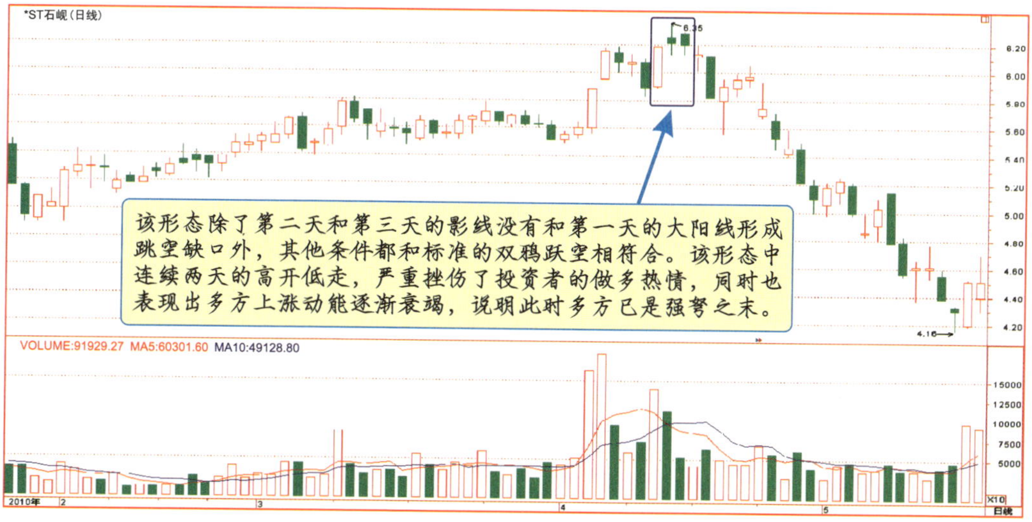

图 4-27

第十节 双飞乌鸦

一、形态描述

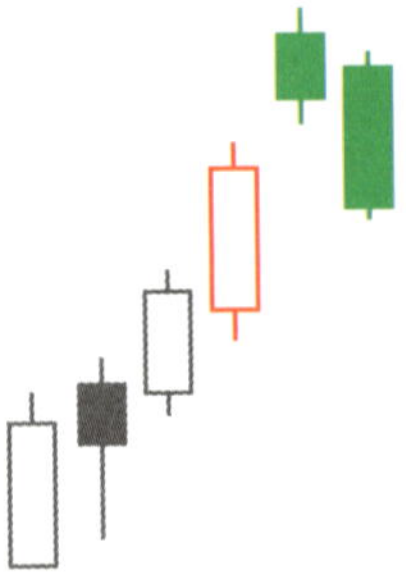

图 4-28

双飞乌鸦第一天和第二天的K线跟双鸦跃空几乎一样，也是在一根大阳线后面收出一根向上跳空的阴线。不同的是，双飞乌鸦第三根K线在第二天的阴线实体内开盘，之后向下回落，回补了第二天的向上跳空缺口，并把收盘价深入到了第一根K线的实体内。双飞乌鸦也是一种顶部反转形态，第二天的向上跳空缺口被回补后实际上即成了上涨末端的竭尽缺口，它预示上涨行情已经接近尾声。

二、辨认法则

1. 第一天是一根大阳线。

2. 第二天是一根向上跳空的阴线。

3. 第三天也是阴线，它在第二天的K线实体内开盘，在第一天的K线实体内收盘。

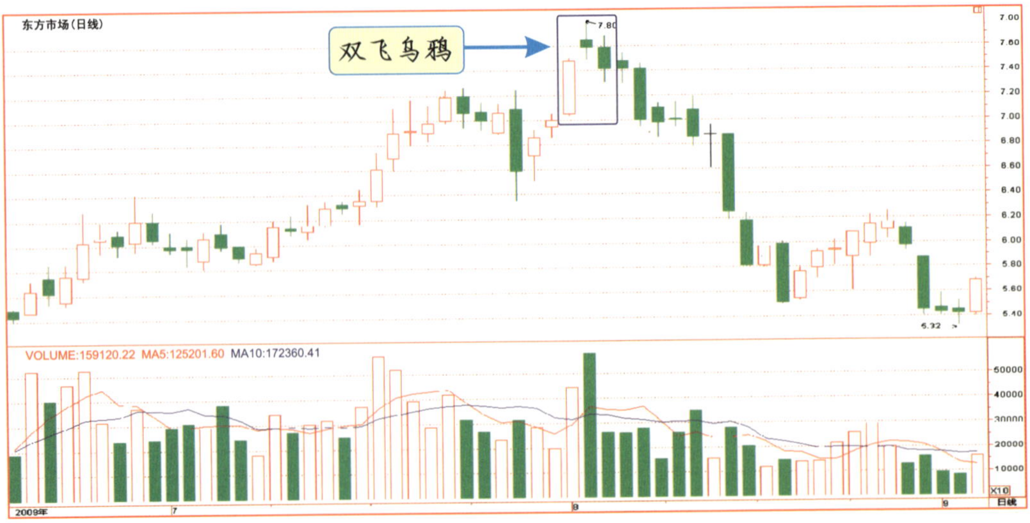

图 4-29

三、形态蕴含的市场心理

股价处于上涨趋势中，第一天的大阳线进一步激发了投资者的做多热情。第二天股价延续强势跳空高开，开盘后市场卖压开始显现，导致股价向下回落，但是没有完全回补当天的向上跳空缺口。第三天，价格再次高开，但由于多方力量被削弱，再加上空方的强劲打压，价格再度走低，回补了第二天的向上跳空缺口，并收于第一天的阳线实体之内。该形态反映出多方上涨动能已基本消失，而空方的力量正在加强。

四、形态解析

双飞乌鸦可以还原成一根流星线，还原后的单K线完全支持原形态的看跌意味。

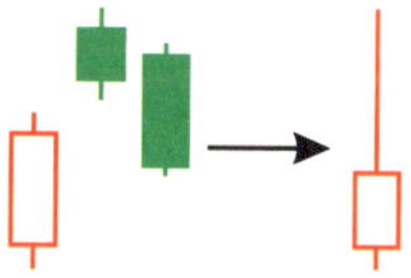

五、注意事项

1. 由于双飞乌鸦第三天阴线的收盘价已深入到第一天阳线的实体内，因此该形态比双鸦跃空的看跌意味更浓，而且后两根阴线实体越长，反转意义也越强烈。

2. 若第二天的阴线为小阴线，则该形态即演变为黄昏星，投资者应仔细区分。

六、实例示范

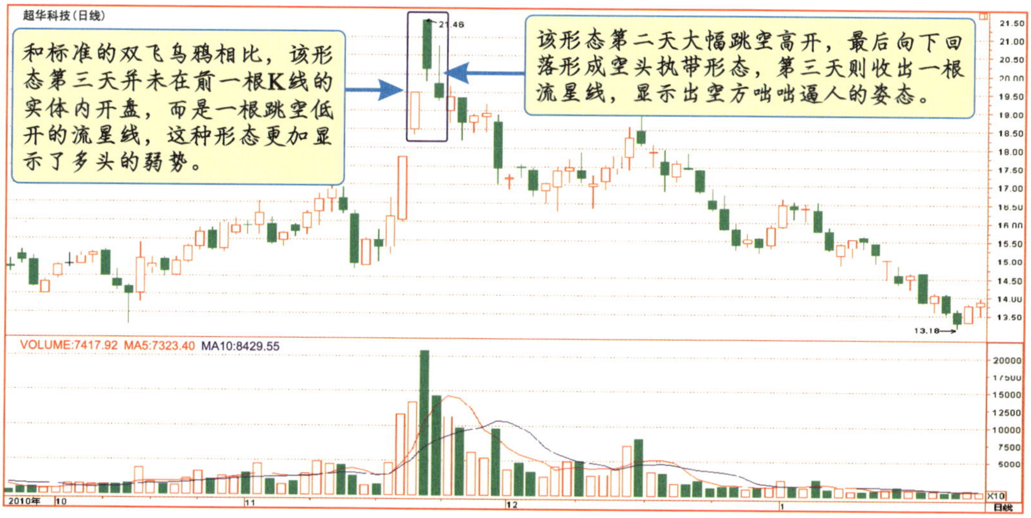

图 4-30

第十一节 奇特三河床

一、形态描述

奇特三河床也称奇特三川底部形态，是一种较为少见的见底信号。第一天延续先前的下跌走势收出一根大阴线。第二天，股价高开低走，盘中创出近期新低后逐步回升，最后在开盘价下方附近价位收盘，形成一根实体为绿色的锤子线。第三天，股价低开，但未再创新低，并以一根小阳线报收，但其收盘价仍低于第二天的收盘价。

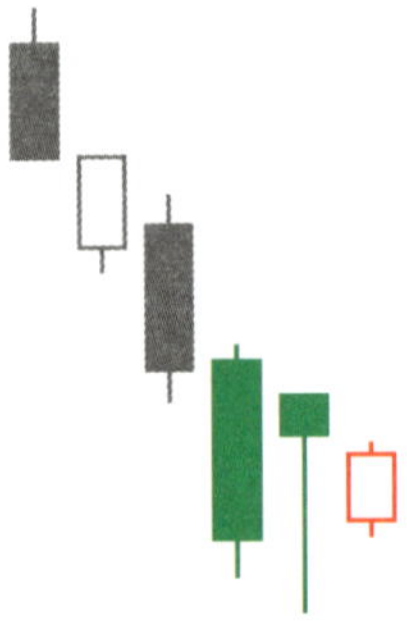

图 4-31

二、辨认法则

1. 第一天是一根大阴线。
2. 第二天是一根高开的阴线，实体较小，带有较长的下影线，且盘中创出新低。
3. 第三天是一根小阳线，它的实体位于前一根K线的下影线范围内。

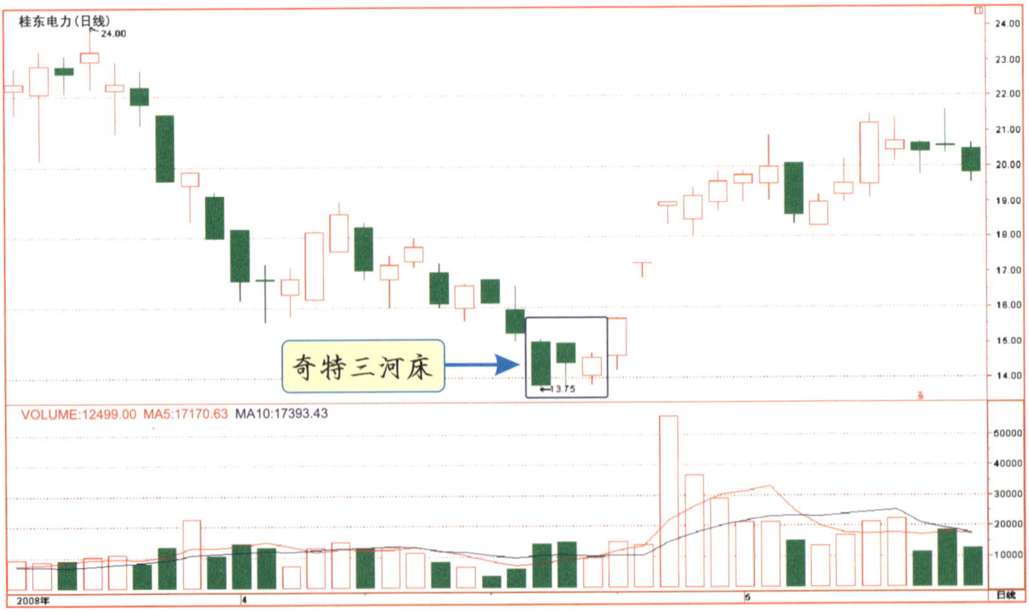

图 4-32

三、形态蕴含的市场心理

在下降走势中继续收出一根大阴线，第二天股价逆势高开，但开盘后遭到空方打压，致使价格再创新低，随后多方奋起反攻，股价回到开盘价附近，这极大地动摇了空方的信心。第三天，空方虽继续施压，使股价出现低开，但此时多头力量已占上风，最终收出一根小阳线。该形态显示当前的跌势得到有效遏制。如果第四天股价继续走高，反转将得到确认。

四、形态解析

奇特三河床还原成的单K线近似于锤子线，具有明显的多头倾向。因此，还原后的单K线完全支持原形态的市场含义。

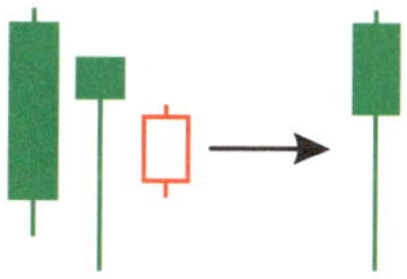

五、注意事项

该形态第二天下影线部分越长，其反转的潜力越大。

六、实例示范

图 4-33

第十二节 南方三星

一、形态描述

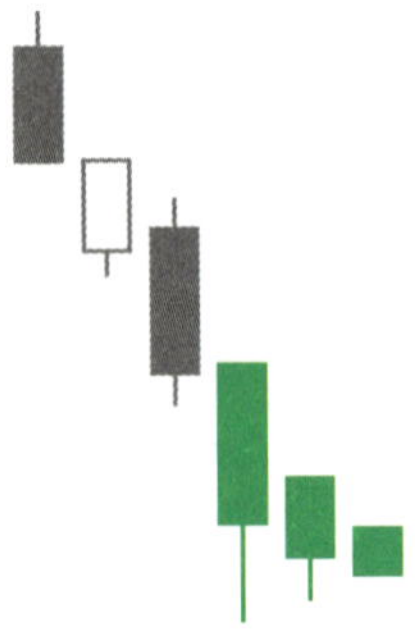
图 4-34

南方三星是一种比较少见的见底形态。第一天是一根下影线比较长的大阴线，显示低位有买盘开始介入。第二天是一根开高走低带有下影线的阴线，且当天未再创出新低。第三天是一根小阴线，其实体位于前一天的交易范围内。虽然每天的收盘价逐步降低，但从不断缩小的实体表明，下跌力度明显减弱，下降趋势已逐渐趋于缓和，底部基本构成。

二、辨认法则

1. 第一天是一根大阴线，且带有较长的下影线。

2. 第二天是一根高开低走的阴线，其长度相比第一天略有缩小，虽然收盘价比第一天低，但最低价却有所抬高。

3. 第三天是一根小阴线，它完全位于前一天的交易区间内。

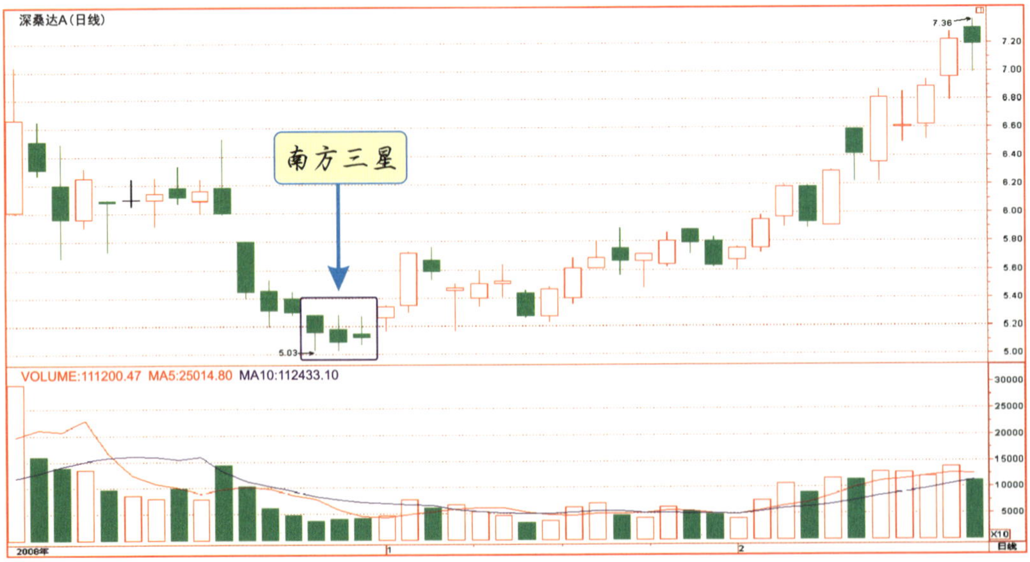

图 4-35

三、形态蕴含的市场心理

第一天，股价大幅下跌后受到买方的支撑，在逢低买盘的介入下，价格出现回升，这也激发了一些投资者的做多热情。第二天，股价出现高开，不过遭到空方打压而向下回落，收盘前多方再次出击，使得价格小幅回升，且当天未再创出新低，这两天的走势使空方的嚣张气焰有所收敛。第三天，价格维持在前一天交易区间内窄幅波动，虽仍以阴线报收，但可以看出空方势力在逐渐衰退，而多方力量正逐步积聚。

四、形态解析

南方三星可以还原成一根略带下影线的大阴线，大阴线的看跌意味和原形态的市场含义相冲突。因此，该形态需要进一步进行确认。

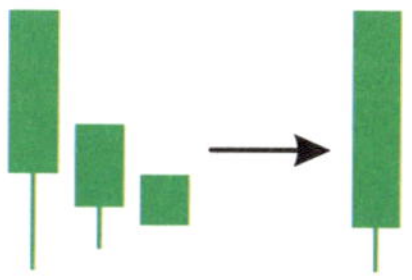

五、注意事项

虽然三根阴线的收盘价逐次降低，但它们的最低价是逐渐抬高的，这也可以看出当前的跌势逐渐缓和，如果第四天价格走高，反转将得到确认。

六、实例示范

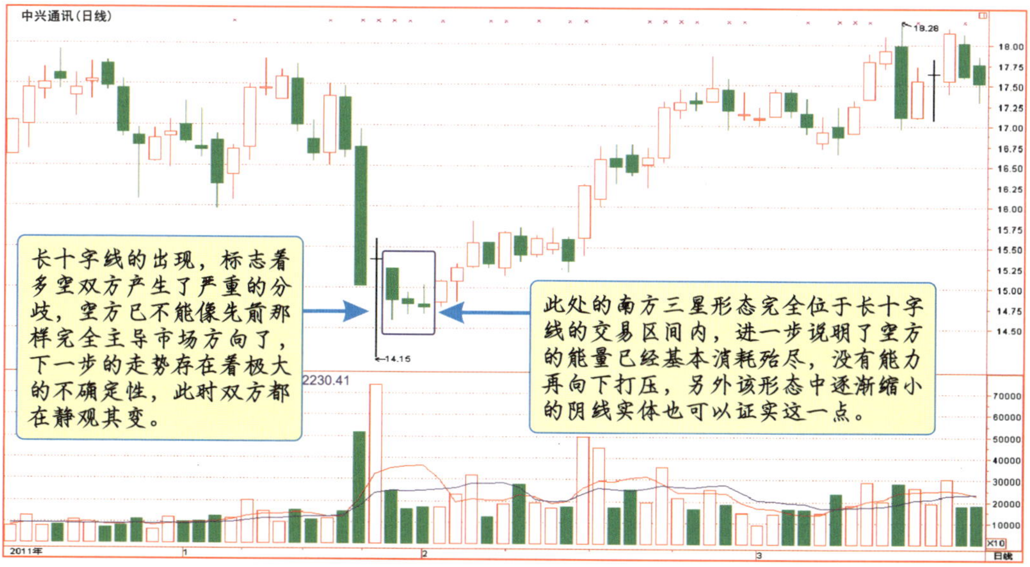

图 4-36

第十三节 竖状三明治

一、形态描述

竖状三明治一般出现在下降趋势的末端，由两根阴线和一根阳线组成，阳线夹在两根阴线之间，而这两根阴线的最低价必须相等。

该形态反映了股价在此处受到支撑，后市可能反转向上。

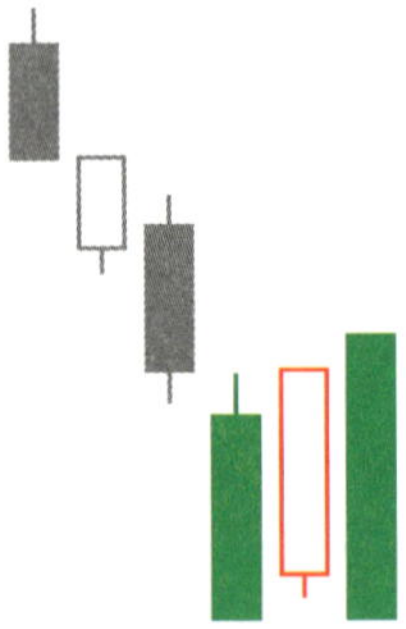

图 4-37

二、辨认法则

1. 第一天是一根阴线。
2. 第二天是一根阳线，其开盘价高于第一天阴线的收盘价。
3. 第三天是一根阴线，其最低价与第一天阴线的最低价相同。

图 4-38

三、形态蕴含的市场心理

第一天出现的阴线反映了市场仍处于下跌趋势中。第二天，在买盘的介入下，股价高开高走，并以接近当天最高价的价位收盘，这种走势显示多方展开了有力的反攻，市场走势可能发生变化。第三天，股价顺势高开，但开盘后受到空方的打压，价格一路下探，在回落至第一天的最低价后便停止了下跌，说明这一价位是多方死守的底线，对股价形成强力支撑，空方虽想继续施压，但无奈心有余而力不足。

四、形态解析

竖状三明治可以还原成一根带有上影线的大阴线，大阴线的看跌意味和原形态的市场含义相冲突。因此，该形态需要进一步进行确认。

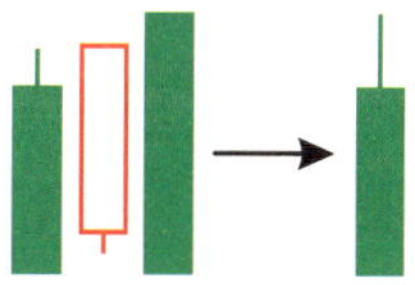

五、注意事项

竖状三明治虽然显示当前的价位具有较强的支撑作用，但是投资者需等待第四天的升势确认后，方可介入做多。

六、实例示范

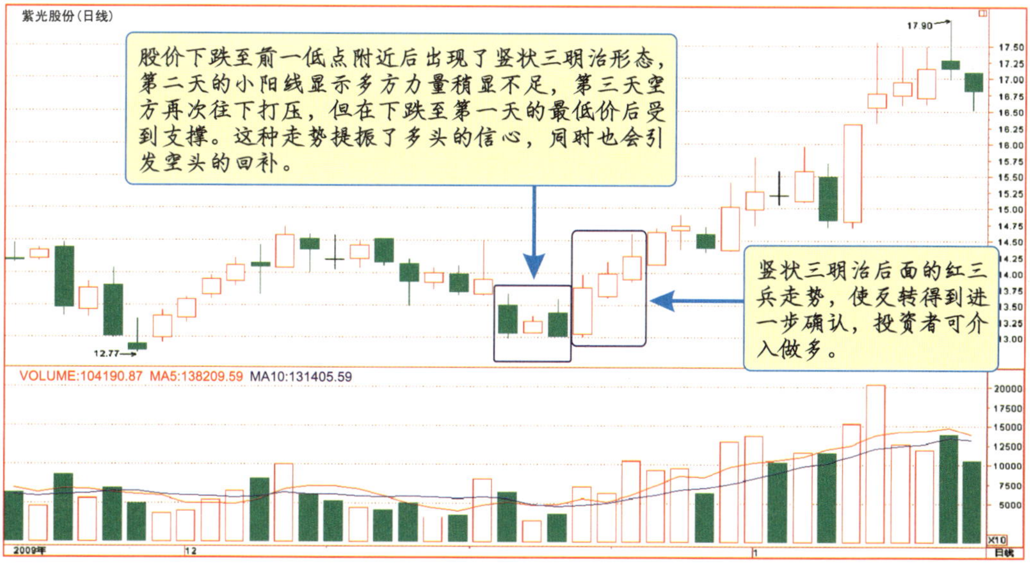

图 4-39

第十四节 向上跳空并列阳线

一、形态描述

向上跳空并列阳线是一种出现在上升途中的看涨持续形态。第一天先出现一根阳线，随后出现一根向上跳空的阳线，在这根阳线之后紧随着出现另一根阳线，这两根阳线的开盘价基本处于同一水平，实体大小也相当，且这两根阳线都同第一天的阳线形成向上跳空的缺口。

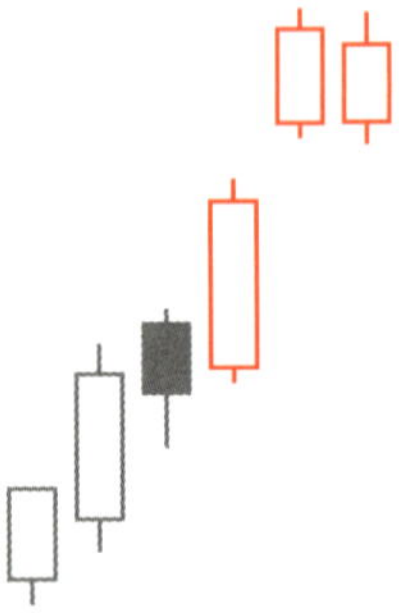

图 4-40

二、辨认法则

1. 第一天是一根出现在上升趋势中的阳线。
2. 第二天和第三天是两根并排的阳线，它们的开、收盘价都大致相等。
3. 第二天和第三天的阳线均与第一天的阳线形成向上跳空的缺口。

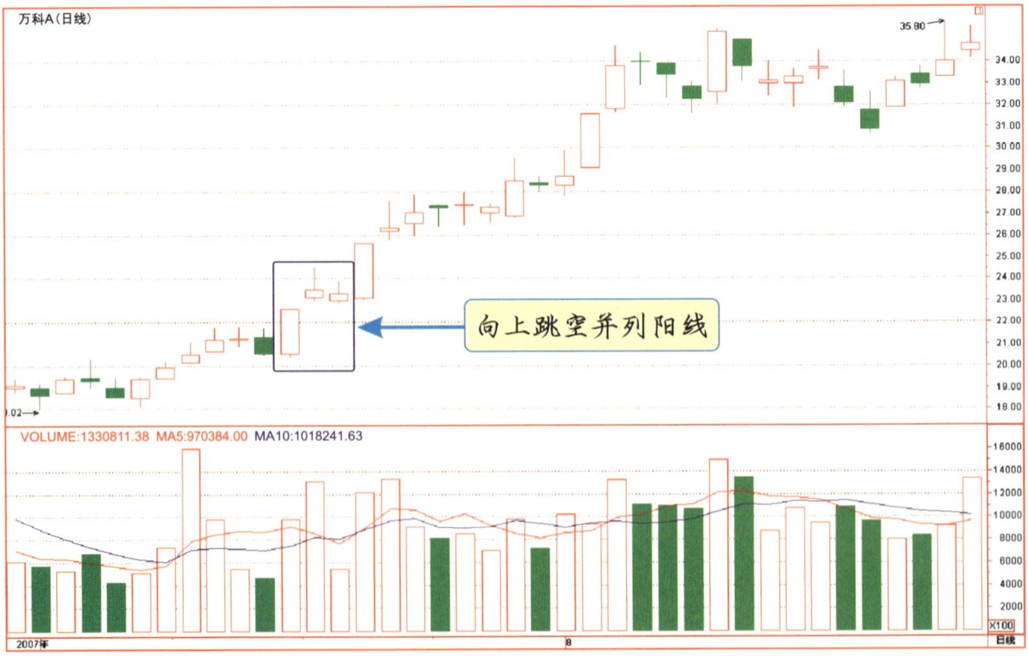

图 4-41

三、形态蕴含的市场心理

股价在上升趋势中运行，第一天出现的大阳线进一步强化了市场的多头气氛。第二天，股价跳空高开，并继续收出阳线，显示投资者做多热情高涨。第三天，一些短线投资者希望获利了结，落袋为安，导致该股在前一天的开盘价附近开盘，而当盘中的卖盘消化得差不多的时候，多头再次做多，使得价格出现回升，并再次以阳线报收。该形态中，股价一直维持在缺口上方运行，显示多方力量极为强大，也说明市场局面将由多方继续掌控。

四、形态解析

向上跳空并列阳线可以还原成一根极具看涨意味的大阳线，还原后的单K线充分支持原形态的多头气势。

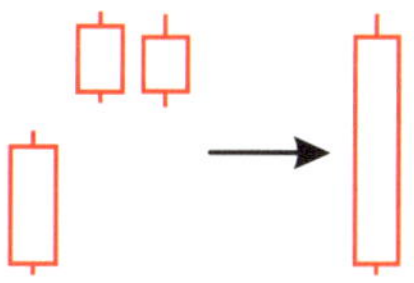

五、注意事项

向上跳空并列阳线中，向上跳空缺口对股价起着支撑作用，股价未能回补缺口，说明买方力量极为强大，投资者应继续持有或吸纳股票。

六、实例示范

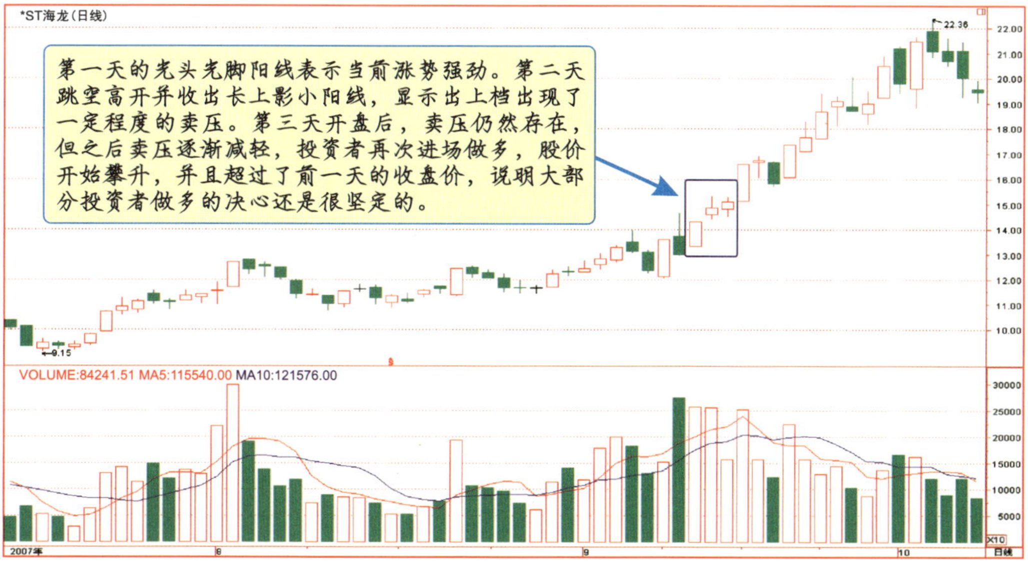

图 4-42

第十五节 向下跳空并列阳线

一、形态描述

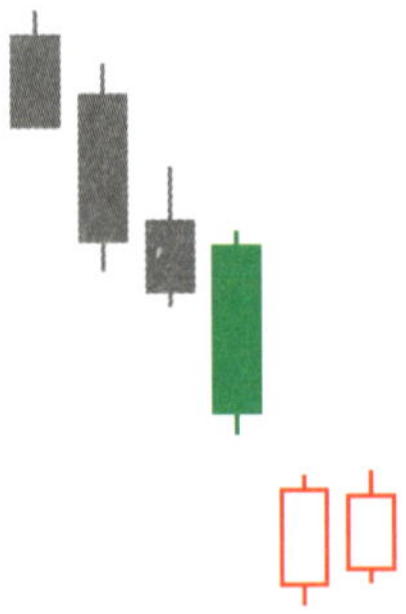

图 4-43

向下跳空并列阳线是一种出现在下降途中的看跌持续形态。第一天先出现一根阴线，随后出现一根向下跳空的阳线，在这根阳线之后紧随着出现另一根阳线，这两根阳线的开盘价基本处于同一水平，实体大小也相当，且这两根阳线都同第一天的阴线形成向下跳空的缺口。

二、辨认法则

1. 第一天是一根出现在下降趋势中的阴线。
2. 第二天和第三天是两根并排的阳线，它们的开、收盘价都大致相等。
3. 第二天和第三天的阳线均与第一天的阴线形成向下跳空的缺口。

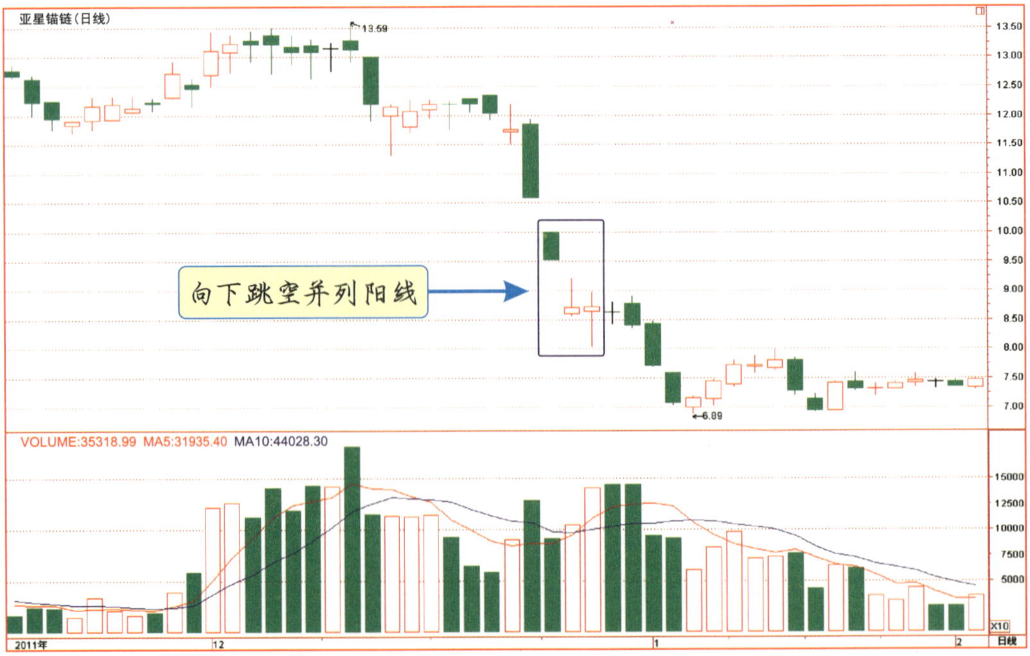

图 4-44

三、形态蕴含的市场心理

股价在下降趋势中运行，第一天出现的大阴线进一步强化了市场的空头气氛。第二天，股价顺势跳空低开，之后在多头的介入下，股价出现回升，但收盘时仍未完全回补缺口，显示买气不足。第三天，股价再次低开，开盘后，买盘再度推升股价，但回升至前一天的收盘价附近时，股价又停止了上涨。连续两天都未能将缺口补回，显示出多方无力抵抗空方的抛压，短暂休整后，跌势将会持续。

四、形态解析

向下跳空并列阳线可以还原成一根带有较长下影线的大阴线，虽然这根大阴线明显偏空，但是它的下影线还是会带给我们一丝犹疑，因此建议对原形态进行进一步确认。

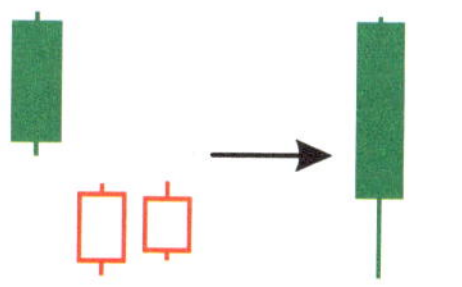

五、注意事项

向下跳空并列阳线中，向下跳空缺口对股价起着阻力作用，股价无法向上回补跳空缺口，说明市场需求疲软，买气明显不足，投资者宜继续观望。

六、实例示范

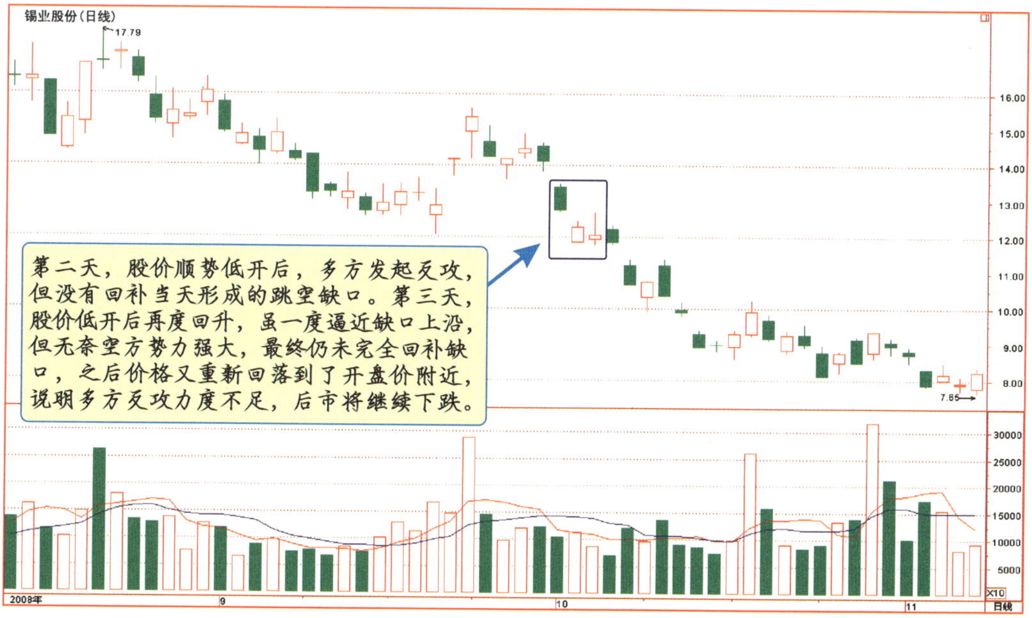

图 4-45

第十六节 向上跳空并列阴阳线

一、形态描述

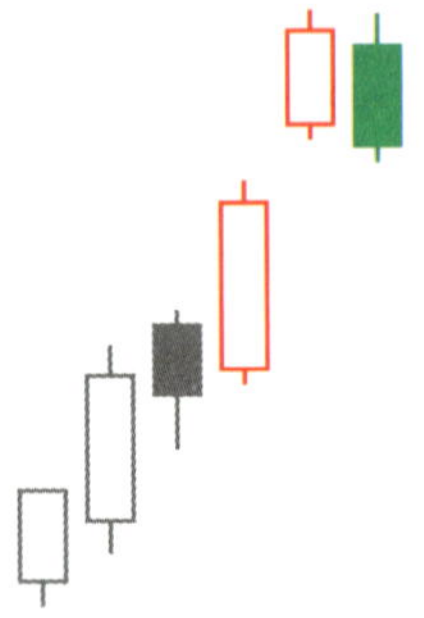

图 4-46

向上跳空并列阴阳线是一种出现在上升途中的看涨持续形态。它是在一根阳线之后，先出现另一根向上跳空的阳线，随后再出现一根阴线，而这根阴线的开盘价位于前一根阳线的实体内，收盘价位于前一根阳线的开盘价之下，而且后面两根K线都与第一根K线形成向上跳空的缺口。

二、辨认法则

1. 第一天是一根出现在上升趋势中的阳线。

2. 第二天和第三天是一阳一阴两根并排的K线，第三天的阴线在前一天的阳线实体内开盘，并在其实体之下收盘。

3. 第二天和第三天的K线均与第一天的阳线形成向上跳空的缺口。

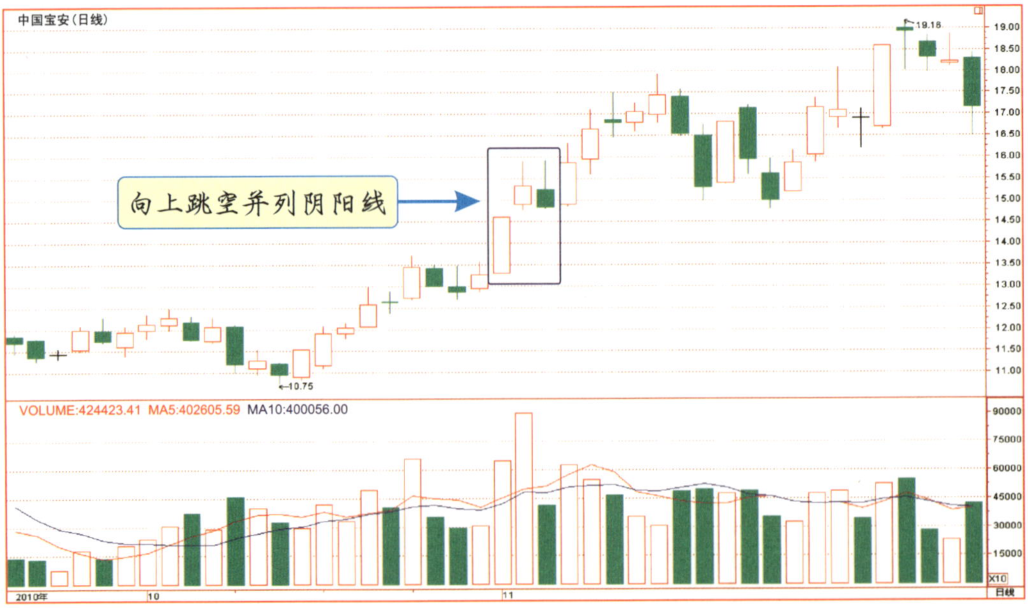

图 4-47

三、形态蕴含的市场心理

第一天，股价继续在上涨途中收出一根阳线。第二天，股价延续先前的强势，跳空高开后一路走高再次收出阳线。第三天，短线获利盘开始考虑套现，使得股价低开后向下回落，之后随着抛盘的逐渐减少，股价停止了下跌，最终在第一天和第二天形成的缺口内收盘。跳空缺口未被回补，说明多头仍占据市场主导地位，这种情形也意味着原先的上涨趋势将会得到延续。

四、形态解析

向上跳空并列阴阳线可以还原成一根带有较长上影线的大阳线，虽其具有明显的看涨意味，但较长的上影线也说明上涨过程中遭到一定程度的抵抗，因此建议对原形态进行确认。

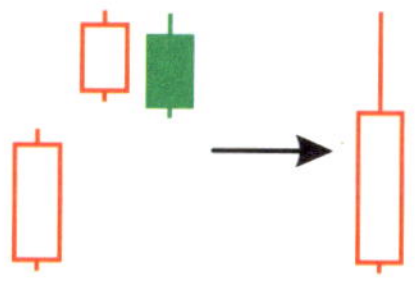

五、注意事项

该形态应重点关注第三天的阴线回探跳空缺口时缺口所起的支撑是否有效，若市场经过试探后未回补跳空缺口，或者回补缺口后股价立即回升，则证明支撑有效，后市将继续上涨。

六、实例示范

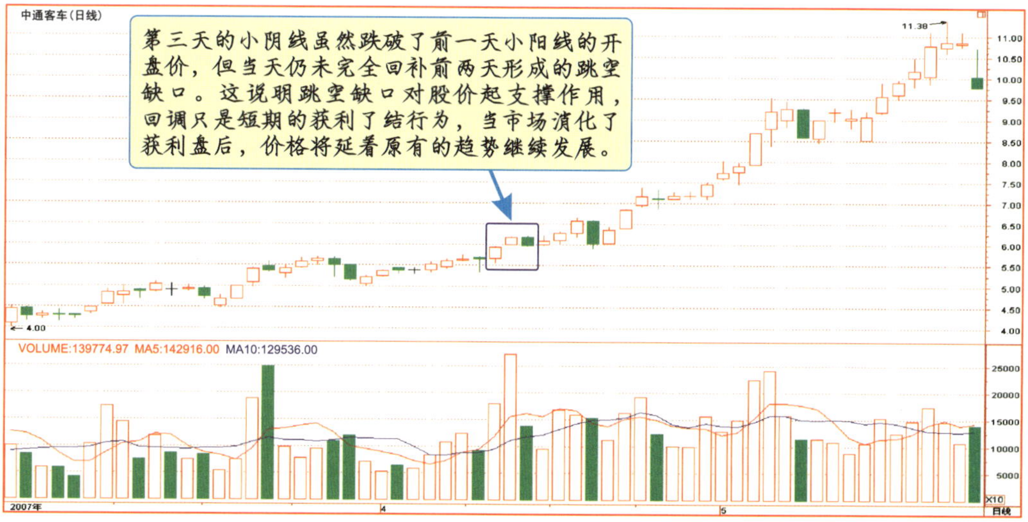

图 4-48

第十七节 向下跳空并列阴阳线

一、形态描述

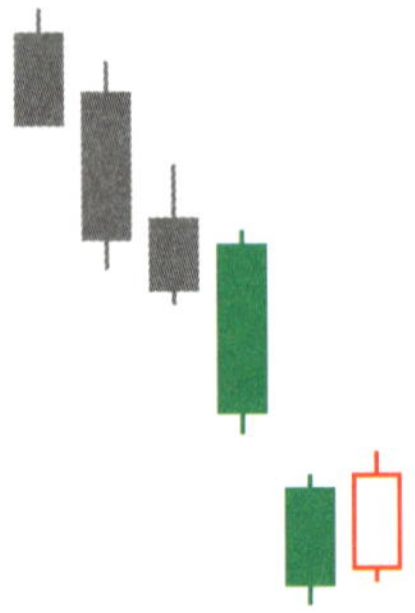

图 4-49

向下跳空并列阴阳线是一种出现在下降途中的看跌持续形态。它是在一根阴线之后，先出现另一根向下跳空的阴线，第三天再出现一根阳线，而这根阳线的开盘价位于前一根阴线的实体内，收盘价位于前一根阴线的开盘价之上，且后面两根K线都与第一根K线形成向下跳空的缺口。

二、辨认法则

1. 第一天是一根出现在下降趋势中的阴线。

2. 第二天和第三天是一阴一阳两根并列的K线，第三天的阳线在前一天的阴线实体内开盘，并在其实体之上收盘。

3. 第二天和第三天的K线均与第一天的阴线形成向下跳空的缺口。

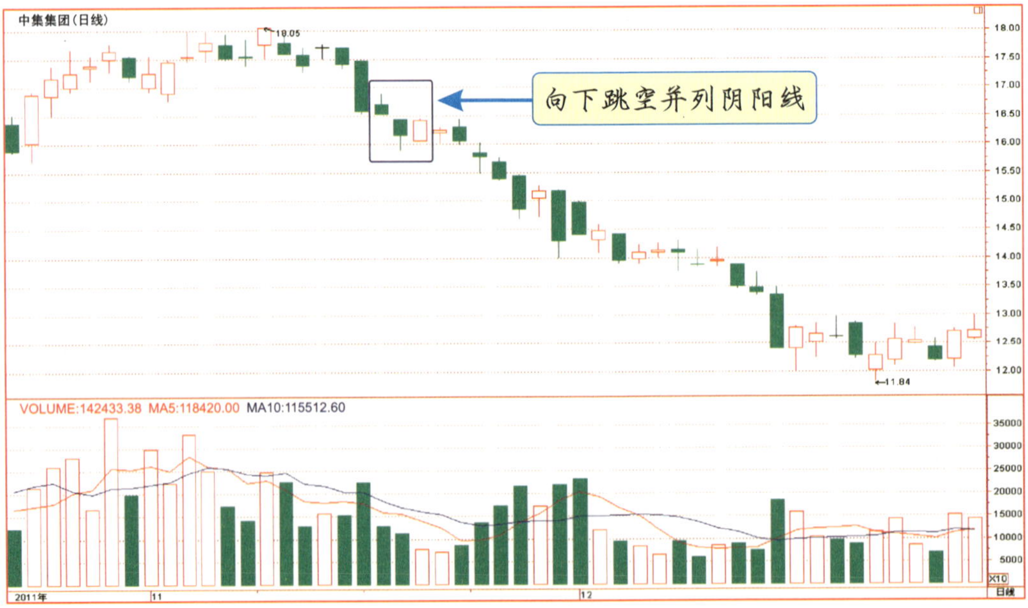

图 4-50

三、形态蕴含的市场心理

第一天，股价继续在下降途中收出一根阴线。第二天，股价跳空低开，随后一路走低收出一根阴线。第三天，在逢低买盘的介入下，股价高开后逐步走高，最后由于买盘衰竭以及空方打压，使得多方上攻受挫，并最终收盘于前一天阴线的开盘价附近。缺口未被回补，显示空方势力仍然强大，多方没有能力继续向上攻击，市场将维持原有的运行方向。

四、形态解析

向下跳空并列阴阳线可以还原成一根带有较长下影线的大阴线，因其带有较长的下影线，它所表现出来的看跌意味并不是特别强烈，因此建议对原形态进行进一步确认。

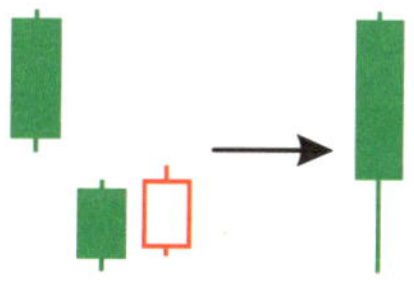

五、注意事项

向下跳空并列阴阳线应注意第三天的阳线向上回探跳空缺口时缺口所起的阻力是否有效，若市场试探后未能回补跳空缺口，或者回补跳空缺口后买盘逐渐减弱，则后市将会继续下跌。

六、实例示范

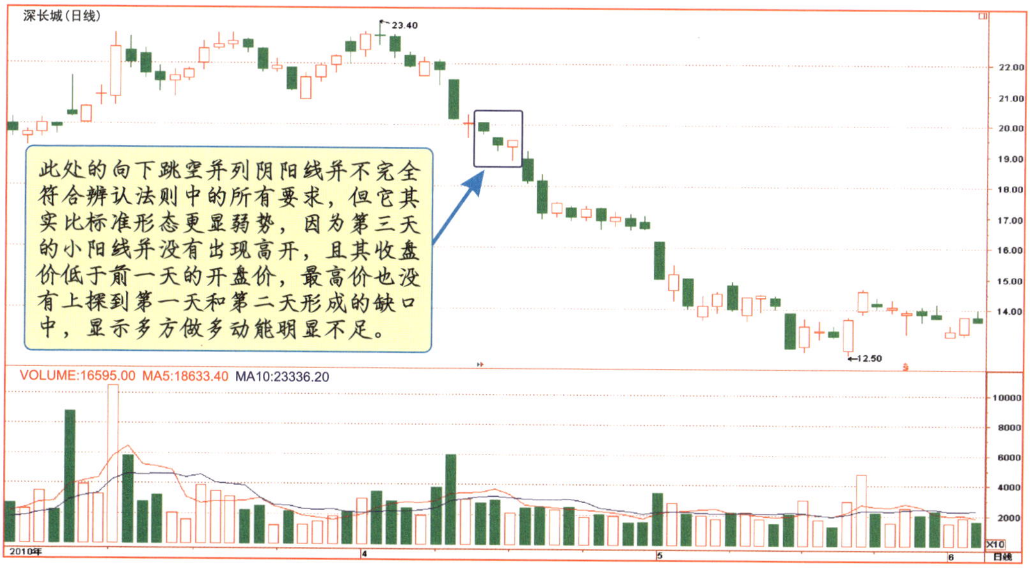

图 4-51

第十八节 向上跳空三法

一、形态描述

向上跳空三法是指在强劲的上升走势中，两根阳线之间形成向上跳空的缺口。第三天则收出一根低开低走的阴线，且这根阴线的开盘价和收盘价分别位于前面两根阳线的实体内，有效的回补了前两根阳线所形成的跳空缺口。

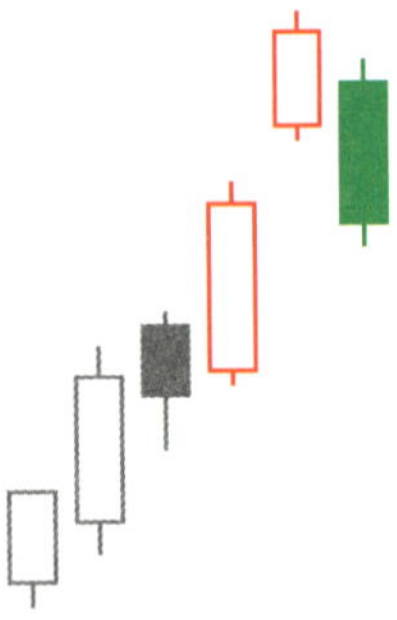

图 4-52

该形态是上升途中的看涨持续形态，它和向上跳空并列阴阳线形态比较类似，只是后者并没有完全回补缺口。

二、辨认法则

1. 第一天和第二天都是阳线，且两根阳线之间形成跳空缺口。
2. 第三天是一根阴线，它回补了先前出现的跳空缺口。

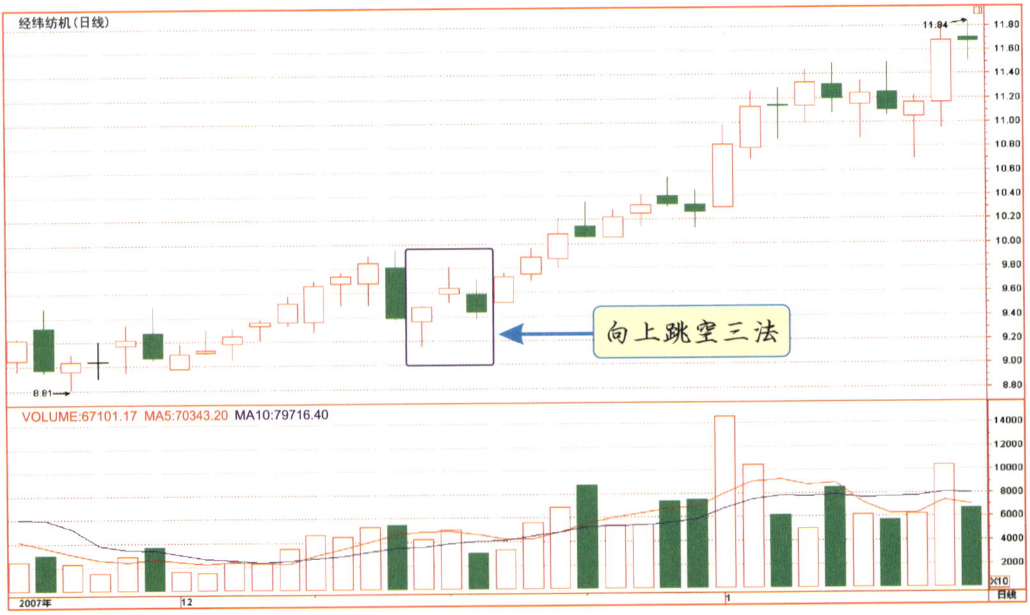

图 4-53

三、形态蕴含的市场心理

股价继续在上升趋势中运行。前两天形成的跳空缺口显示了市场的强势。第三天，抛压开始显现，股价低开后一路走低并完全回补了第一天和第二天之间的跳空缺口，最后在第一根阳线的实体内收盘。虽然缺口的回补表现出多方没能像向上跳空并列阴阳线形态中的那么强势，但这是一种有利于市场走势的形态。第三天的走势是由于短期获利盘的回吐而形成的，这种上升途中空方动能的集中释放反而有利于之后多方的继续上攻。

四、形态解析

向上跳空三法可以还原成一根类似流星线的K线，还原后的单K线不能支持原形态的市场含义，因此原形态需要进一步的确认。

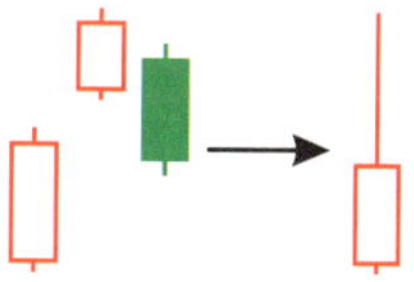

五、注意事项

1. 第三根回补缺口的阴线，有时会变成两根或三根阴线，此时形态同样有效。

2. 在一个上升趋势中，可能会多次出现向上跳空三法形态，在中、低位出现时，可将其视为获利盘的回吐；而高位出现时应考虑是否为趋势的反转。

六、实例示范

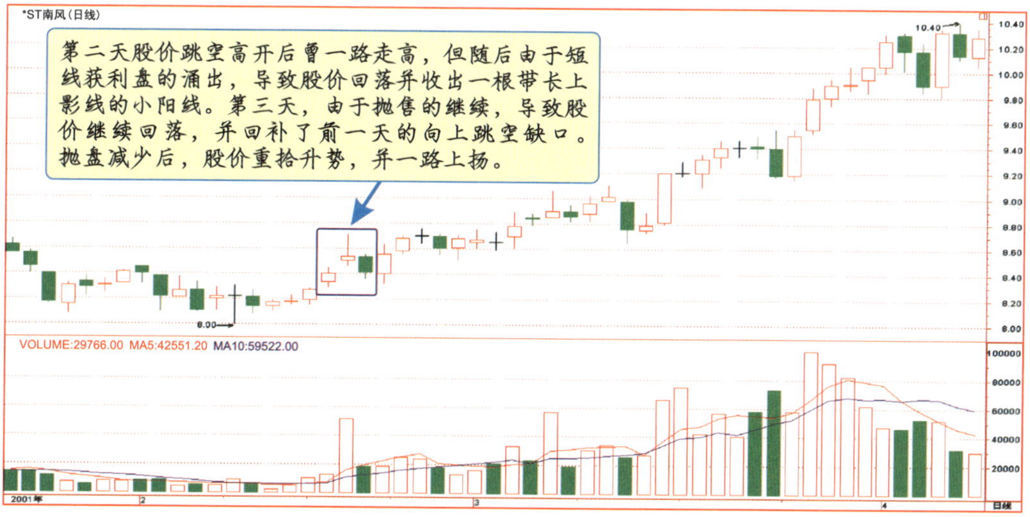

图 4-54

第十九节　向下跳空三法

一、形态描述

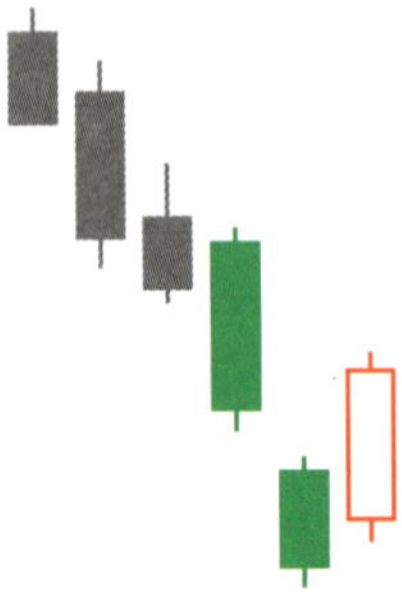

图 4-55

向下跳空三法是指在下降走势中，两根阴线之间先形成一个向下跳空的缺口。第三天，股价高开高走，回补了前一天形成的向下跳空缺口，最后在第一天的阴线实体内收盘。

该形态是下降途中的看跌持续形态，它和向下跳空并列阴阳线形态比较类似，只是后者并没有完全回补缺口。

二、辨认法则

1. 第一天和第二天都是阴线，且两根阴线之间形成跳空缺口。

2. 第三天是一根阳线，它的开盘价和收盘价分别位于前两根阴线的实体范围内，有效回补了先前出现的跳空缺口。

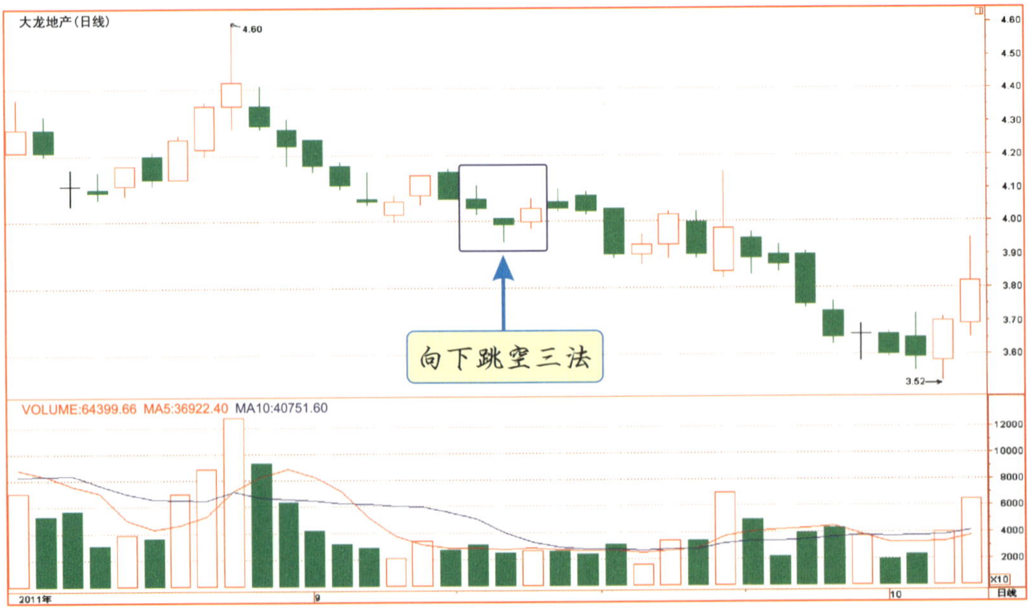

图 4-56

三、形态蕴含的市场心理

第一天，股价继续在下降途中收出一根阴线，第二天的跳空低开更是显现了市场强烈的下跌意愿。第三天，股价高开后继续向上反弹，回补了前一天的向下跳空缺口并在第一根阴线实体内收盘。虽然缺口的回补显示出空方并没有像向下跳空并列阴阳线中那样给多方造成太大的阻力，但却使得多头在短期内积攒的一点能量被迅速消耗。由于多方后继乏力，空方将会重新主导市场，市场将沿着原有的趋势继续发展。

四、形态解析

向下跳空三法可以还原成一根类似锤子线的K线，还原后的单K线并不能支持原形态的市场含义，因此原形态需要进行进一步的确认。

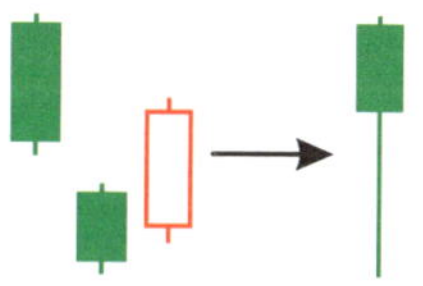

五、注意事项

1. 在一个下降趋势中，可能会多次出现向下跳空三法形态。

2. 长期下跌后的低位出现该形态时，若回补跳空缺口后买盘没有萎缩，反而不断增加，则向下跳空三法将失去它的看跌意味，此时应考虑是否为趋势的反转。

六、实例示范

图 4-57

第二十节 两阳夹一阴

一、形态描述

两阳夹一阴也称多方炮，由三根K线组成。第一根K线和第三根K线为阳线，第二根K线为阴线，而且这根阴线完全被两根阳线所包围。

两阳夹一阴通常出现在上升走势中，是一种看涨持续形态，表示行情继续看涨。

图 4-58

二、辨认法则

1. 第一根K线是延续之前上涨势头的大阳线。
2. 第二根K线是阴线，且阴线的实体完全位于第一根大阳线的实体之内。
3. 第三根K线也是大阳线，且大阳线的实体完全吞噬了阴线的实体部分。
4. 第三根大阳线的收盘价最好高于第一根大阳线的收盘价。

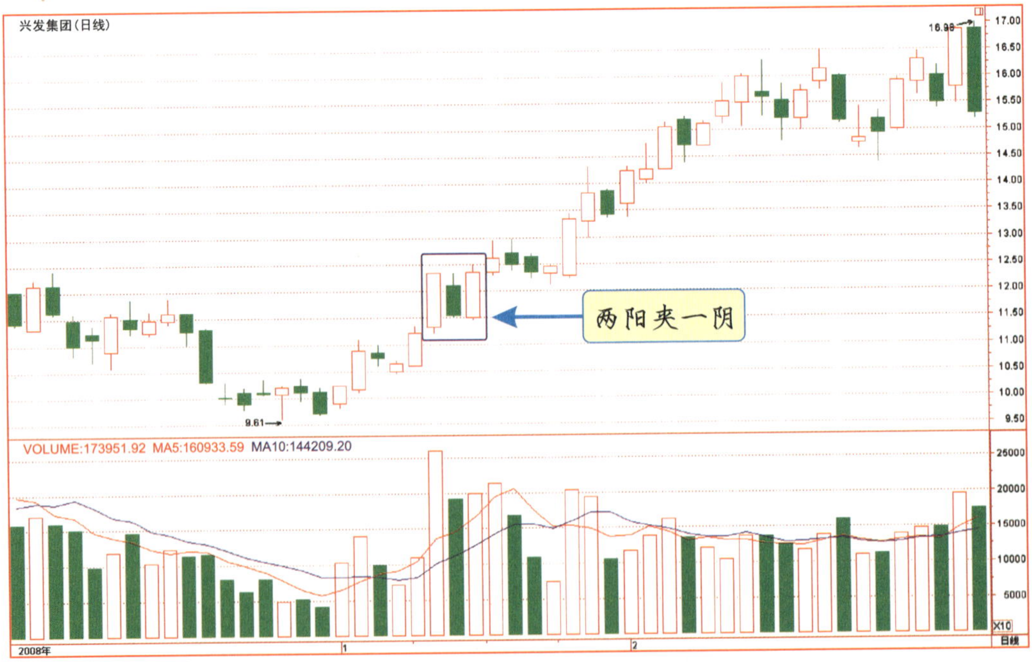

图 4-59

三、形态蕴含的市场心理

第一天，股价继续向上挺进，收出大阳线，显示市场做多热情高涨，与此同时，市场累积了一定的短线获利盘。因此，第二天随着抛压的涌现，股价也出现了低开低走的局面。到了第三天，抛压减轻后，多头再次进场做多，强劲的买盘不断将股价向上推升，最后不仅将前一天的跌幅全部收回，收盘价甚至超越了第一天大阳线的收盘价，体现出多头强大的气势。

四、形态解析

两阳夹一阴可以还原成一根极具看涨意味的大阳线，还原后的单K线充分支持原形态的市场含义。

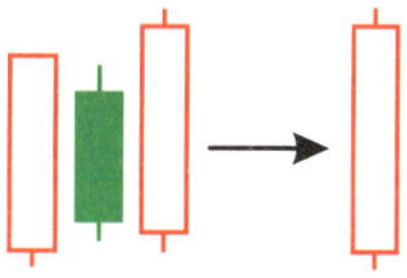

五、注意事项

1. 第三根阳线的实体越长或超越第一根阳线收盘价越多，后市继续上涨的潜力越大。

2. 出现两阳夹一阴后，应注意后面的走势，若接下来股价跳空上行或继续放量上攻，则后市看涨；反之，股价可能出现整理行情，甚至反转向下。

六、实例示范

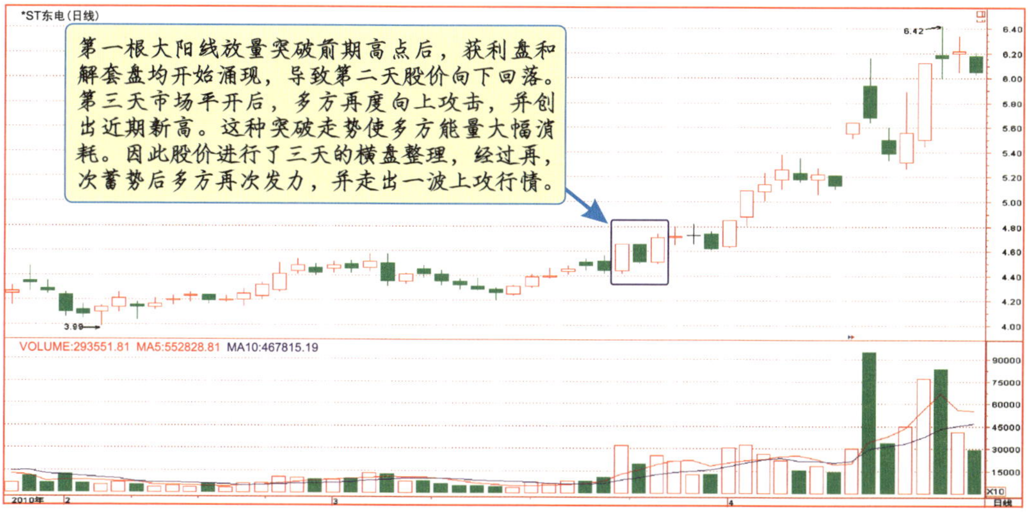

图 4-60

第二十一节 两阴夹一阳

一、形态描述

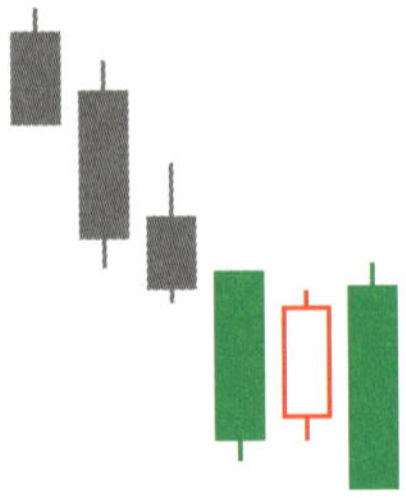

图 4-61

两阴夹一阳也称空方炮，由三根K线组成。第一根K线和第三根K线为阴线，第二根K线为阳线，而且这根阳线完全被两根阴线所包围。

两阴夹一阳通常出现在下跌走势中，是一种看跌持续形态，表示行情继续看跌。

二、辨认法则

1. 第一根K线是延续之前下跌势头的大阴线。
2. 第二根K线是阳线，且阳线的实体完全位于第一根大阴线的实体之内。
3. 第三根K线也是大阴线，且大阴线的实体完全吞噬了阳线的实体部分。
4. 第三根大阴线的收盘价最好低于第一根大阴线的收盘价。

图 4-62

三、形态蕴含的市场心理

股价在下跌趋势中继续运行，第一天的大阴线强化了市场的空头气氛。第二天，多方趁空方休整之际，发起反攻，但力度有限，最后在前一天的开盘价下方收盘。第三天，空方重新进场打压，此时多方完全处于被动地位，股价节节下跌，并创出新低。该形态说明此时多方的力量仍然十分微弱，下跌途中虽有反抗，但也改不了弱势下跌的局面。

四、形态解析

两阴夹一阳可以还原成一根看跌意味非常强烈的大阴线，还原后的单K线完全符合原形态的市场含义。

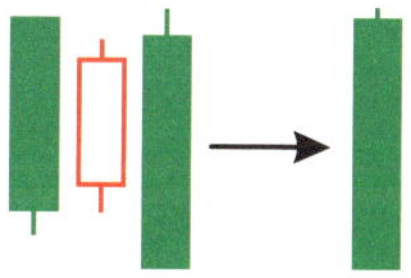

五、注意事项

1. 第三根阴线的实体越长或跌穿第一根阴线收盘价越多，该形态的看跌意味就越强。

2. 两阴夹一阳若出现在上涨走势中，一般为见顶信号，投资者不宜盲目介入。

六、实例示范

图 4-63

模拟实盘练习

一、选择题

1. 黄昏星是一种见顶信号，它的第一根K线是大阳线，第二根K线是向上跳空的小星线，最后是一根大阴线。选出下列四个选项中的黄昏星形态。（　　）

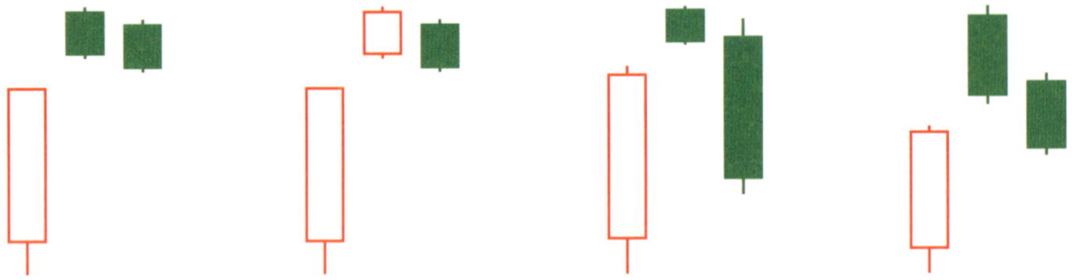

A.　　　　B.　　　　C.　　　　D.

2. 大敌当前是红三兵的变形，也由3根阳线组成，不同的是大敌当前是出现在上涨趋势的末端，是顶部反转的信号。其中，后两根K线为实体逐渐缩小的小阳线，且它们都带有很长的上影线。图 4-64中哪一个是大敌当前？（　　）

图 4-64

3. 南方三星是一种见底形态，它由3根阴线组成。虽然都为阴线，且每天的收盘价逐步下降，但最低价却逐步抬高，实体也越来越短，反映出下跌的力度越来越弱。下列四幅图中，哪一个是南方三星？(　　)

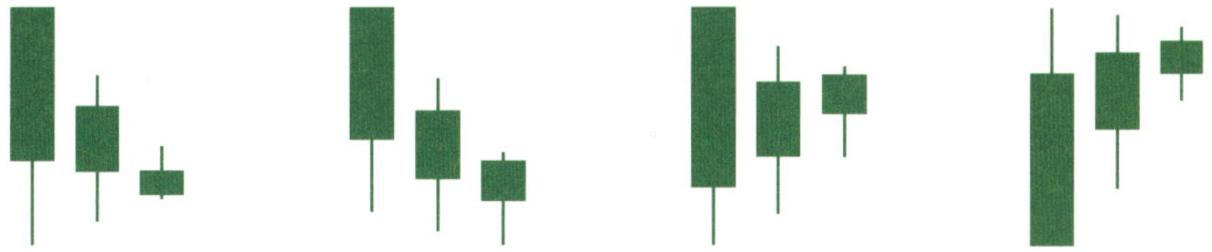

A.　　　　B.　　　　C.　　　　D.

4. 在上涨途中，两根阳线之间形成向上跳空的缺口，但到了第三天，股价低开后一路走低回补了向上跳空的缺口，并在第一根阳线的实体内收盘。这种形态叫做向上跳空三法，为上涨途中的持续形态。图 4-65中哪一个是向上跳空三法？(　　)

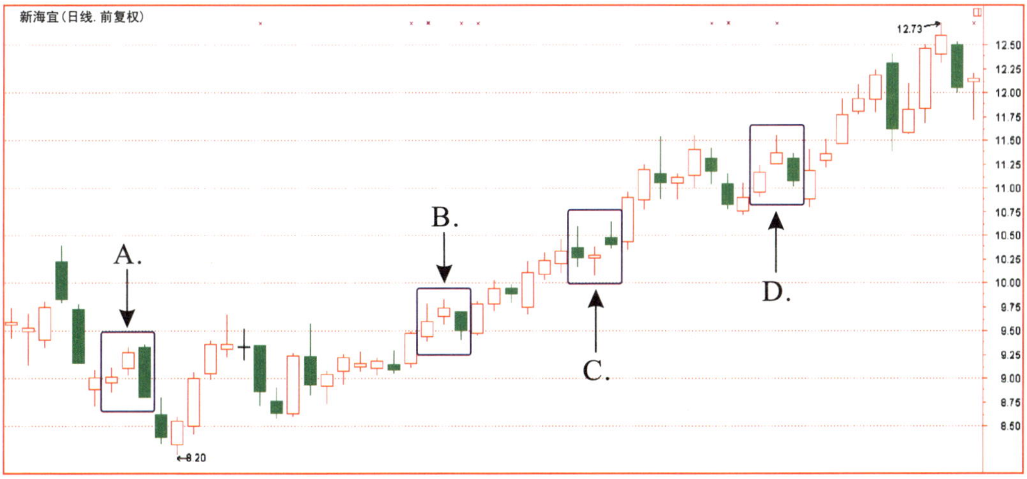

图 4-65

5. 下列四个K线组合中，哪一个不是看涨形态？(　　)

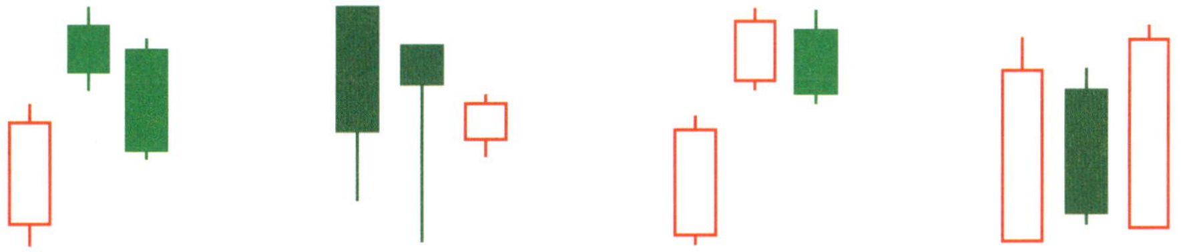

A.　　　　B.　　　　C.　　　　D.

6. 形态解析可以辅助我们判断原有K线组合的多空含义。图 4-66中方框内的K线组合可以还原成下列哪一种单K线？（　　）

图 4-66

A.

B.

C.

D.

7. (多选) 下列关于图 4-66中方框内的K线组合的描述，正确的有（　　）。

A. 该K线组合叫启明双星。

B. 该形态是启明星的一种变体，它和启明星一样，是一种底部反转形态。

C. 该组合中间的两根小星线的实体颜色并不重要，阴阳皆可。

D. 该组合中最后一根阳线的实体越长，代表多方力量越强，后市反转向上的可能性也越大。

8. 图 4-67中，看涨的K线组合有__________，看跌的K线组合有__________。

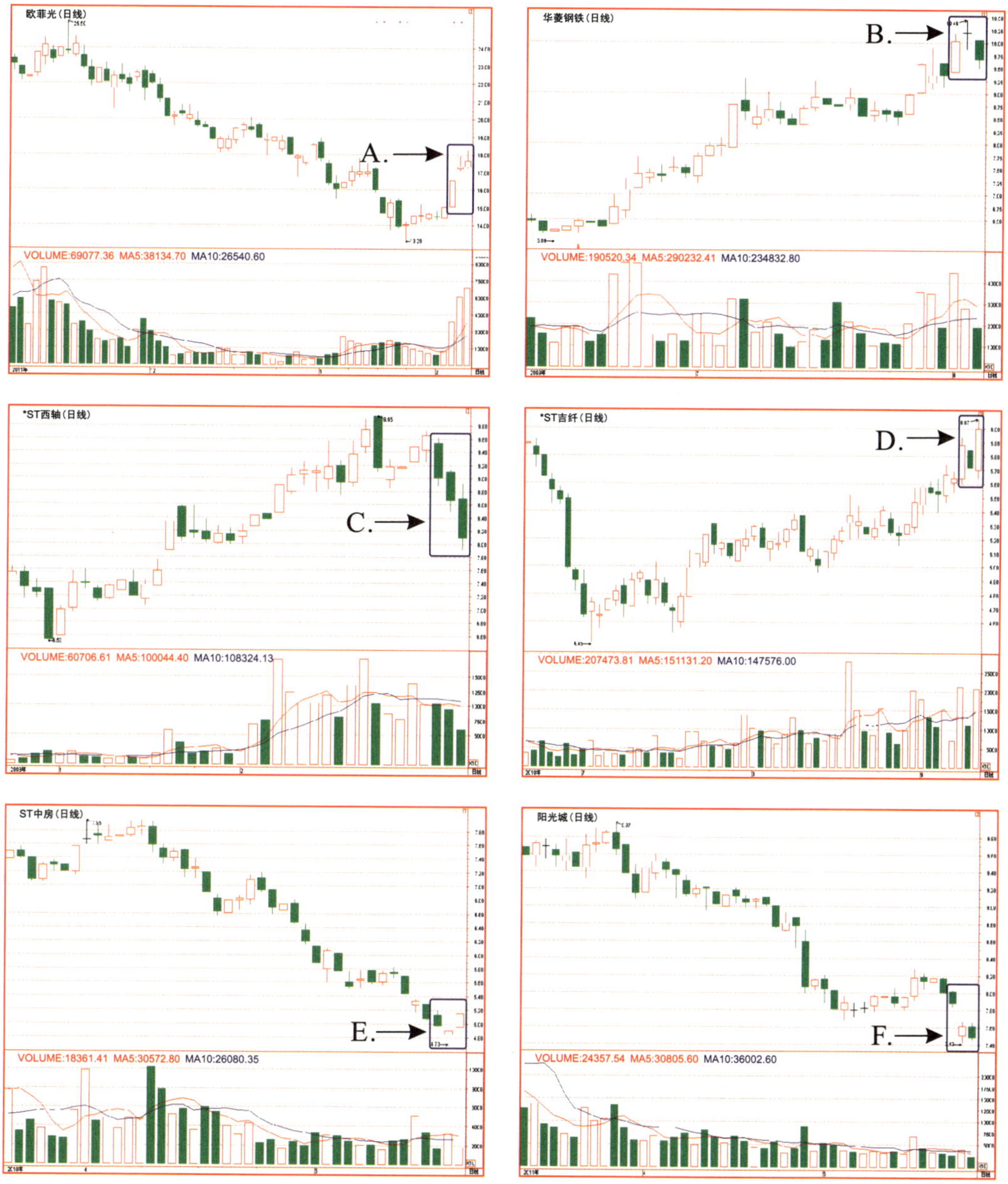

图 4-67

参考答案：

1. C　2. D　3. A　4. D　5. A　6. B　7. ABCD

8. 看涨K线组合：A D E　看跌K线组合：B C F

二、配对题(将K线组合与其对应的名称连线)

1.

A. 向上跳空并列阴阳线

2.

B. 两阴夹一阳

3.

C. 双鸦跃空

4.

D. 十字启明星

图 4-68

参考答案:

1. — B　　2. — D　　3. — A　　4. — C

三、问答题

1. 观察图 4-69中股价的运行情况，指出方框内K线组合的名称，判断后市走势，并说一说投资者此时应如何操作？

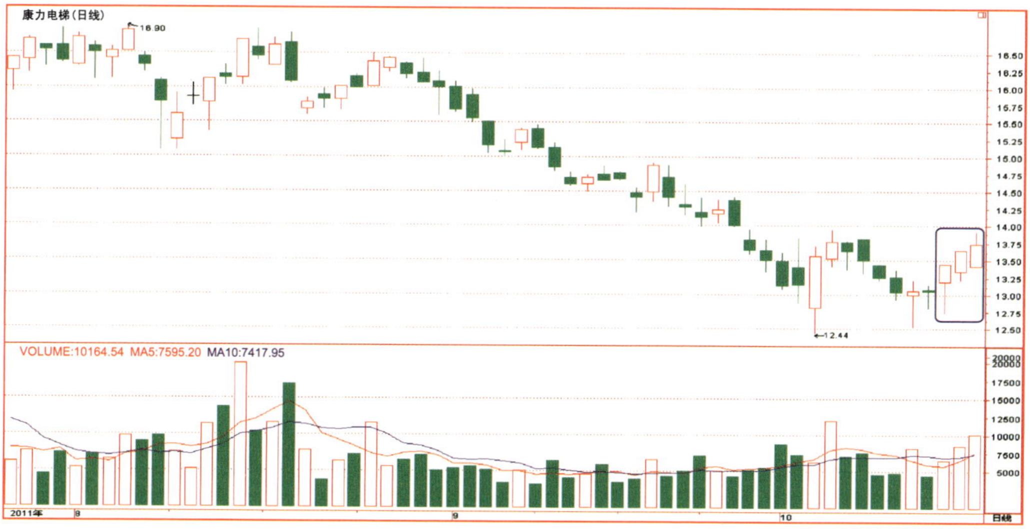

图 4-69

参考答案：

1. 图中方框内的K线组合叫红三兵，它是由连续三根开盘价与收盘价逐步抬高的中、大阳线组成。它反映当前是一个以买方为主导的市场。该股经过长期下跌后，在第二次探底回升的过程中收出红三兵形态，所对应的成交量呈现温和放大，说明多头力量在逐步增强，后市上涨可期。投资者此时可介入做多，如图 4-70所示。

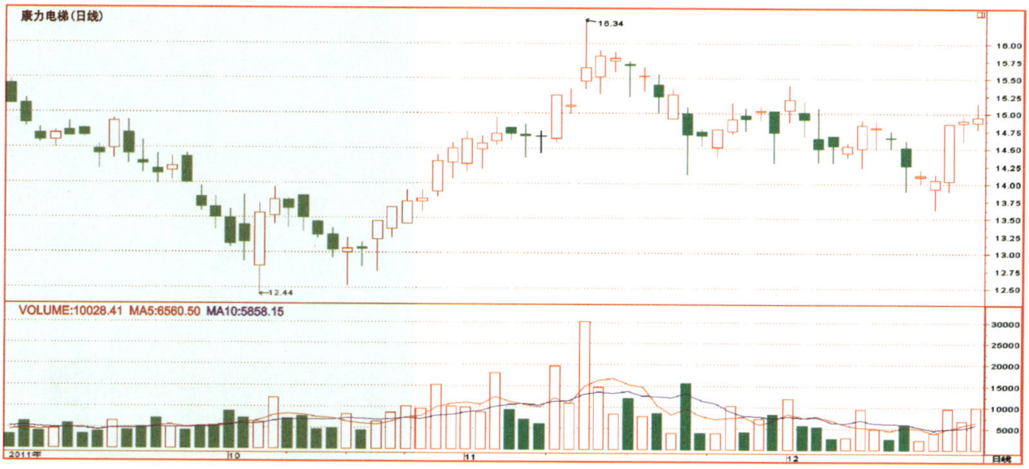

图 4-70

2. 观察图 4-71中股价的运行情况，指出方框内K线组合的名称，判断后市走势，并说一说投资者此时应如何操作？

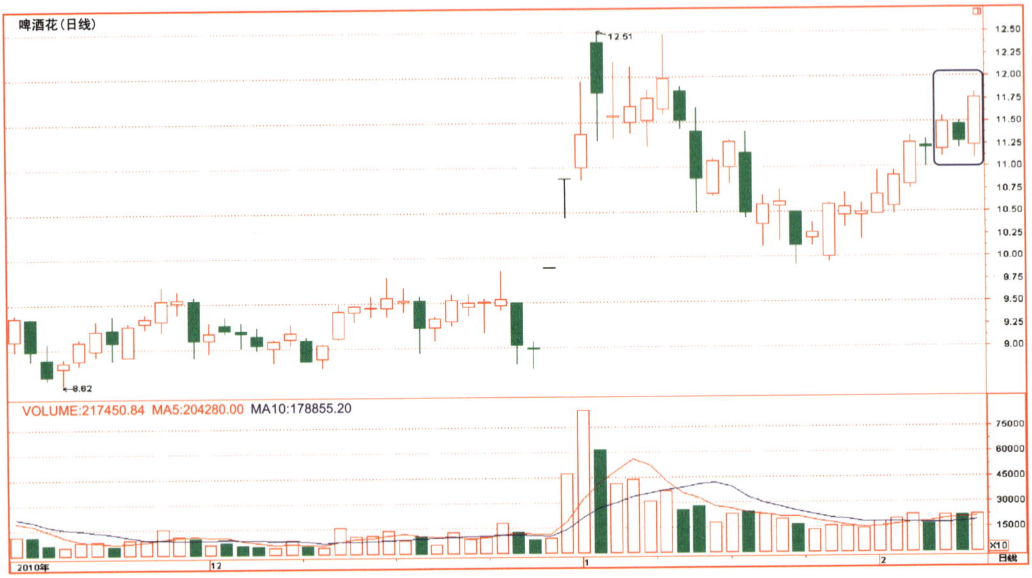

图 4-71

3. 观察图 4-72中股价的运行情况，指出方框内K线组合的名称，判断后市走势，并说一说投资者此时应如何操作？

图 4-72

参考答案：

2. 图中方框内的K线组合叫两阳夹一阴，是上涨途中的一种看涨持续形态。该形态中的阴线是因为短期获利盘的了结离场导致股价出现一定程度的回落。从该股目前收出的两阳夹一阴形态来看，最后一根阳线不仅收复了前一天阴线的全部跌幅，而且收盘价也远远超出了第一根阳线的收盘价，证明多头力量非常强大，完全有能力继续主导市场走势。投资者仍可继续持股待涨或买入，如图 4-73所示。

图 4-73

3. 图中方框内的K线组合叫黄昏星，是一种见顶形态，它反映多方连续上攻后上涨力道减弱，而空方的力量却逐步增强的过程。该股第一天收出一根光头大阳线，第二天跳空高开后却收出一根阴线的流星线，显示当天获利盘大量涌出。第三天股价低开后一路走低收出一根大阴线，且大阴线的收盘价深深扎入了大阳线实体中部之下，反映出空方做空动能非常之强劲，后市下跌已不可避免。此时持股的投资者应尽快清仓离场，如图 4-74所示。

图 4-74

4. 观察图 4-75中股价的运行情况，指出方框内K线组合的名称，判断后市走势，并说一说投资者此时应如何操作？

图 4-75

参考答案：

4. 图中方框内的K线组合叫十字启明星，它比启明星具有更强的看涨意味。该形态一般出现在长期下跌后的低位，而图 4-75中的十字启明星出现在上涨过程中的回调整理阶段，该形态中间的十字星表示多空双方对股价是否继续回调产生了分歧，而十字星下一日的光头大阳线则表明双方经过相持后多方最终占据了主动，且大阳线的收盘价远远超出了第一根阴线的开盘价，说明多方力量十分强大，后市继续上涨的可能性很高。投资者可以在此处再次介入做多，如图 4-76所示。

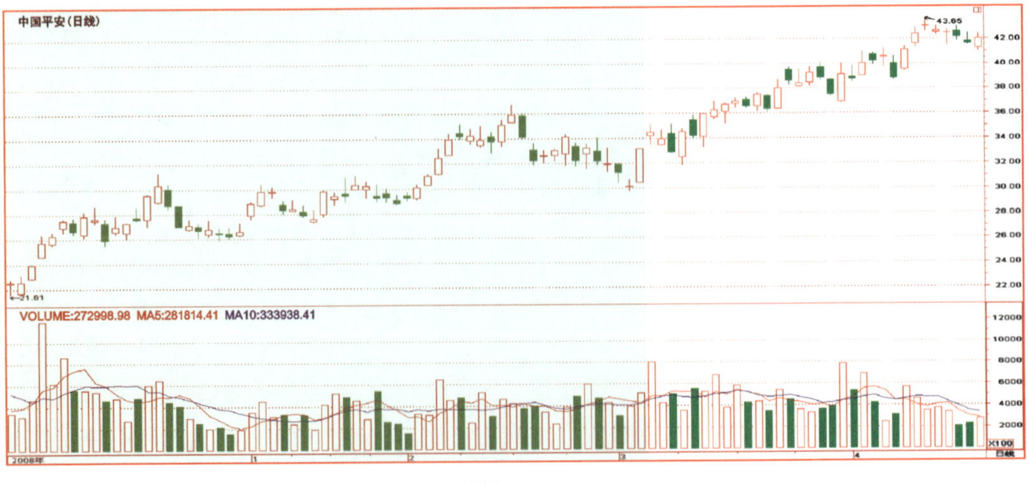

图 4-76

五大理由买卖实操

观察图 4-77中股票的技术形态，制定买卖策略，并填写下列表格。

图 4-77

五 大 理 由 买 卖 法

技 术 分 析	买卖信号
理由一(K线)：	
理由二(形态)：	
理由三(MA)：	
理由四(CCI)：	
理由五(MACD)：	
后市方向及操作建议：	

参考答案：

图 4-78

五 大 理 由 买 卖 法

技 术 分 析	买卖信号
理由一(K线)：在高位形成黄昏星后股价向下回落。	卖
理由二(形态)：股价向下跌破头肩底形态颈线。	卖
理由三(MA)：股价上涨至120日MA处受阻回落。	卖
理由四(CCI)：CCI向下穿越-100。	卖
理由五(MACD)：DIF与DEA在0轴之上形成死叉。	卖
后市方向及操作建议：股价受阻于半年线，且跌破头肩底颈线支撑，后市看跌，宜在场外观望。	

点评： 股价未能突破半年线(120日MA)，说明中、长期走势仍处于弱势。这种弱势也使构筑了将近两个月的头肩底形态以失败告终。

第五章　多K组合形态

多K组合由于其K线的数量更多，因此通过它所获得的信息就更多，相对于K线少的组合来说，它得出的结论就更可靠。多根K线的组合更是千变万化、数不胜数，因此本章也是精选了一些实战中经常出现，且准确度相对较高的典型组合供读者学习。希望通过这些组合的学习，使投资者熟练掌握多K组合的研判方法，不断地提高自己的操盘水平。

其实，不管一个K线形态由多少根K线组成，也不管你是否熟知某个K线形态，只要你懂得如何去分析多空双方博弈的心理，就可以去应变不断变化的市场走势。

看涨信号

看跌信号

第一节 低档五连阳

一、形态描述

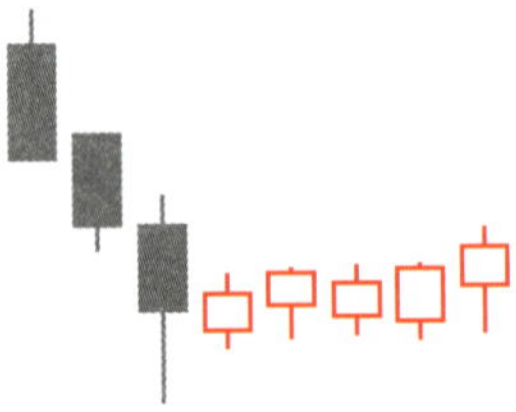

图 5-1

低档五连阳是指股价下跌到低位后连续出现的五根小阳线，这五根小阳线一般呈横向排列或缓升式排列，且总升幅一般不超过10%。该形态是一种见底反转信号。

实战中，有时候小阳线会多达五根以上，此时的研判方法和低档五连阳是一样的。

二、辨认法则

1. 在长期下降趋势之后，连续出现五根小阳线。
2. 每根阳线的实体涨幅一般都不超过3%。

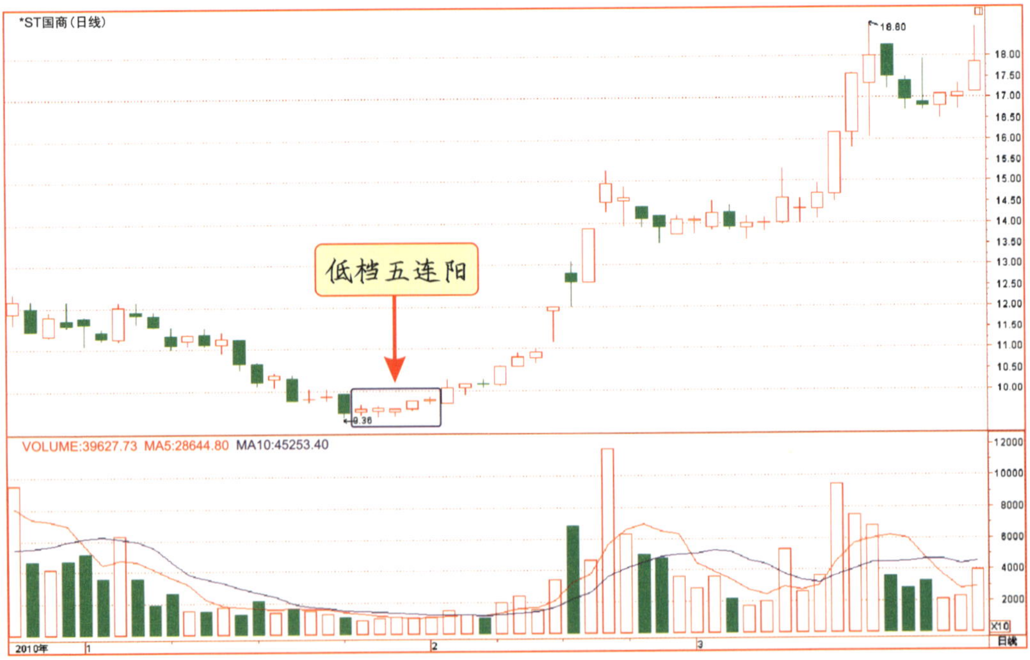

图 5-2

三、形态蕴含的市场心理

股价长期下跌后，空方能量释放殆尽，多头陆续进场吸纳筹码。虽然逢低吸纳者众多，但由于投资者的做多信心仍未完全恢复，所以每天都只能以小阳线报收。该形态反映逢低接手力道很强，底部正逐步形成，多方逐渐积蓄能量后，将发起攻击。

四、形态解析

低档五连阳可以还原成一根小阳线或中阳线，显示市场中多头稍占上风，所以还原后的单K线支持原形态的多头意义。

五、注意事项

1. 低档五连阳若伴随着成交量的温和放大，之后反转向上的概率更高。

2. 投资者可在五连阳的上方和下方分别画出阻力线和支撑线，当股价向上突破时，即可积极建仓；而一旦股价跌破支撑线，也应认错离场。

六、实例示范

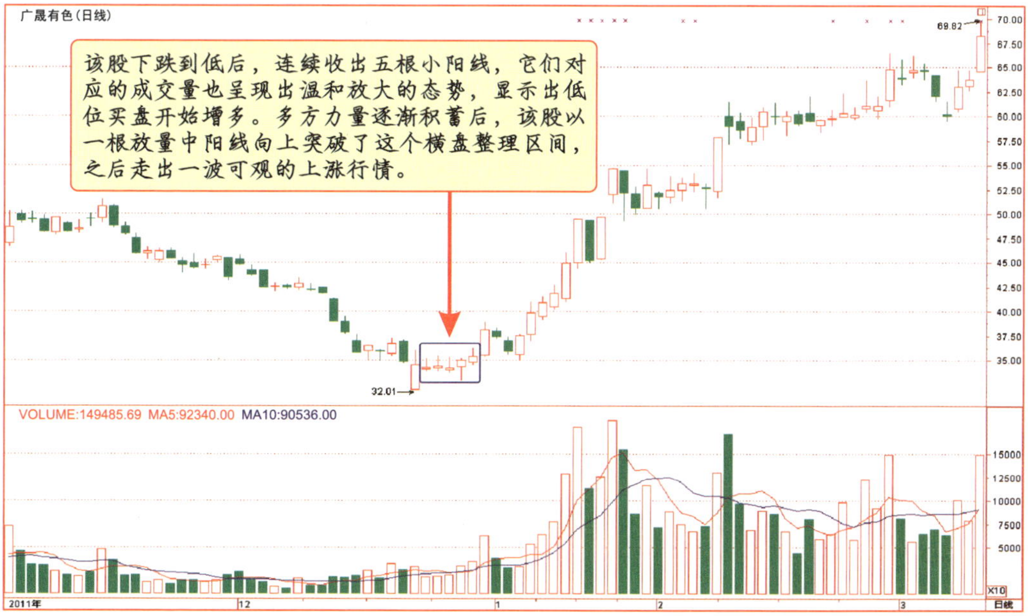

图 5-3

第二节 高档五连阴

一、形态描述

图 5-4

高档五连阴是指股价上涨到高位后连续出现的五根小阴线，这五根小阴线一般呈横向排列或缓跌式排列，且总跌幅一般不超过10%。该形态是一种见顶反转信号。

实战中，有时候小阴线会多达五根以上，此时的研判方法和高档五连阴是一样的。

二、辨认法则

1. 在长期上升趋势之后，连续出现五根小阴线。
2. 每根阴线的实体跌幅一般都不超过3%。

图 5-5

三、形态蕴含的市场心理

股价长期上涨后，多方做多动能逐渐衰竭，同时由于市场大量获利盘的回吐，导致连续几天的多空较量中，都以空方小胜告终，虽然多头曾试图抵抗，但明显是心有余而力不足。连续五天收出小阴线，说明多方此时已毫无还手之力。该形态显示当前空方已经在市场中占据主导地位，后市将继续走弱。

四、形态解析

高档五连阴可以还原成一根小阴线或中阴线，还原后的单K线符合原形态的看跌意味。

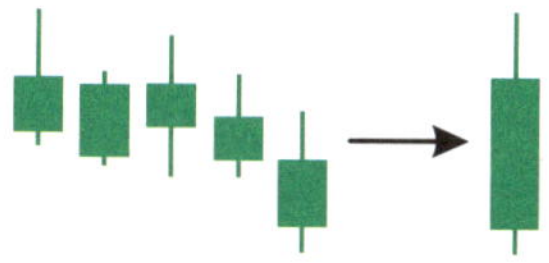

五、注意事项

1. 在高位出现五连阴，是一个重要的见顶信号，后市极有可能出现深幅下跌行情，持股者应尽快离场，落袋为安。

2. 如果五连阴的跌幅较大，之后可能会出现一个小反弹，但力度也极为有限，非短线高手千万不要介入，以免被套，手中仍有筹码的投资者应借机清仓离场。

六、实例示范

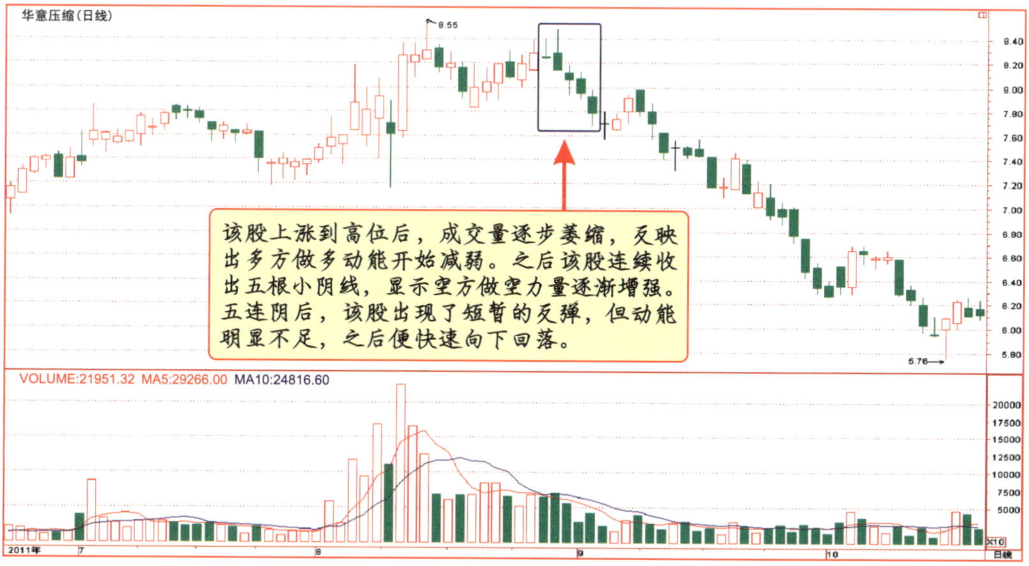

图 5-6

第三节 塔形底

一、形态描述

塔形底是指股价经过一段时间的下跌后，先在低位收出一根大阴线，随后股价在这根大阴线的收盘价附近窄幅整理，期间小阴小阳交替出现，最后再以一根大阳线向上突破，且大阳线的收盘价接近或超过大阴线的开盘价。塔形底是一种见底反转信号。

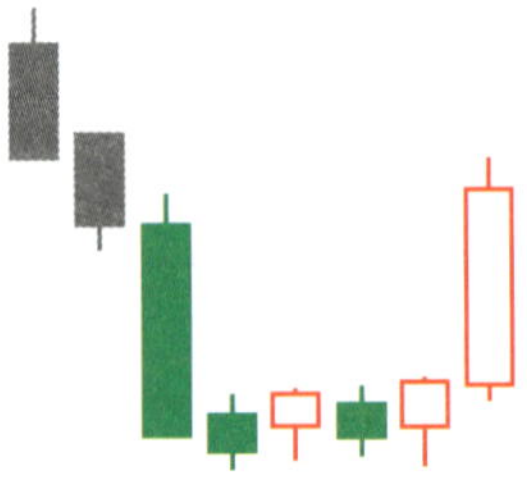

图 5-7

二、辨认法则

1. 第一天是一根大阴线。

2. 随后是一连串的小阴线和小阳线，它们的实体部分基本处于同一水平线上。

3. 最后一天是一根大阳线，它的实体大小最好与第一天的大阴线相当，它的收盘价应深入到大阴线实体中部以上。

图 5-8

三、形态蕴含的市场心理

股价连续下跌后，在低位收出一根大阴线，使得空方动能进一步得到释放，随后多空双方呈现出相持的局面，每天都以小阴或小阳报收。最后，多方率先发起反攻，以一根大阳线打破僵局，使得天平逐渐向多方倾斜。该形态反映了空方力量逐渐衰竭，然后双方展开争持，最后多方力量逐渐积蓄并战胜空方的过程。

四、形态解析

塔形底可以还原成一根锤子线，还原后的单K线完全支持原形态的多头含义。

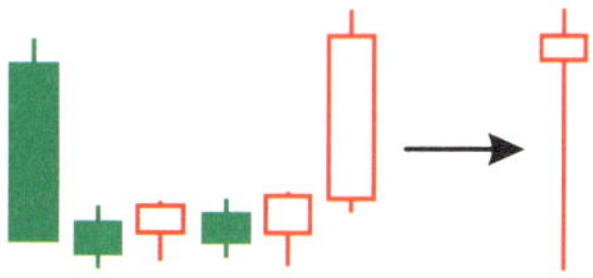

五、注意事项

1. 塔形底右边的大阳线若伴随成交量的放大，则反转更可信。

2. 塔形底是一种较为坚实的底部形态，反转的可靠性较高。但如果股价随后跌破了该形态的最低点，则说明这是一个失败的塔形底，后市可能继续下跌。

六、实例示范

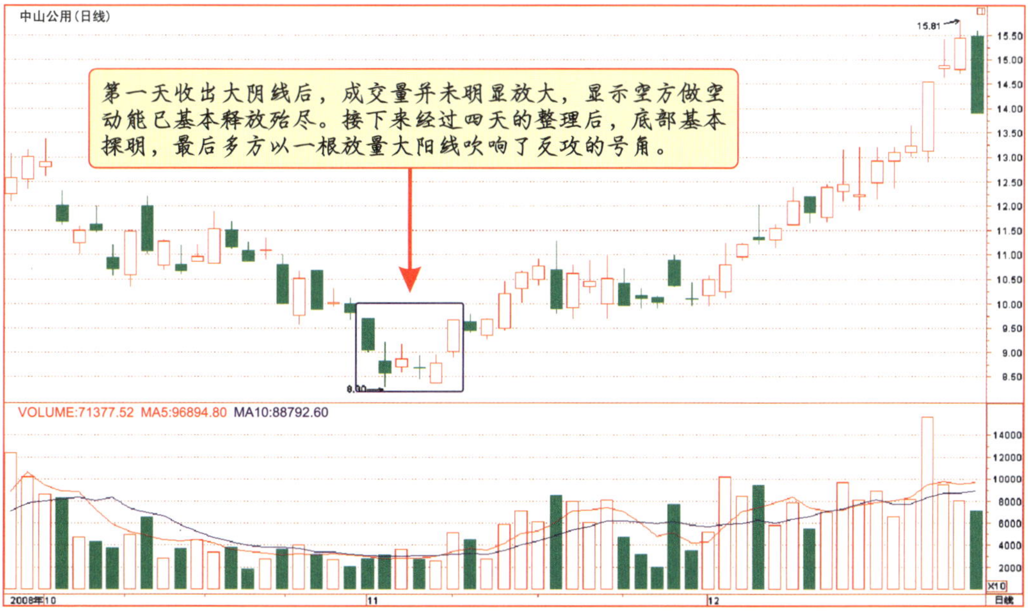

图 5-9

第四节 塔形顶

一、形态描述

塔形顶是指股价经过一段时间的上涨后，先在高位收出一根大阳线，随后股价在这根大阳线的收盘价附近窄幅整理，期间小阴小阳交替出现，最后再以一根大阴线向下突破，且大阴线的收盘价接近或超过大阳线的开盘价。塔形顶是一种见顶反转信号。

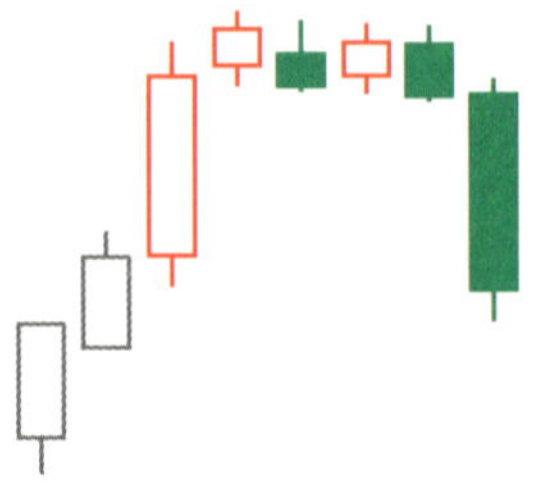

图 5-10

二、辨认法则

1. 第一天是一根大阳线。

2. 随后是一连串的小阴线和小阳线，它们的实体部分基本处于同一水平线上。

3. 最后一天是一根大阴线，它的实体大小最好与第一天的大阳线相当，它的收盘价应深入到大阳线实体中部以下。

图 5-11

三、形态蕴含的市场心理

股价经过一轮涨升之后，多方力量已基本消耗殆尽，没有能力将股价继续向上推升，于是双方在大阳线的收盘价附近形成相持的局面。由于股价迟迟未能向上突破，部分多头投资者甚至萌生了退意，最终引发了获利盘的回吐，空方趁机打破僵局，以一根大阴线向下突破，使升势完全被扭转过来。

四、形态解析

塔形顶可以还原成一根流星线，还原后的单K线完全支持原形态的空头含义。

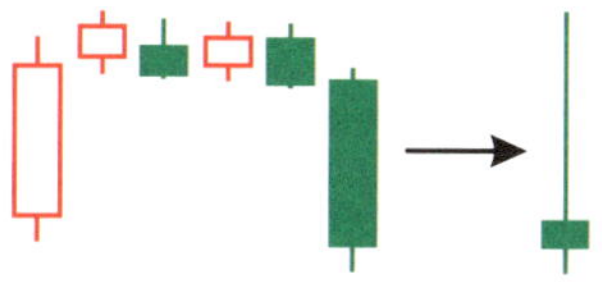

五、注意事项

1. 在塔形顶形成过程中，相持阶段的小阳、小阴线对应的成交量一般不大，但向下突破后可能出现放量下跌的情况。

2. 塔形顶形成后，如果股价继续上涨，并向上突破了该形态的最高点，则说明这是一个失败的塔形顶，后市可能继续上行。

六、实例示范

图 5-12

第五节 上升三法

一、形态描述

上升三法也称上升三部曲，是一种上升途中的看涨持续形态。它先在上升途中收出一根大阳线，接着连收三根小阴线，但三根小阴线的实体都未超出第一根大阳线的最高价和最低价，第五天再拉出一根大阳线，且这根大阳线的收盘价超越了第一天大阳线的收盘价。

图 5-13

二、辨认法则

1. 第一天是一根大阳线。

2. 大阳线后面紧随着出现三根小阴线，这三根小阴线的实体均处于前一天的交易区间内。

3. 最后再出现一根大阳线，将前面的三根小阴线全部吞噬，并创出市场近期新高。

图 5-14

三、形态蕴含的市场心理

上升途中多方继续发力上攻，某天再次收出一根大阳线，但此时市场对多方能否持续上攻产生了怀疑。第二天空方力量展开反击，最终取得小胜并收出一根小阴线，第三天、第四天皆是如此。虽然收出三连阴，但是跌幅很有限，这也让多方发现空方无力再向下打压，于是第五天再次发起攻击，并一举击溃了空方。该形态反映了一些持筹不坚定的投资者进行获利了结，市场消化了这些获利盘后，将沿着原有的方向继续发展。

四、形态解析

上升三法可以还原成一根极具看涨意味的大阳线，还原后的单K线完全支持原形态的市场含义。

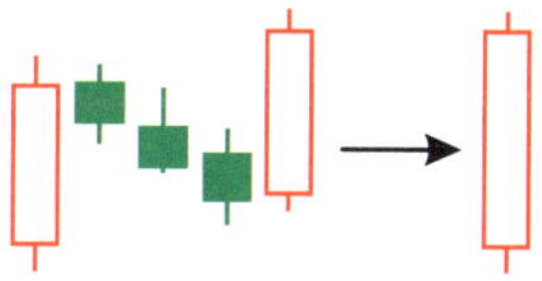

五、注意事项

1. 头、尾两根阳线对应的成交量较大，而三根小阴线对应的成交量则呈萎缩状。

2. 上升三法存在一些变体，如有时候回调过程中的三根K线并非全是阴线，可能有小阳线夹杂其中，或者调整过程中的K线数量超过三根等。

六、实例示范

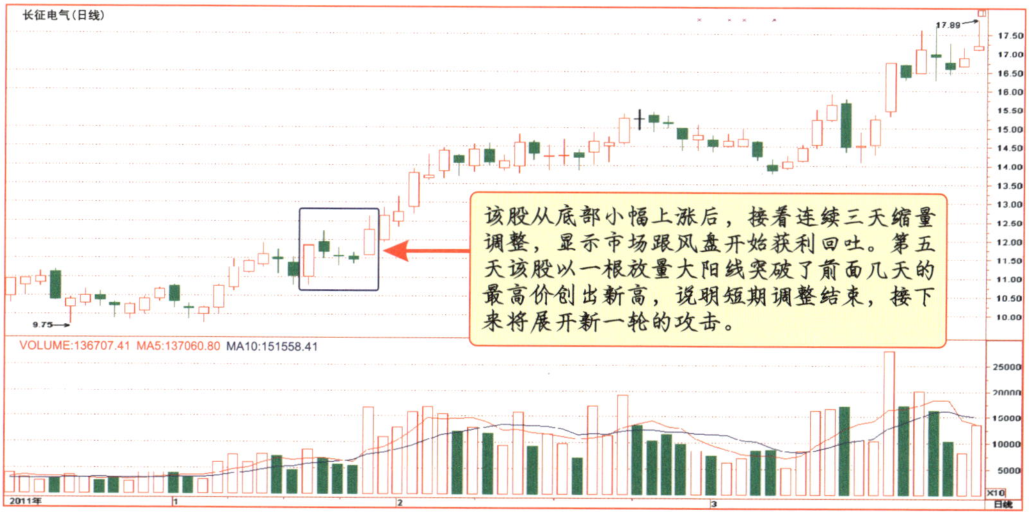

图 5-15

第六节 下降三法

一、形态描述

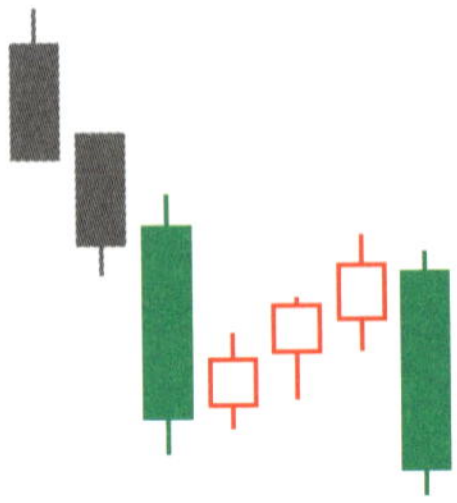

图 5-16

下降三法也称下降三部曲，是一种下降途中的看跌持续形态。它先在下降途中收出一根大阴线，接着连收三根小阳线，但三根小阳线的实体都未超出第一根大阴线的最高价和最低价，第五天再拉出一根大阴线，且这根大阴线的收盘价低于第一天大阴线的收盘价。

二、辨认法则

1. 第一天是一根大阴线。

2. 大阴线后面紧随着出现三根小阳线，这三根小阳线的实体均处于前一天的交易区间内。

3. 最后再出现一根大阴线，将前面的三根小阳线全部吞噬，并创出市场近期新低。

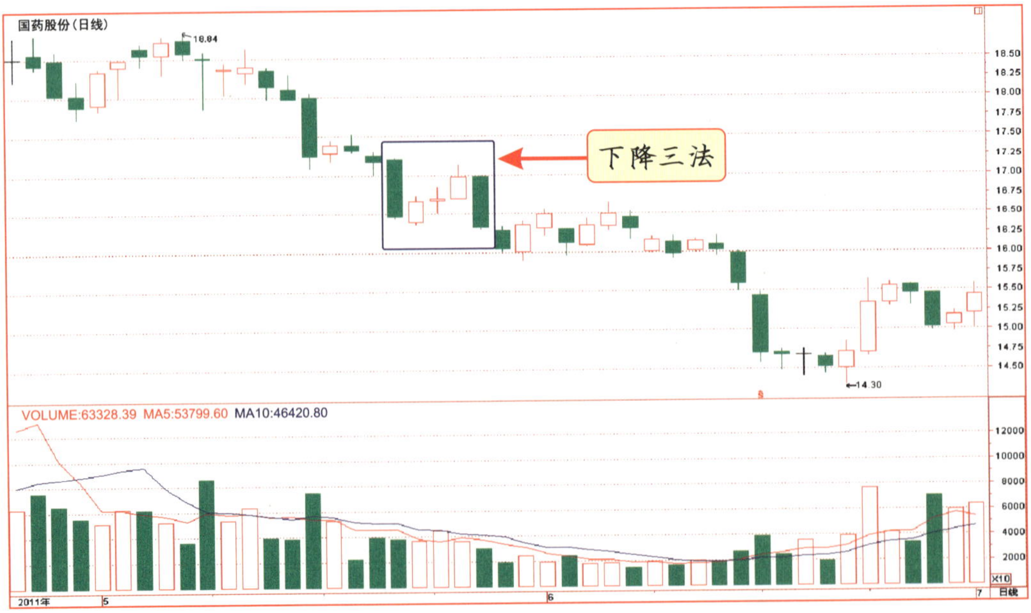

图 5-17

三、形态蕴含的市场心理

下降过程中，空方继续展开猛烈的攻击，顺势收出一根大阴线。接下来的三天，多方发动反击，虽然每一天都稍占上风，但从整体来看，连续三天的反击仍不能将第一天的跌幅收回，说明多方力量非常薄弱。最后，空方看到多方无力上攻，便再度进场，一鼓作气击溃了多方。

四、形态解析

下降三法可以还原成一根极具看跌意味的大阴线，还原后的单K线完全支持原形态的市场含义。

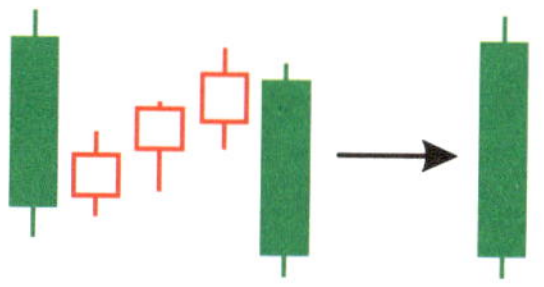

五、注意事项

1. 相对于上升三法而言，下降三法对成交量的要求没有那么严格。

2. 下降三法也存在一些变体，如中间的三根K线并非全是小阳线，其间可能夹杂着小阴线，或者反弹过程中K线的数量超过三根等。

六、实例示范

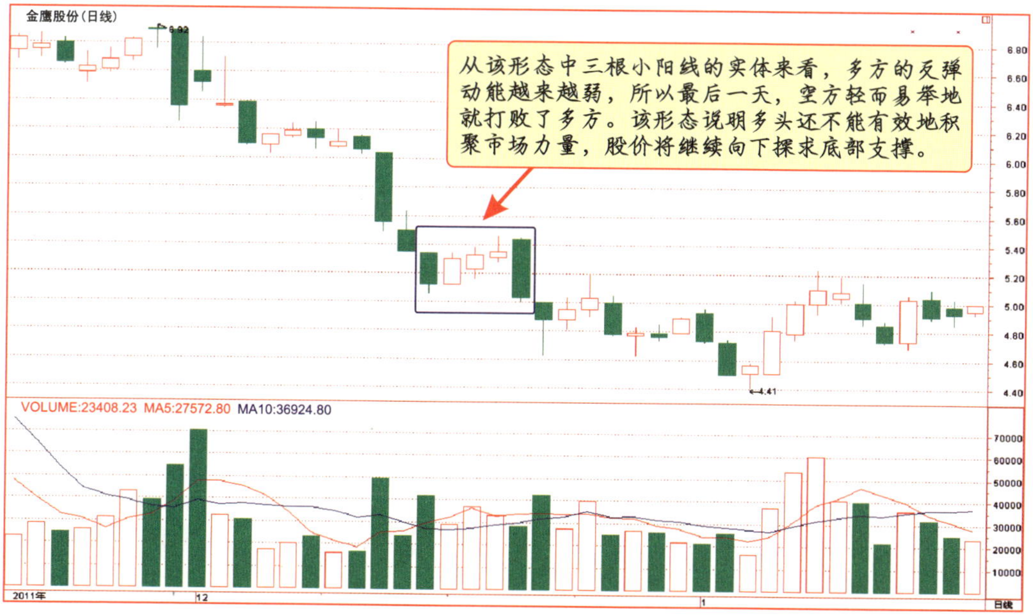

图 5-18

第七节 上升三连击

一、形态描述

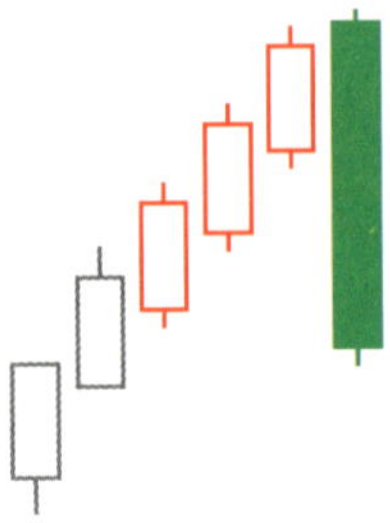

图 5-19

上升三连击是指在上升趋势中，连续三天收出阳线，且每日都创出新高，但到了第四天，股价高开后即急剧下挫，将前面三天的涨幅悉数吞吃，并在第一天开盘价之下收盘。

该形态虽然看起来非常吓人，但它在上涨途中通常只是一种调整，而且这种调整在一天之内完成，调整过后，大量持筹不坚定的短线客被洗出局，这反而有利于股价延原有的趋势继续运行。

二、辨认法则

1. 在上涨途中市场连续三天收出阳线，这三根阳线类似于红三兵。

2. 第四天，股价高开低走收大阴线，且大阴线的收盘价跌破了第一天的开盘价，将前三根阳线全部吞噬。

图 5-20

三、形态蕴含的市场心理

股价继续在上升趋势中运行，多头仍然保持着强劲的上攻势头，并在途中收出三连阳。第四天股价顺势高开，但开盘后获利盘开始大量涌出，导致股价大幅回落，一天之内抹去了前面三天的涨幅。这种走势虽然显得极其凶狠，但却使得空方短期内积聚的动能快速得到释放，空方动能衰竭之后，股价将沿原有趋势继续发展。

四、形态解析

上升三连击可以还原成一根流星线，这与原形态所要表达的看涨意味相冲突。所以原形态需要进一步进行确认。

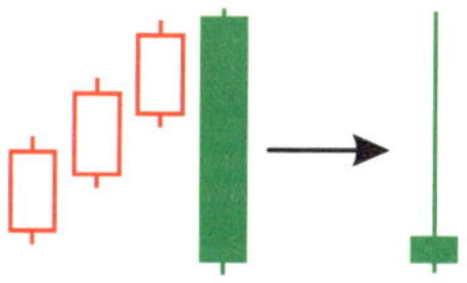

五、注意事项

1. 该形态出现在升幅巨大的高位，且市场严重超买时，应尽量避免操作。

2. 若第五天股价未能重拾升势，则该形态即成了失败的上升三连击。此时应考虑该形态转化为空头吞噬的可能性。

六、实例示范

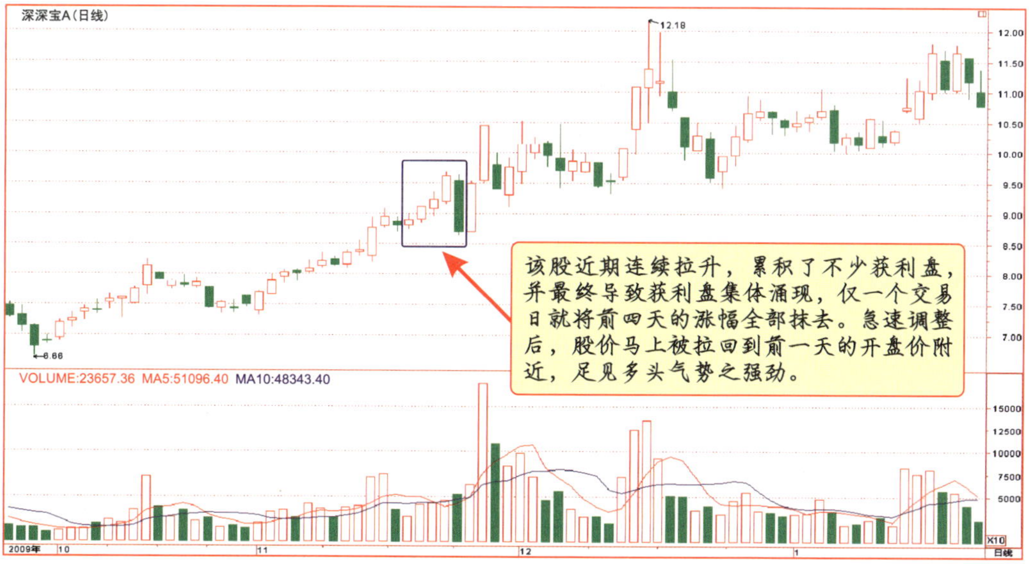

图 5-21

第八节 下降三连击

一、形态描述

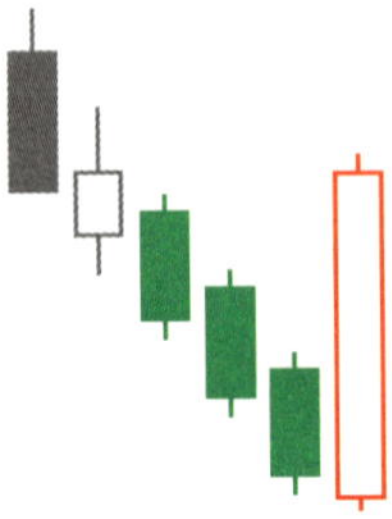

图 5-22

下降三连击是指在下降趋势中，连续三天收出阴线，且每日都创出新低，但到了第四天，股价低开高走，一举收复了前三天的跌幅，并最终在第一天的开盘价之上收盘。

该形态出现在下降途中通常只是暂时的反弹，并不会改变市场原有的趋势。

二、辨认法则

1. 在下降途中连续三天收出阴线，这三根阴线类似于黑三鸦。

2. 第四天，股价低开高走收大阳线，且大阳线的收盘价突破了第一天的开盘价，将前三根阴线全部吞噬。

图 5-23

三、形态蕴含的市场心理

股价继续在下降趋势中运行，三连阴的出现强化了市场的空头气氛。第四天股价顺势低开，之后由于逢低买盘的介入和空头的回补，导致股价逆势回升，将前三天的跌幅尽数收回。这种报复性的反弹使得多头在短期内积聚的能量迅速耗尽，令上涨无以为继，后市只能重新回到下跌的轨道上。

四、形态解析

下降三连击可以还原成一根锤子线，这与原形态所要表达的看跌意味相冲突。所以原形态需要进一步进行确认。

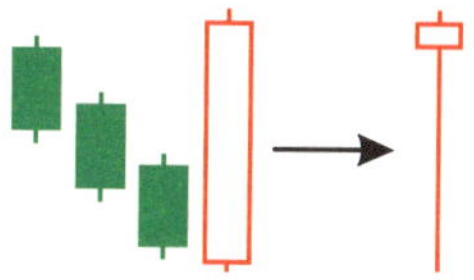

五、注意事项

许多投资者往往会被这种急风骤雨式的拉升所迷惑，认为是新一轮行情启动了，于是纷纷追涨买入，但结果是即买即套。庄家或主力也时常会利用该形态在下降途中设置多头陷阱，骗散户进场接盘。

六、实例示范

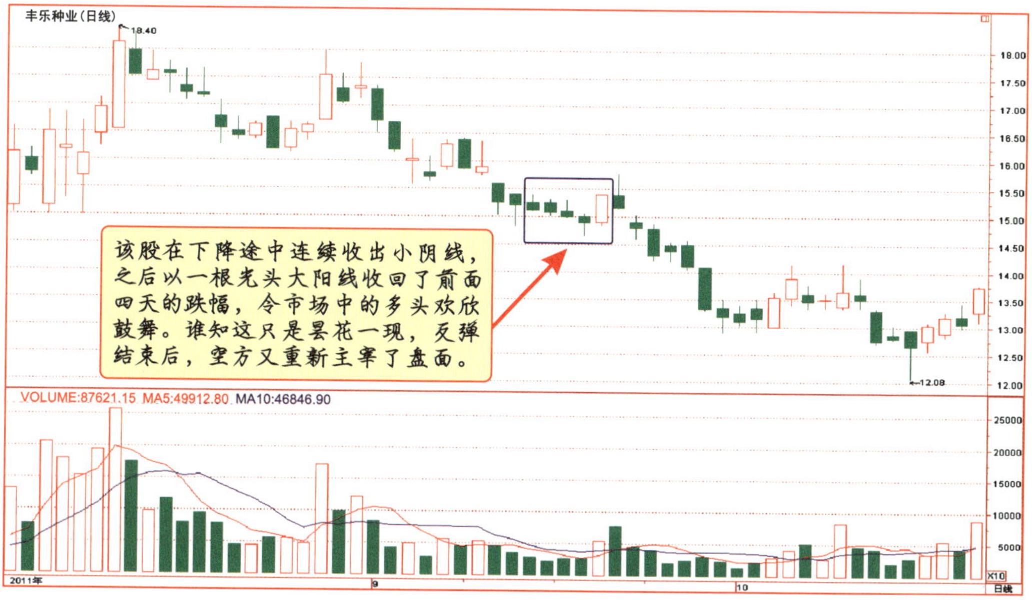

图 5-24

第九节 多方尖兵

一、形态描述

多方尖兵是指股价在上涨途中遭到空方打压，收出一根带有长上影线的阳线，接下来的几个交易日，股价展开整理，最后再以一根大阳线突破整理区域，且大阳线的收盘价超越了第一天长上影线的最高点。

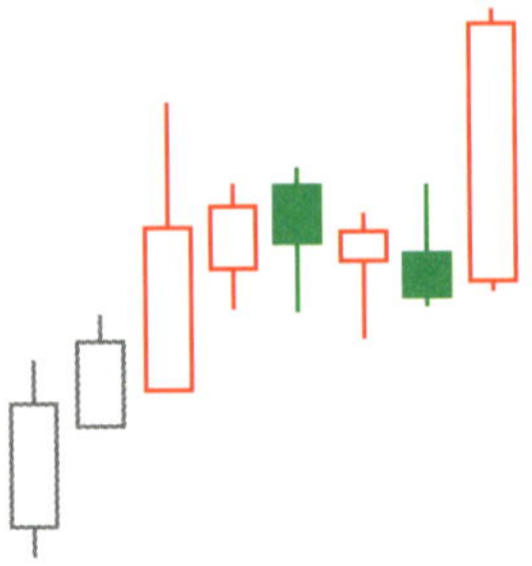

图 5-25

第一根K线是多方发动大规模反攻前的一次试探性进攻，就像深入空方腹地的尖兵，故得此名。在上涨途中出现此形态，随后继续上涨的概率很高。

二、辨认法则

1. 第一根K线为阳线，且带有较长的上影线。

2. 随后是一连串走平或向下回落的小阴、小阳线，这些K线的数量没有限制，整理过程中最好不要击穿第一根阳线的最低价。

3. 最后一根是大阳线，大阳线的收盘价向上突破了第一根K线的最高价。

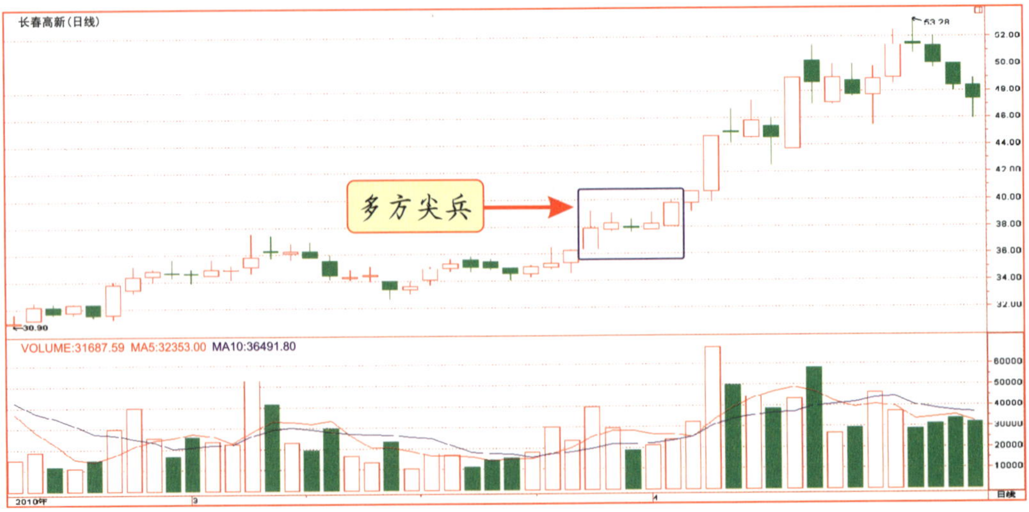

图 5-26

三、形态蕴含的市场心理

股价继续运行在上升趋势中，第一天，多方发动了更大规模的攻击，但马上遭到了空方的抵抗，于是价格向下回落。接下来的几天，多空双方在第一天的交易区间内展开较量，双方互有胜负。最后，多方看到空方动能基本耗尽，无力向下打压，于是再次坚定做多，并重新夺回市场的控制权。

四、形态解析

多方尖兵可以还原成一根极具看涨意味的大阳线，还原后的单K线完全支持原形态的市场含义。

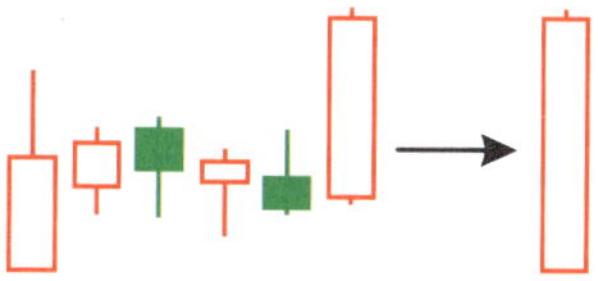

五、注意事项

该形态可以理解为主力发动全面进攻前的一次试盘行为，如果浮筹较多，主力会先进行清洗，清洗结束之后往往会有较大涨幅，激进的投资者可在该形态的最后一天进行建仓，稳健的投资者可选择多方尖兵确认之后的下一交易日进行建仓。

六、实例示范

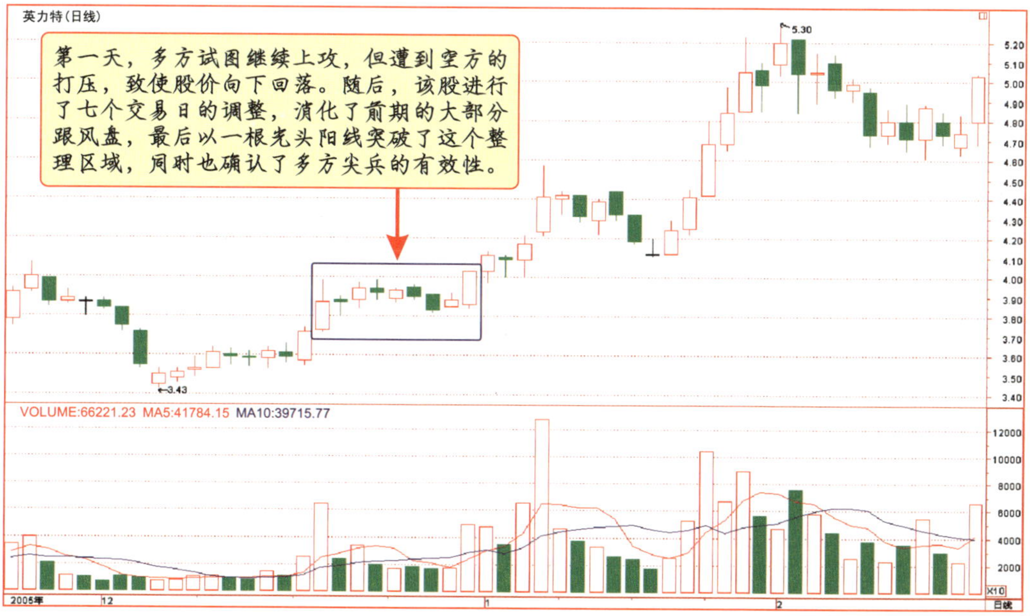

图 5-27

第十节 空方尖兵

一、形态描述

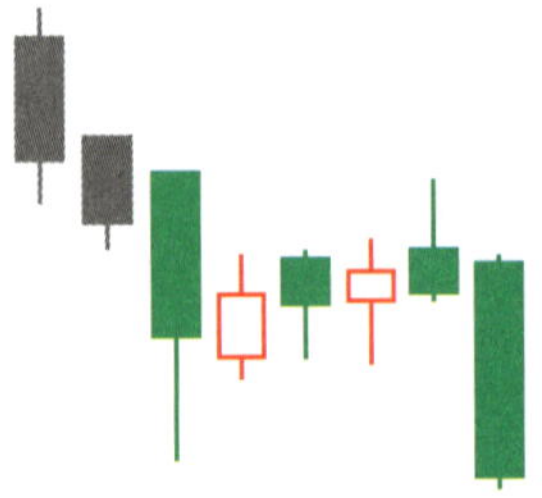

图 5-28

与多方尖兵相对应的是空方尖兵，空方尖兵是指股价在下降途中遭遇多方的抵抗，收出一根带有较长下影线的阴线，随后的几个交易日，股价展开整理，最后再以一根大阴线向下跌破该整理区域，且大阴线的收盘价跌破了第一天长下影线的最低点。

空方尖兵是下降途中的持续形态，表示后市将继续下跌。

二、辨认法则

1. 第一根K线为阴线，且带有较长的下影线。

2. 随后是一连串走平或向上反弹的小阴、小阳线，这些K线的数量没有限制。整理过程中一般不会超过第一根阴线的最高价。

3. 最后一根是大阴线，大阴线的收盘价向下跌破了第一根K线的最低价。

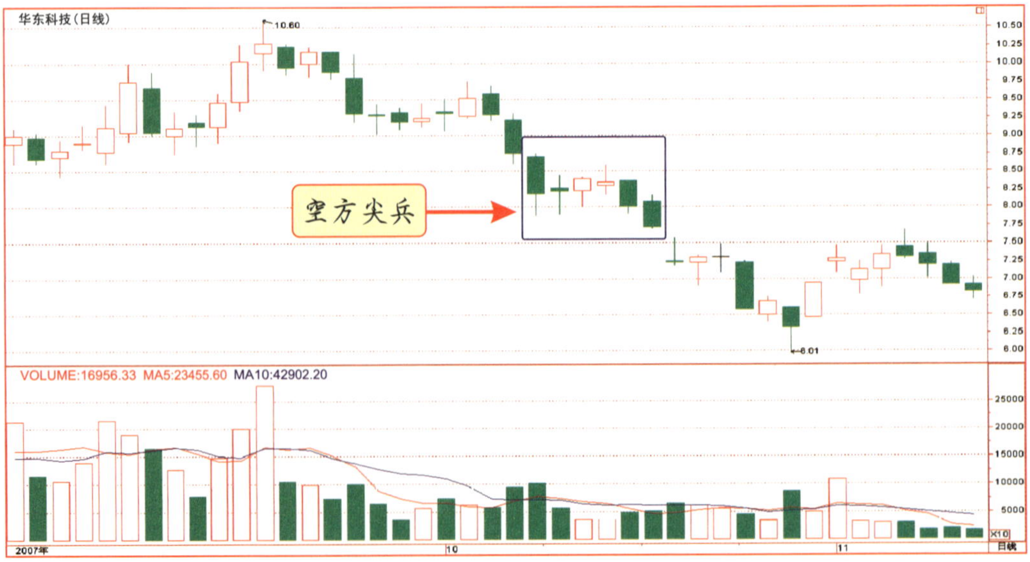

图 5-29

三、形态蕴含的市场心理

股价继续在下降趋势中运行，第一天，空方大幅向下打压，但在多方的奋力抵抗下，股价向上回升。之后，多空双方在第一天的收盘价附近形成相持的局面，期间多方多次试图展开攻击，但由于力量薄弱，每次都是无功而返，空方看清多方已无能力展开反攻，于是再次进场打压，并很快攻破了多方的防线。

四、形态解析

空方尖兵可以还原成一根极具看跌意味的大阴线，还原后的单K线完全支持原形态的市场含义。

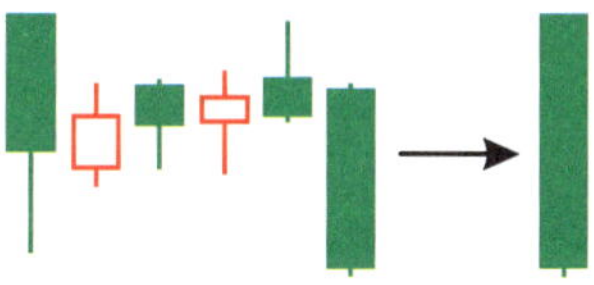

五、注意事项

空方尖兵最后一根阴线未出现时，很多投资者会把前面几天的走势误判为股价止跌企稳或触底的信号。因此，投资者看到该形态时，一定要擦亮眼睛，小心识别，不要落入主力的诱多陷阱。

六、实例示范

图 5-30

模拟实盘练习

一、选择题

1. 上升三法是上涨途中的看涨持续形态，它先收出一根大阳线，接着出现三根向下调整的小实体K线，最后再收出一根大阳线，这根大阳线吞噬了前面的三根小实体K线，且收盘价超越了第一根大阳线的收盘价。下列四幅图中，哪一个不是上升三法？（　　）

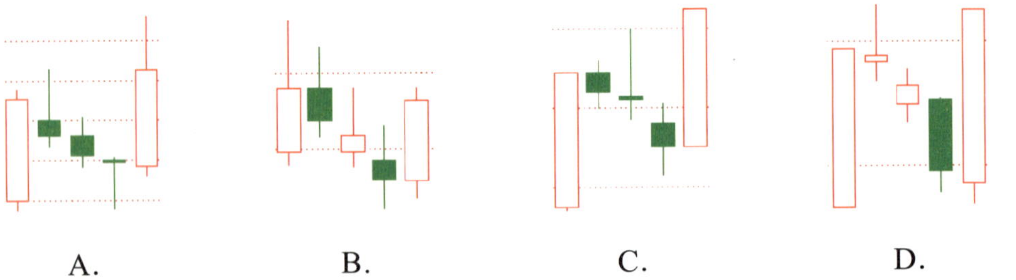

2. 上升三连击是指上升走势中，连续三日收出阳线，第四日却以一根大阴线将前三根阳线全部吞噬，之后股价继续上涨。图 5-31中，哪一个是上升三连击形态？（　　）

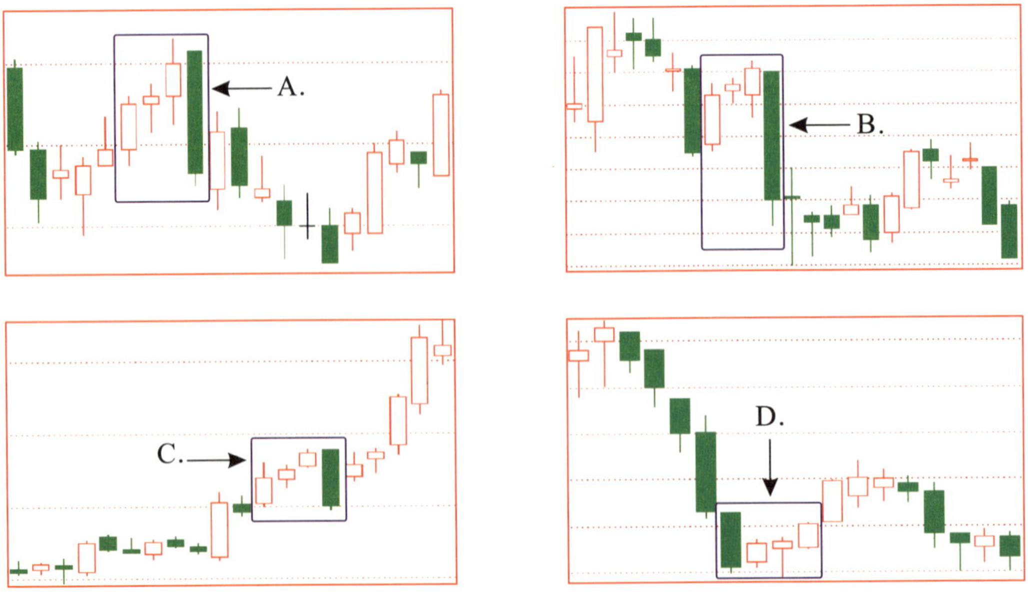

图 5-31

3. 图 5-32中方框内的K线组合可以还原成下列哪一种单K线？（　　）

图 5-32

A.　　　　B.　　　　C.　　　　D.

4. (多选)下列关于图 5-32中方框内的K线组合的描述，正确的有（　　）。

A. 图中的K线组合叫塔形顶。

B. 该形态第一根K线是大阳线，最后一根K线是大阴线，中间是一连串小阴线和小阳线，它们的数量不限。

C. 该形态还原后的单K线与原形态的市场含义相冲突，因此需要进一步验证。

D. 该形态最后一根阴线的实体越长，看跌的意味越浓。

参考答案：

1. B　　2. C　　3. D　　4. ABD

二、问答题

1. 观察图 5-33中股价的运行情况，指出方框内K线组合的名称，判断后市走势，并说一说投资者此时应如何操作？

图 5-33

2. 观察图 5-34中股价的运行情况，指出方框内K线组合的名称，判断后市走势，并说一说投资者此时应如何操作？

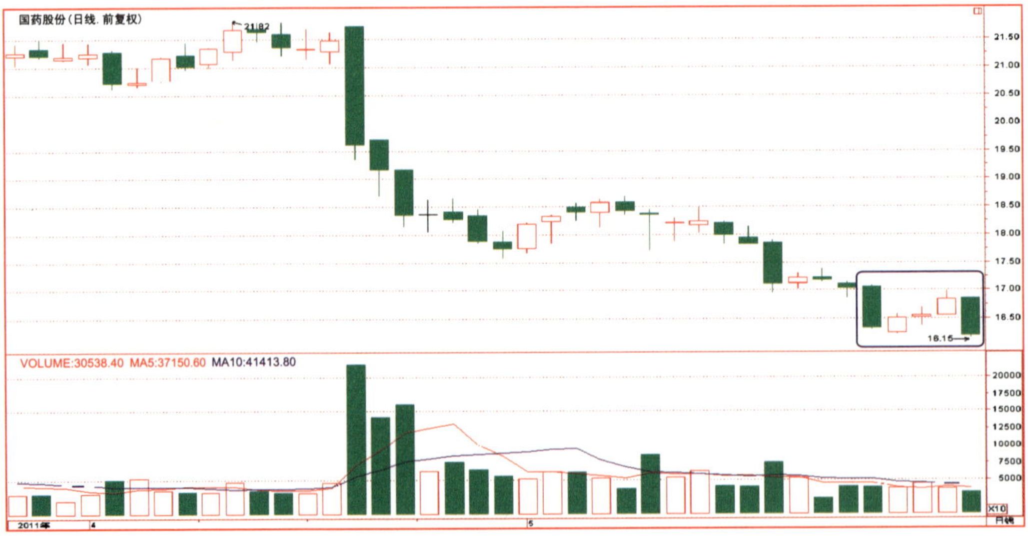

图 5-34

参考答案：

1. 图中方框内的K线组合叫上升三连击，它通常是上涨途中的一种调整形态。该股从低位连续上涨，途中并没有出现像样的调整，因此盘中累积了不少短线获利盘，主力急需进行一次洗盘。该形态中高开低收的大阴线，一举吞噬了它前面的四根阳线，显示出空方疯狂地打压，但是接下来的两天，该股却连续收出两根阳线，将大阴线的全部跌幅悉数收回，并创出近期新高，说明市场中的多方力量重新掌控了局面，后市将在多方的主导下继续上行。投资者此时可继续持股或逢低吸纳，如图 5-35所示。

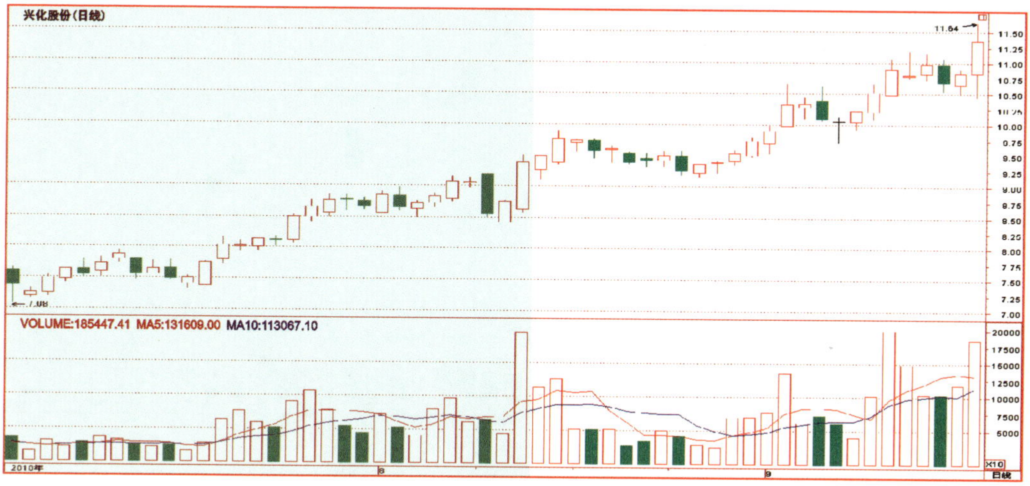

图 5-35

2. 图中方框内的K线组合叫下降三法，它是一种下降途中的看跌持续形态。该股在下降途中继续收出一根大阴线后，接下来的三天，均以小阳线报收，而这三天股价均在第一天大阴线的实体内波动，显示多方反攻力量极其微弱。第五天，该股再次收出一根大阴线，且其收盘价创出近期新低，说明经过短暂修整后，空方再次展开攻击，并一举击溃了多方。该形态说明后市局面将由空方继续掌控，投资者宜继续观望，如图 5-36所示。

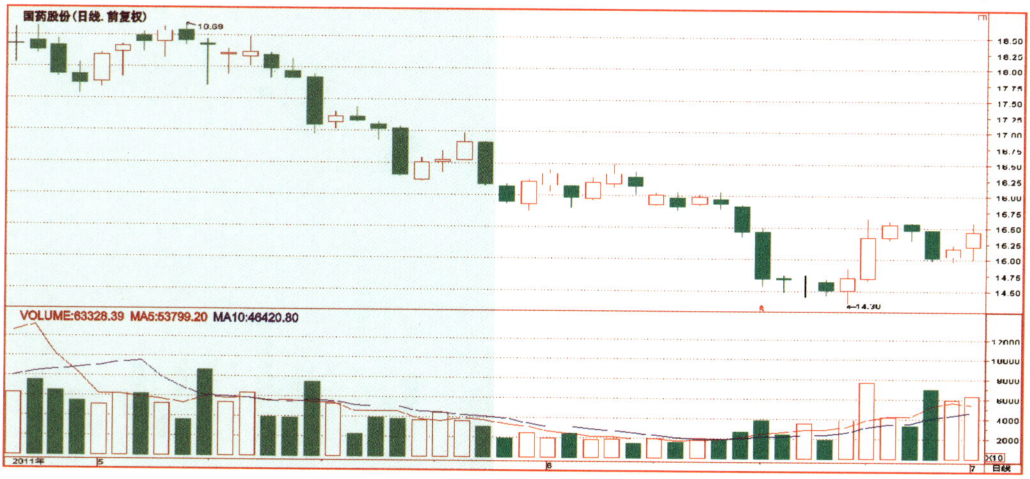

图 5-36

3. 观察图 5-37中股价的运行情况，指出方框内K线组合的名称，判断后市走势，并说一说投资者此时应如何操作？

图 5-37

4. 观察图 5-38中股价的运行情况，指出方框内K线组合的名称，判断后市走势，并说一说投资者此时应如何操作？

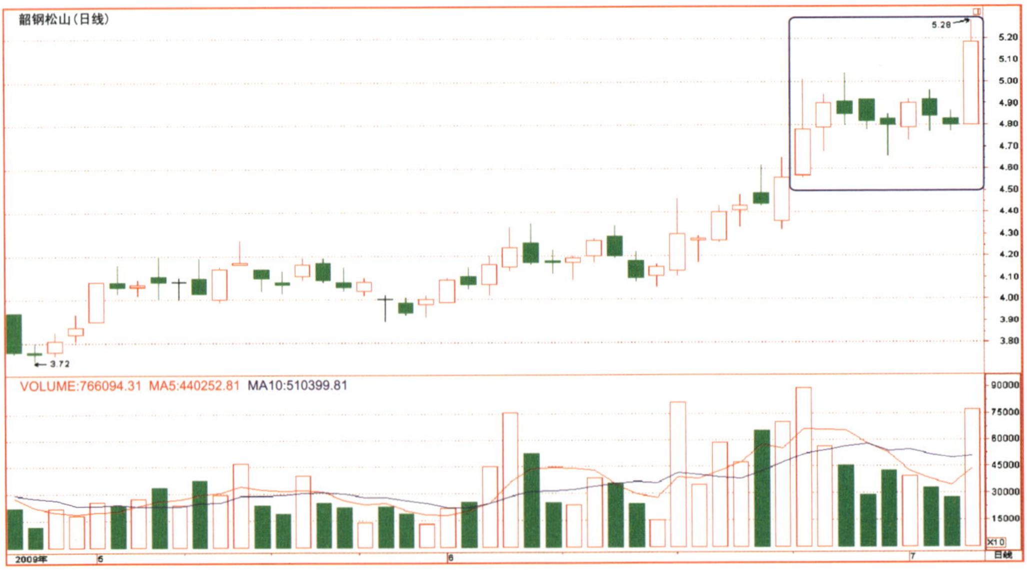

图 5-38

参考答案：

3. 图中方框内的K线组合叫低档五连阳，它是一种底部反转形态。小阳线显示的是股价筑底的过程，有时候小阳线的数量并不止五根，但这并不影响形态的研判。图中该股下跌到低位后，连续收出六根小阳线，这六根小阳线的重心逐步抬高，且对应的成交量也明显放大，显示多方在逐渐积聚力量。之后，该股以一根中阳线向上突破了这六根阳线的波动区间，说明多方积蓄能量后开始发力上攻，此时是投资者介入做多的良好时机。买进后，只要股价不跌破小阳线波动区间的下限，投资者都可放心持股，如图 5-39所示。

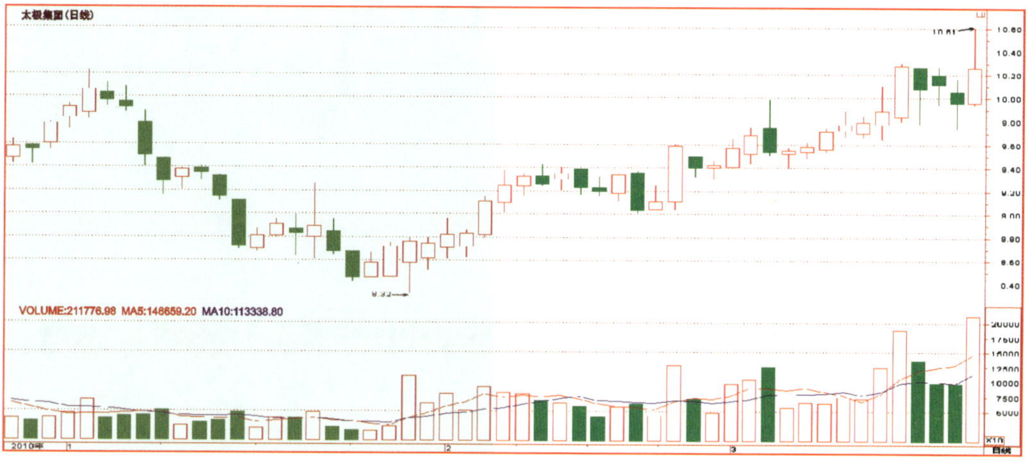

图 5-39

4. 图中方框内的K线组合叫多方尖兵，这种形态通常是上涨途中多方发动大规模反攻前的一次试探性进攻。该股从低位小幅盘升后，收出一根带长上影线的中阳线，通过此次进攻，可以看出市场抛压较重，于是股价在该阳线的收盘价附近展开整理。最后，该股以一根大阳线突破了整理区间的上限，吹响再次进攻的号角，说明多方经过短暂休整后，再次发力上攻，后市有望加速上扬，投资者此时可以追涨买入，如图 5-40所示。

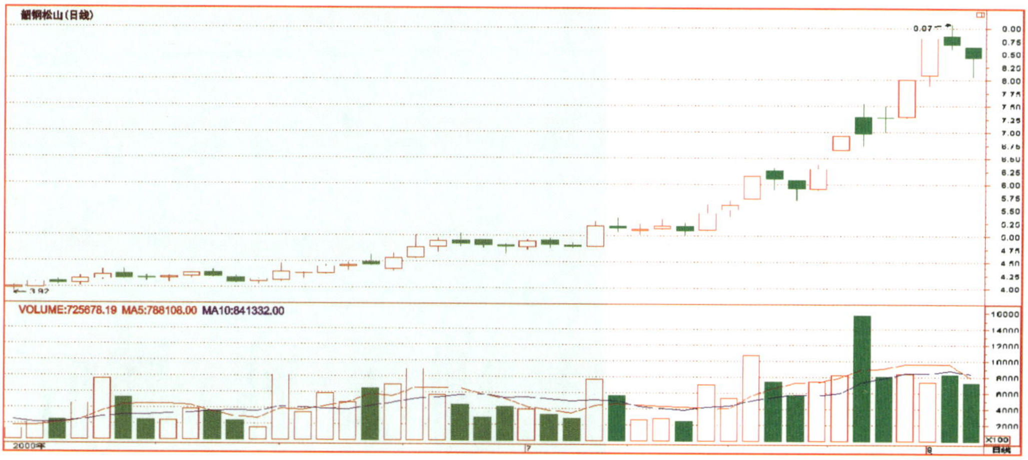

图 5-40

5. 观察图 5-41中股价的运行情况，指出方框内K线组合的名称，判断后市走势，并说一说投资者此时应如何操作？

图 5-41

参考答案：

5. 图中方框内的K线组合叫高档五连阴，它是一种筑顶形态。该股前期连续下跌后出现一波反弹行情，在反弹过程中，成交量并未呈现放大的态势，说明该阶段股价的上涨得不到买方的支持。而当股价上涨到前期成交密集区后，股价即受阻回落，收出五连阴形态。该形态反映出多方力量十分薄弱，在连续五天的多空较量中都败下阵来。在空方主导的市场中，后市将会继续走弱，场内的投资者应清仓观望，如图 5-42所示。

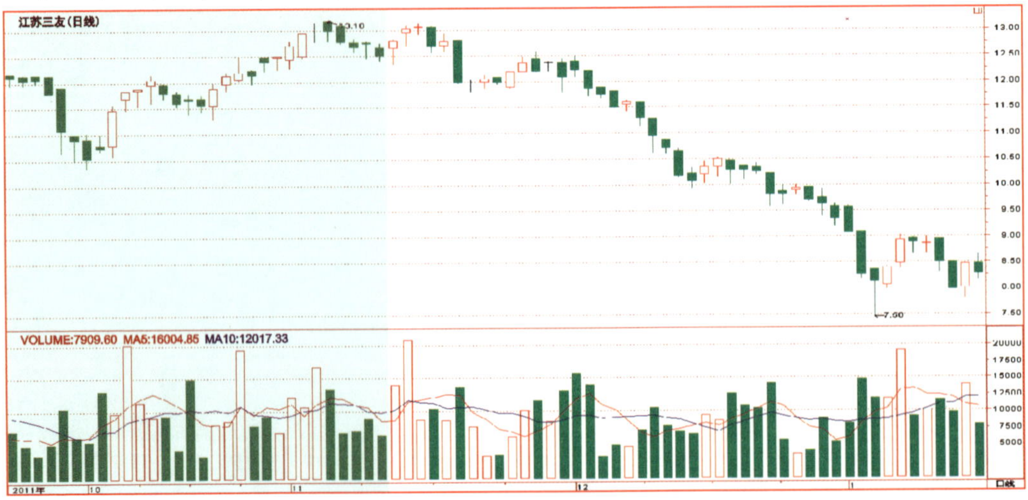

图 5-42

五大理由买卖实操

观察图 5-43中股票的技术形态，制定买卖策略，并填写下列表格。

图 5-43

五大理由买卖法

技术分析	买卖信号
理由一(K线)：	
理由二(黄金分割)：	
理由三(成交量)：	
理由四(DMI)：	
理由五(KDJ)：	
后市方向及操作建议：	

参考答案：

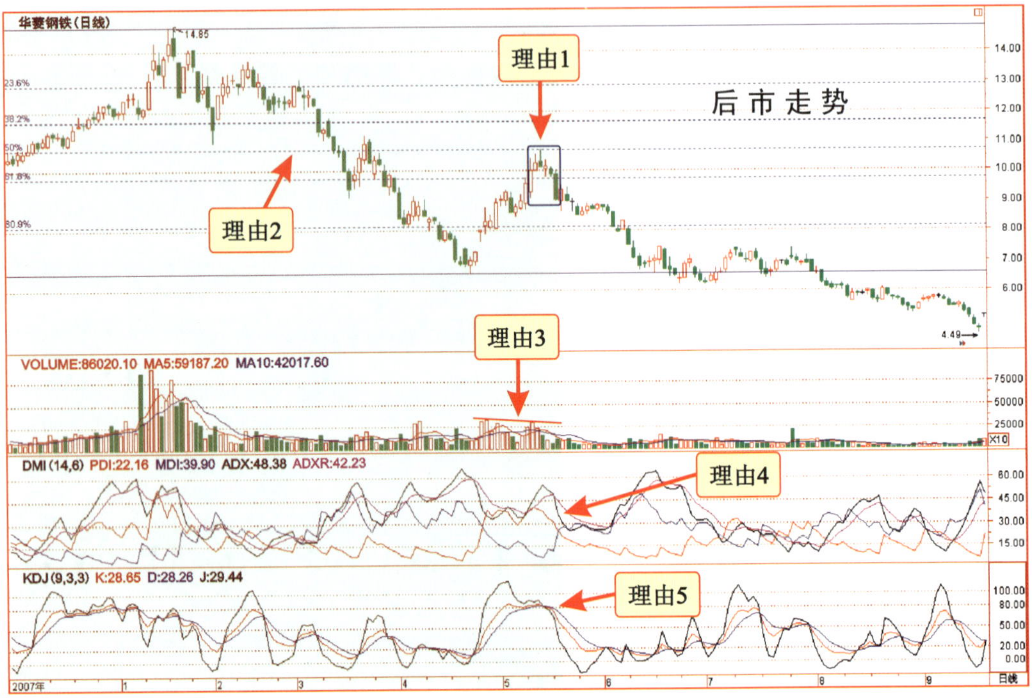

图 5-44

五 大 理 由 买 卖 法

技 术 分 析	买卖信号
理由一(K线)：形成塔形顶形态。	卖
理由二(黄金分割)：股价上涨至前一波跌幅的1/2处(0.5的黄金分割线)受阻回落。	卖
理由三(成交量)：股价上涨，成交量萎缩，形成价量背离的走势。	卖
理由四(DMI)：PDI下穿MDI形成死叉。	卖
理由五(KDJ)：KD在高位走平后形成死叉。	卖
后市方向及操作建议：反弹受阻回落，股价将重回下跌趋势中，若前期参与反弹行情，此时宜尽快离场。	

点评：投资者对下跌趋势中的反弹行情应谨慎参与，一旦发现反弹没有成交量的配合或在某些关键价位受到强阻力，都应及时了结离场。

第六章 K线买卖信号准确率的提升

K线理论是一种极有价值的技术分析理论，它给我们提供了许多实用性很强的买卖信号，对我们的操作具有很大的意义。然而，任何一种技术分析工具都不是万能的，K线技术分析亦是如此。比如，一个看涨意味浓厚的反转形态出现在下降过程中，后市却继续下跌；一个持续看涨的形态出现在上升过程中，后市却反转向下。所以，影响K线买卖信号是否准确的一个重要因素就是你买卖的位置是否合理。那么，我们应该怎样操作，才能提高这些买卖信号的准确率呢？这就需要我们把K线买卖信号和其他的技术分析方法结合运用了。

很多介绍K线理论方面的书籍都仅仅局限于对K线的分析，相信读过这些书的朋友会觉得好像还少了些什么因素。的确如此，虽然K线理论是东方技术分析中的一大瑰宝，但是，西方发达的资本市场中同样孕育出了很多优秀的技术分析方法，诸如趋势分析，技术指标分析等，而且，东、西方技术分析方法并不是水火不相融的。比如，K线形态是一种研判数天内行情走势的有效指标，它可以反映出多空双方的力量对比状况，我们可以利用它来寻找最佳介入点或出场点；而西方的图表分析技术在判断趋势和形态方面具有更强的优势，它可以反映出数周、数月、甚至数年的价格波动情况，我们可以把两者相结合，在确定中、长期趋势向好的情况下，选择最佳的介入时机。又比如，通过技术指标我们可以判断出市场处于超买的状态，但要进一步判断股价是否马上下跌或何时会下跌就很困难，而K线形态的买卖信号则可以显示出市场情绪的变化过程，我们可以从多空双方的力量对比中判断出场时机。如果将K线图和西方技术分析工具的优势结合起来，将会产生1+1>2的效果。

本章，我们将会介绍K线同切线、指标以及成交量等方面的结合运用，通过这些技术方法进行辅助分析，我们可以过滤掉一些可靠性不强的交易信号，同时选择那些安全系数较高的交易信号。这样不仅可以减少操作的次数，降低操作成本，还可以大幅提高交易的准确率，增加收益。（切线、指标和成交量等内容在本套丛书的另外几本书中均有介绍，如果读者看过这几本书，相信会对本章所介绍的方法有更深的体会。）

第一节 K线买卖信号与支撑、阻力

支撑是指当股价下跌到某个价位附近时，股价停止下跌，甚至向上回升的情形。之所以形成支撑，是因为之前市场在该区域波动了一段时间，累积了较大的成交量，该区域成为多方坚守的一道心理防线。当股价由上而下向该区域靠拢时，空方获利筹码已清，手中已无打压筹码，多方趁机吸纳，导致需求大于供给。

在支撑区域连接两个相同最低价位并延长即成一条支撑线，通常价格跌到这一区域时，由于买气增加，卖方惜售，便会使得价格出现回升。

构成股价支撑的因素有很多，如成交密集区的支撑、重要缺口的支撑、股价前一波上涨起点的支撑、前期高点的支撑、历史上多次发挥支撑作用的历史性支撑等等。当股价下跌到支撑线附近出现看涨K线形态时，就是买入时机，买入后以支撑线下方附近的某一价位作为止损位。如图 6-1所示，20元是该股前期的一个低位，最近股价再次下跌到该区域附近，可以看出前期低点对股价起到强而有力的支撑作用，而塔形底的出现，则证明了多方的确在此区域蓄势并展开了反攻，此时是一个绝好的买入时机。

图 6-1

和支撑相对应的是阻力，阻力是指股价上涨到某一价位附近后，出现了大量的卖盘，致使股价停止上扬，甚至回跌的情形。与支撑一样，阻力也是出现在成交密集区，由于在这一区间累积了较大的成交量，该区域成为了空方坚守的一道心理防线，所以当价格在这一成交密集区之下时，市场中有大量的套牢者，当股价由下而上向该区域靠拢时，看淡后市的投资者会因急于解套或获利回吐而将筹码抛出，而其他看好中、长期走势的投资者也不想此时追高，希望在股价回档时跟进，导致了市场上供给大于需求，从而引起股价回落。

在阻力区域连接两个相同最高价位并延长即形成一条阻力线，当价格上升到这一区域时，因卖气大增，而买方又不愿追高，便会使得价格受阻回落。

当股价上涨至阻力线附近出现看跌K线形态时，是良好的卖出时机。如图 6-2所示，该股首次上涨至12.19元后出现回落，之后两次上涨至该价位附近都受阻回落，并收出两根流星线。如果第一次受阻回落后，不能确定阻力是否有效，那么第二次受阻回落再次出现流星线形态后，就应该坚决离场了。

图 6-2

如果市场买盘足够强大，或者有利好消息的配合，那么阻力位也可能会被突破。股价向上突破阻力位后，原来的阻力线将转化成支撑线。股价突破阻力线后在阻力线上方出现看涨K线形态，也是一个继续做多的时机。如图 6-3所示，该股在成功突破前期平台阻力位的同时，出现了两阳夹一阴的K线形态，证明市场中多头力量完全占据了上风，此时是一个很好的介入时机。图 6-4则是股价突破阻力线后，在回抽至阻力线附近时出现了启明星形态，此时也形成了一个良好的买点。

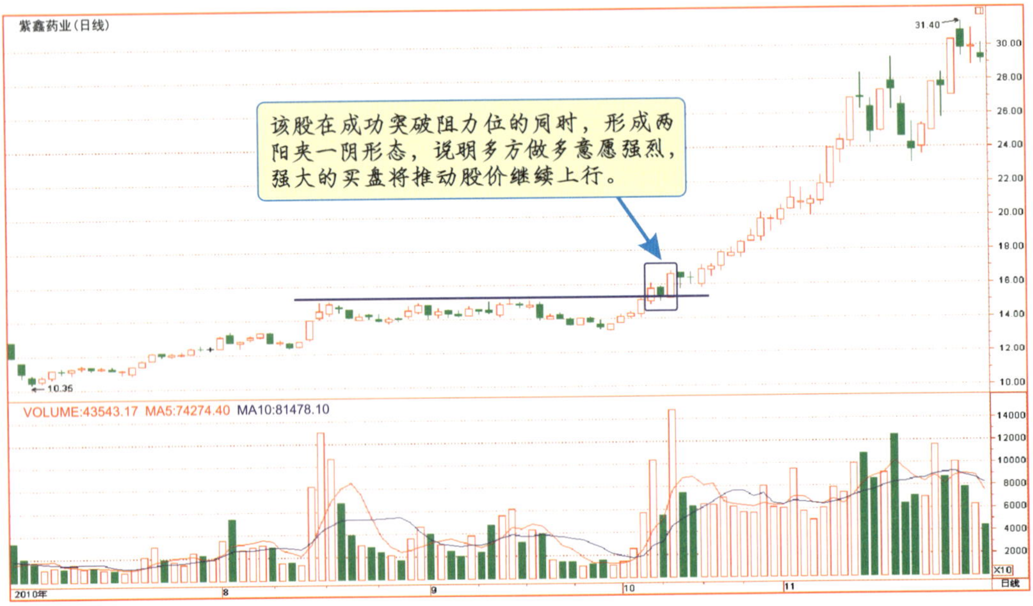

图 6-3

图 6-4

第二节 K线买卖信号与上升趋势、下降趋势

在股价运行过程中，如果上涨的高点和回调的低点都不断抬高，则当前的趋势为上升趋势；反之，如果股价下跌的低点和反弹的高点都不断降低，则当前的趋势为下降趋势。

在上升趋势中，将股价波动的低点连起来，就得到一条上升趋势线。通常将上升过程中的前两个低点相连画出上升趋势线，但需要第三个低点来验证趋势线是否有效。在下降趋势中，将股价波动的高点连起来，就得到一条下降趋势线。将下降过程中的前两个高点相连可画出一条下降趋势线，同样也需要第三个高点来验证趋势线的有效性。

上升趋势形成后，股价回落至上升趋势线附近，通常都会受到上升趋势线的支撑，若此时在上升趋势线附近出现看涨K线形态，则该K线形态的看涨意味更强。如图 6-5所示，该股在上涨途中两次受到上升趋势线的支撑，而且都是以启明星形态作为止跌信号，从图中可以看到，第二次形成启明星后，后市迎来了一波巨大的涨幅。

图 6-5

同理，下降趋势形成后，当股价反弹至下降趋势线附近时，由于投资者的获利回吐，股价通常都会受阻回落，若此时在下降趋势线附近出现看跌K线形态，则该K线形态的看跌意味更强。如图 6-6所示，该股第三次反弹至下降趋势线附近后，再次受阻回落，一根流星线和前后两根K线组成黄昏星形态，发出离场信号。

图 6-6

当然，如果下降趋势发展了很长时间，股价也可能会突破下降趋势形成行情的反转。若股价突破下降趋势线的同时出现看涨K线形态，或股价突破趋势线后回抽至趋势线上方附近出现看涨K线形态，则后市上涨的概率更大。

操盘心得

1. 不以涨喜，不以跌悲。
2. 光凭运气买卖股票是赌博，不是投资，知识和技巧是投资股票之本。
3. 止损远比赢利重要，因为任何时候保本都是第一位，赢利才是第二位。

第三节 K线买卖信号与上升通道、下降通道

在上升趋势中，画出上升趋势线后，通过第一个波峰作这条趋势线的平行线，可以得到一条上升轨道线，这两条线组成一个上升通道。同理，在下降趋势中，画出下降趋势线后，通过第一个波谷作这条趋势线的平行线，可以得到一条下降轨道线，这两条线组成一个下降通道。

在上升通道中，股价将在两条平行线中有规律的波动，当股价上升到上轨附近时，通常会受阻回落；当股价回落到下轨附近时，又会获得支撑而再度上升。所以，当股价上升到上轨附近，出现看跌K线形态时，应主动卖出；当股价下跌到下轨附近，出现看涨K线形态时，可再次买入。如图 6-7所示，当股价上涨到上轨附近，形成倾盆大雨、空头母子等形态后，后市均出现了回调；而当股价回落到下轨附近，形成锤子线、启明星等形态后，均再次止跌回升。所以说，在上升通道中，上轨附近出现的看跌K线形态，可作为暂时离场的信号；而下轨附近出现的看涨K线形态，则可作为短期买入信号。

图 6-7

在下降通道中，股价同样在两条平行线中有规律的波动，当股价下跌到下轨附近时，通常会受到下轨的支撑而止跌反弹；而当股价反弹到上轨附近时，又会再次受阻回落。所以，当股价下跌到下轨附近，出现看涨K线形态时，可短线介入抢反弹；当股价反弹到上轨附近，出现看跌K线形态时，应及时离场观望。如图 6-8所示，该股形成下降通道后，股价在通道内有规律地运行。当股价第二次回落到下轨附近后，形成了启明星形态，之后股价止跌反弹；而当股价反弹至上轨附近后，形成了乌云盖顶形态，之后股价再次向下回落。可以看出，在下降通道中，当股价运行至下降通道下轨附近出现看涨K线形态时，可作为短线买点；当股价反弹至下降通道上轨附近出现看跌K线形态时，是短线获利的好时机。

图 6-8

不管是上升通道还是下降通道，发展到最后股价都可能突破其上轨或下轨，形成新的趋势。当投资者在通道的下轨附近买入后，若股价跌破下轨，应及时止损离场。当下降通道被向上突破时，往往会形成一轮力度较大的涨升行情，若此时出现看涨K线形态，则买入信号更加可靠；当上升通道被向上突破时，也可能会出现一轮加速上涨行情，此时投资者常常会跟风追涨，而主力往往会趁机派发出货，所以投资者应趁此机会获利了结。如图 6-9所示，该股以红三兵形态突破下降通道后，后市产生了一轮超级大行情。而图 6-10中，股价突破上升通道上轨不久后，股价便见顶回落了。

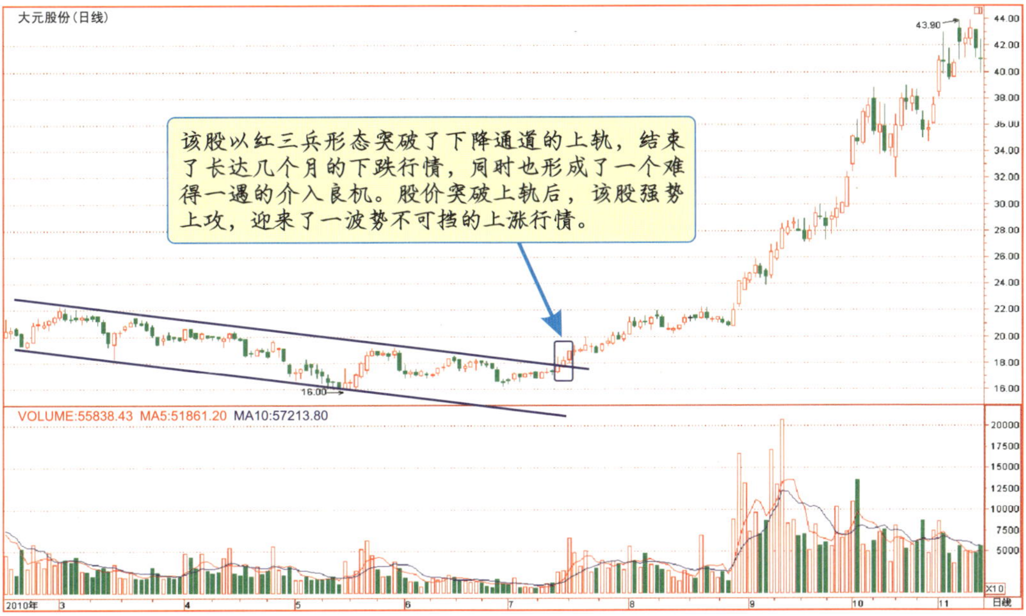

图 6-9

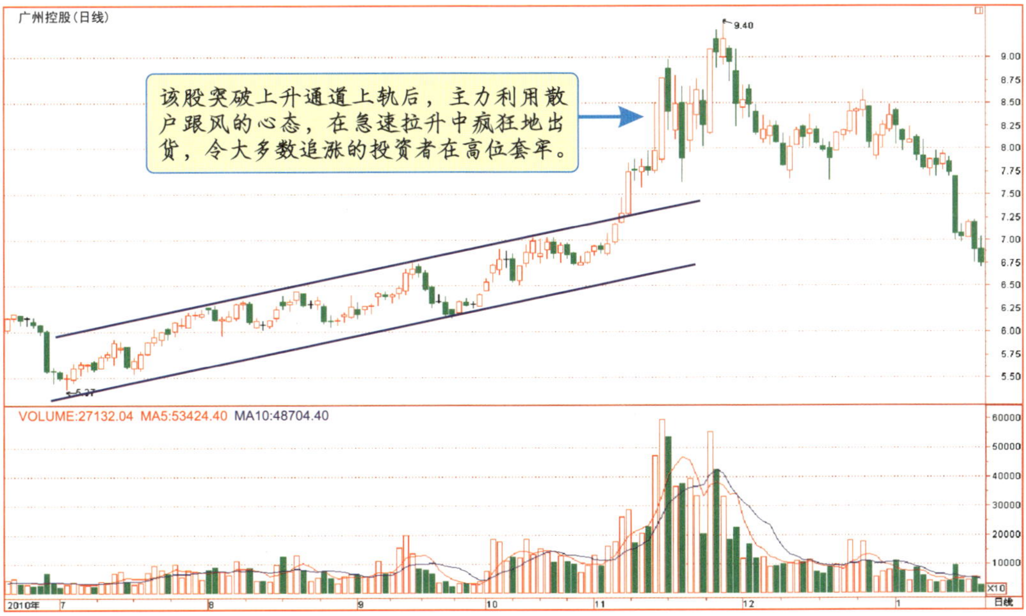

图 6-10

第四节 K线买卖信号与黄金分割

黄金分割是一种古老的数学方法。它的神奇和魔力，在数学界还没有明确定论，但它在实际应用中屡屡发挥着意想不到的作用。黄金分割后来被引入股市，成为一种预测股市支撑位和阻力位的技术分析工具，被众多技术分析人士所采用。

运用黄金分割时，首先要记住下面两组数值，因为股价极容易在这些数产生的黄金分割线处形成支撑和阻力，它们是：

1. 0.191、0.382、0.5、0.618、0.809

2. 1、1.382、1.618、2、2.382、2.618

在上升行情中，股价的上涨是从某一个低点开始的，当它上涨到某个高点受阻回落时，以这一波上涨的幅度作为基数，将涨幅按第一组数值(0.191、0.382、0.5、0.618、0.809)分割为五个黄金点，接下来，股价在回落过程中，将有可能在这些黄金点上受到支撑而止跌回升；反之，在下跌行情中，则以某一波下跌的幅度作为基数，当股价向上反弹时，极有可能在这些黄金点处受阻回落。

当股价向下跌破前一波上涨行情的最低价或向上突破前一波下跌行情的最高价时，我们可以用上面第二组数值(1.382、1.618等)来预测支撑位或阻力位。

例如：下跌行情结束，某股近期的最低价为10元，当股价向上回升时，可能在以下位置受阻回落：

10×(1+19.1%)=11.91元

10×(1+38.2%)=13.82元

10×(1+50%)=15元

10×(1+61.8%)=16.18元

10×(1+80.9%)=18.09元

同理，上升行情结束，某股近期的最高价为20元，当股价向下回落时，可能在以下位置获得支撑：

20×(1−19.1%)=16.18元

20×(1−38.2%)=12.36元

20×(1−50%)=10元

20×(1−61.8%)=7.64元

20×(1−80.9%)=3.82元

目前，绝大多数股票分析软件上都有画线辅助功能，黄金分割线的作图比较简单，画法如下：

1. 在分析软件中点击画线工具；

2. 在画线工具栏中点击黄金分割选项；

3. 如果股价正处见底回升的阶段，以此最低点为基点，用鼠标左键点击此低点，并按住鼠标左键不放，拖动鼠标使边线对齐这一下跌波段峰顶的最高价，松开鼠标左键即生成股价向上反弹时可能会遇到阻力的黄金分割线；如果股价正处于见顶回落的阶段，则以此最高点为基点，用鼠标左键点击此高点，并按住鼠标左键不放，拖动鼠标使边线对齐这一上涨波段谷底的最低价，松开鼠标左键即生成股价向下回落时可能会受到支撑的黄金分割线。

黄金分割线中最重要的两条线为0.382和0.618，在反弹中0.382为弱势反弹位、0.618为强势反弹位；而在回调中0.382为强势回调位、0.618为弱势回调位。

一轮上涨行情结束，股价向下回落，当股价回落至黄金分割线附近，出现看涨K线形态时，是进场抢反弹的好时机。如图 6-11所示，该股从10.01元上涨到19.35元后，股价开始向下回落，当股价回落至0.618的黄金分割线附近时，出现了多头母子K线形态，随后股价出现强劲反弹，形成V形反转走势。

图 6-11

一轮下跌行情结束，股价向上回升，当股价回升至黄金分割线附近，出现看跌K线形态时，是离场的好时机。如图 6-12所示，该股从38.40元下跌到18.62元后开始触底反弹，而当股价反弹至0.5这条黄金分割线时，出现了空头吞噬形态，随后股价受阻回落。图 6-13则反映了股价向上突破前一段行情的最高点后，在2这条黄金分割线附近出现空头吞噬形态而形成顶部反转。

图 6-12

图 6-13

第五节 K线买卖信号与百分比线

股价不会一味的上涨也不会一味的下跌，当股价上涨到一定程度或下跌到一定程度，就会遇到阻力或受到支撑，之后可能会向下回跌或向上反弹，在回跌或反弹的过程中，特定比例的水平切线会对股价产生意想不到的支撑或阻力作用。而百分比线所要揭示的就是重大市场运动在回撤时的幅度问题。

百分比线是将上一次行情中重要的高点和低点之间的涨跌幅按1/8、1/4、1/3、3/8、1/2、5/8、2/3、3/4、7/8的比率生成百分比线。在各比率中，1/2（50%）是最为重要的，它与黄金分割线中的0.5线相重合。另外，1/3（33.3%）和2/3（66.7%）这两条线也非常重要。例如，在一个强劲上涨趋势后展开的调整过程中，价格通常会回撤到这一波涨幅的2/3处，而最大的回撤位置通常在这一波涨幅的1/3处，若这一位置不能阻止价格回撤的步伐，那么价格将可能回到起点，甚至原有的趋势也将告一段落了。

当一轮上涨行情结束，价格回撤到重要的支撑位，出现看涨K线形态时，形成良好的买入时机。如图6-14所示，该股从14.10元上涨到31.49元后，向下回落，当股价向下回撤至整波涨幅的1/3（33.3%）处后，出现了多头母子形态，并产生了一波反弹行情。

图6-14

当一轮下跌行情结束，价格回升到重要的阻力位，出现看跌K线形态时，形成良好的卖出时机。如图6-15所示，该股由12.18元下跌到6.79元后，股价触底反弹，在回升至前一波跌幅的1/3处，出现空头母子形态，并再次下跌。图6-16显示的是股价回升至前一波跌幅的1/4处，出现步步为营形态，随后向下调整。

图 6-15

图 6-16

第六节 K线买卖信号与移动平均线(MA)

移动平均线(MA)是目前全球运用最普遍的股票技术分析指标之一，它用统计处理的方式，将过去一段时间内的股票价格加以移动平均，并将得到的平均值依时序连成曲线。投资者可根据它判断股价变动趋势，把握市场走向。

我们常用的是5日、10日、30日、60日、120日和240日的移动平均线。其中，预测短期走势以5日、10日移动平均线的研判为主，预测中期走势以30日、60日移动平均线的研判为主，预测长期走势以120日、240日移动平均线的研判为主。移动平均线对K线买卖信号的辅助研判主要有以下几个方面：

1. 移动平均线由下降逐渐走平，当看涨K线形态自下而上突破移动平均线时，为买入时机。如图6-17所示，该股长期下跌后，股价逐渐在底部企稳，120日MA也开始逐渐走平，随后该股以红三兵形态向上突破120日MA，这说明中、长期走势开始转强。红三兵形态出现之后，该股呈现出逼空上涨之势，令人叹为观止。

图6-17

2. 移动平均线处于上升之中，股价在移动平均线之上产生下跌行情，当下跌至移动平均线附近出现看涨K线形态时，为买入时机。如图6-18所示，该股在上升途中出现整理回调，当股价回调至60日MA附近出现多头吞噬后，马上止跌回升。

图 6-18

3. 股价在移动平均线下方连续暴跌，远离移动平均线。这时出现看涨K线形态，为买入时机。如图 6-19所示，股价在60日MA下方连续暴跌后收出多头母子形态，随后股价开始止跌反弹。

图 6-19

4. 移动平均线由上升逐渐走平，当看跌K线形态自上而下跌破移动平均线时，为卖出时机。如图 6-20所示，该股以两阴夹一阳形态跌破走平的30日MA，发出离场信号，随后股价反抽30日MA，形成空头吞噬形态后，股价一路下跌。

图 6-20

5. 移动平均线缓慢下跌，股价在移动平均线之下出现反弹行情，当反弹至移动平均线附近出现看跌K线形态时，为卖出时机。如图 6-21所示，股价反弹至250日MA附近出现倾盆大雨形态后，反弹行情结束，股价重新进入下跌趋势。

图 6-21

6. 股价在移动平均线上方连续暴涨，远离移动平均线时出现看跌K线形态，为卖出时机。如图 6-22所示，股价在60日MA上方连续暴涨后收出乌云盖顶形态，随后股价向下回落。如果股价偏离移动平均线太远，不管是在移动平均线上方还是下方，都有向移动平均线回归的需求。

图 6-22

操盘心得

1. 不要为了追求过高的获利目标而加码操作，
   也不可一味地摊平操作。
   除非你非常了解你的股票。
2. 主力可以用日K线骗你，但无法用月K线骗你，
   因为拆借资金玩不起时间，利息成本太高。
3. K线的背后是人心，所以，股票也有性格。
   摸准股票的股性对于个股操作的成败有着举足轻重的意义。

第七节 K线买卖信号与超买、超卖

超买，顾名思义就是对某只股票的过度买入；反之，超卖就是对某只股票的过度卖出。在股市中，常因某些消息的传播或因投机气氛浓厚而使投资者对大盘或个股作出强烈的反应，从而引起大盘或个股出现过度的上升或下跌，于是便形成了超买、超卖现象。当投资者的情绪逐渐平复后，超买超卖对股价所造成的影响将适当得到调整。超买意味着价格需要向下调整，而超卖意味着价格需要向上修正。如果投资者能够把这种运行规律和K线买卖信号相结合，将会增加我们在股市中获利的机会。

研判超买超卖的指标有很多，我们经常用的指标主要有KDJ、RSI、WR、ROC、BIAS、CCI等。这些指标的详细使用方法我们在《精选指标战法与操练》一书中有具体介绍。一般而言，当某种指标的相对强弱指数超过80时，便视为超买；当某种指标的相对强弱指数低于20时，便视为超卖。

当股价处于严重超卖时，出现看涨K线形态，通常是我们介入做多的良好时机。如图 6-23所示，该股连续下跌后，在低位形成阴孕阴的形态，与此同时，KDJ的J值已运行至0以下，K、D值也在20以下，显示股价处于严重超卖的状态。此时的超卖信号是辅助我们判断是否为买入时机的重要依据。

图 6-23

当股价处于严重超买时，出现看跌K线形态，就是我们获利离场的时机。如图 6-24所示，该股在ROC到达超买区后两次出现看跌K线形态，提醒我们及时离场。图 6-25是在下跌途中出现一波反弹行情，当空头吞噬形成时，KDJ与WR均显示该股严重超买。超买信号配合空头吞噬形态，有助于投资者判断反弹行情的结束。

图 6-24

图 6-25

第八节 K线买卖信号与金叉、死叉

金叉，是指由一根短周期的指标线向上穿越长周期的指标线；反之，死叉是指由一根短周期的指标线向下穿越长周期的指标线。

通常来说，出现金叉为买进信号，出现死叉为卖出信号。运用金叉和死叉来研判买卖的指标主要有MA、MACD、KDJ、RSI、DMI等。如果单独运用指标的金叉和死叉作为研判买卖的信号，很多时候会落入主力设置的陷阱中，但是将它们和K线买卖信号综合起来研判，操作的准确率将大幅提升。

当股价运行至低档区或在上升途中回调结束后，指标形成金叉，且出现看涨K线形态时，是我们介入做多的好时机。如图 6-26所示，该股中KDJ指标运行至超卖区后形成了低位钝化的现象，期间曾多次发出金叉买入信号，但股价仍旧继续下跌，最后一次金叉出现后，对应的K线也形成了塔形底形态，它们同时发出买入信号。这两个买入信号出现后，该股终于形成底部反转。

图 6-26

当股价运行至高档区或在下降途中反弹结束后，指标形成死叉，且出现看跌K线形态时，是获利离场的时机。如图 6-27所示，该股上涨到高位后出现倾盆大雨形态，第二天MACD指标也在高位形成死叉，之后股价见顶回落。图 6-28中，该股在高位出现十字黄昏星后的次日，PDI下穿MDI形成死叉，提醒我们及时离场。

图 6-27

图 6-28

第九节 K线买卖信号与顶背离、底背离

底背离是指股价逐波下行，一峰比一峰低，指标曲线却没有同步下降，而是逐波上升的情形；反之，顶背离是指股价逐波上行，一峰比一峰高，而指标曲线却形成逐波下降的情形。

股价与指标形成底背离，预示着后市股价可能上涨；形成顶背离，则预示后市股价可能下跌。

当股价下跌到低位后，指标与股价形成底背离，且出现看涨K线形态时，是介入做多的好时机。如图 6-29所示，该股在7月初创出新低，并连续两天收出锤子线，与此同时MACD曲线却未同步创新低，因此造成了股价和MACD指标的背离。对于锤子线这个看涨信号来说，底背离是对股价反转向上的一个重要支持和验证。

图 6-29

当股价上涨到高位后，指标与股价形成顶背离，且出现看跌K线形态时，是获利离场的好时机。如图 6-30所示，该股股价创出新高后，出现滞涨现象，在连续出现小阳线后股价向下回落收出大阴线，形成了塔形顶形态，这个信号应

引起我们的警惕。再从指标看，虽然股价超过前期高点创出新高，但KDJ曲线却未相应创新高，导致了股价与KDJ指标的顶背离，这种背离现象充分支持塔形顶形态的看跌意味。图 6-31中的股票在创新高后同样未能延续先前的升势，反而收出一根流星线，与此同时MACD曲线也与股价形成顶背离，这种背离现象对流星线这个看跌信号来说，提供了很好的支持。

图 6-30

图 6-31

第十节 K线买卖信号与成交量

成交量对股价有着非常重要的影响，它是我们判断股票走势的重要依据。成交量反映的是一种供需的表现：当买盘踊跃，股票供不应求，投资者争相买进时，成交量自然放大，股价也随之上涨；如果价格上升时，成交量不再增加，意味着此时的价格得不到买方的认同，价格的上升趋势就会改变。反之，当供过于求时，市场交易清淡，买气稀少，成交量势必萎缩，股价也会随之走低；如果价格下跌时，成交量萎缩到一定的程度不再萎缩，意味着卖方不再认同价格继续下降了，价格下跌的趋势就会改变。成交量反映出来的这种供需表现可以辅助我们判断买卖时机。

当股价经过较长时间的调整后，下跌至前期谷底附近或向下试探某一支撑水平时，如果成交量低于前期谷底或极度萎缩，则意味着卖出的压力减弱，股价可能在此止跌回升，如果此时正好出现看涨K线形态，那么后市上涨的可能性就更大。如图 6-32所示，该股下跌到前期谷底附近，成交量极度萎缩，与此同时，对应的股价先后形成塔形底形态和向上跳空并列阳线形态，构成绝佳的买入时机。

图 6-32

在股价上涨阶段，成交量一般会保持增长的态势，当价格上涨到高位时，成交量不增反降或者股价上升到前期高点附近时，成交量明显萎缩，则说明买进的力量减弱，股价可能在此反转向下，如果此时正好出现看跌K线形态，则后市下跌的可能性更大。如图6-33所示，该股在股价上涨的情况下成交量却逐渐萎缩，说明买方的力量随着股价的不断上涨而逐渐减弱，此时出现的空头母子形态的反转意义就更强了。图6-34中，股价上涨至前期高点20.19元附近形成流星线和空头母子形态后见顶回落，主要就是因为得不到买方力量的有效配合。

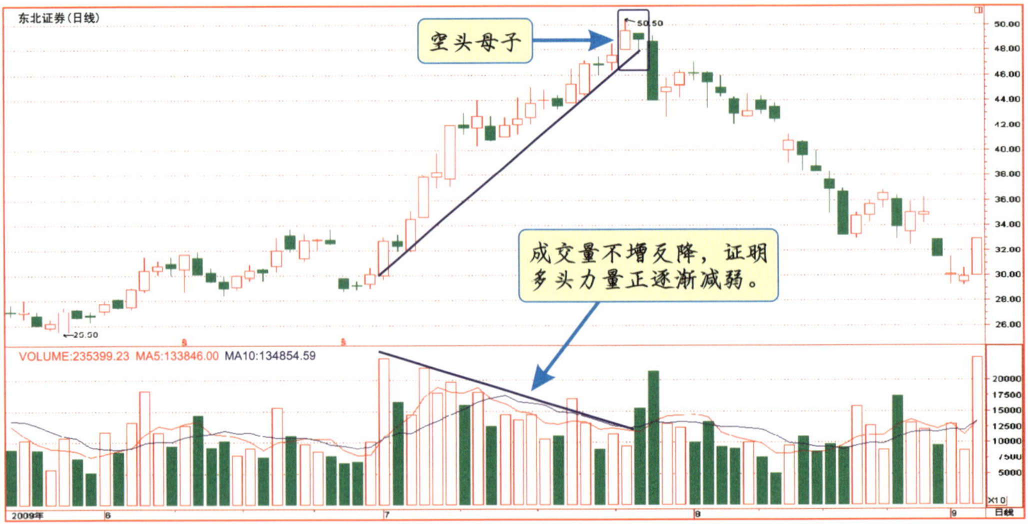

图6-33

图6-34

当然，上升途中的缩量并不一定都是买盘不足的表现，有时可能是因为主力高度控盘造成的，当大部分筹码被主力锁定时，只需要少量的资金就可以拉抬股价，这种情况应另当别论。

上面所介绍的都是缩量对买卖信号的辅助研判，除了缩量外，放量对于K线买卖信号的研判也有重要作用。特别是股价大幅上涨之后，出现滞涨现象或在高位形成横向整理，在此阶段出现突发性巨量或天量，并拉出大阴或大阳，往往是主力出货所致，此时出现看跌K线形态，则后市反转的几率更高。如图 6-35所示，该股上涨到高位后，先出现了步步为营形态，而这几天对应的成交量均呈现巨量，随后股价开始走弱，并收出流星线、空头吞噬等形态，连续出现的几个看跌K线形态结合持续放出的巨量，构成了一个明确的卖出信号。

图 6-35

相对于缩量而言，放量具有很大的虚假成分，因为市场中的主力可以利用手中筹码通过对倒等方式放出巨量或天量，而此时对倒的原因多半是为了吸引跟风的散户去接盘。投资者应结合K线形态，分析主力的用意，避免上当受骗。如图6-36所示，该股上涨至高位后，连续两天收出流星线，且这两天都爆出巨量，但从K线的线型就可以看出，这两天主力都在盘中大幅拉高股价，收盘时又回落至收盘价附近，这是主力通过对倒拉升股价，以达到出货的目的。

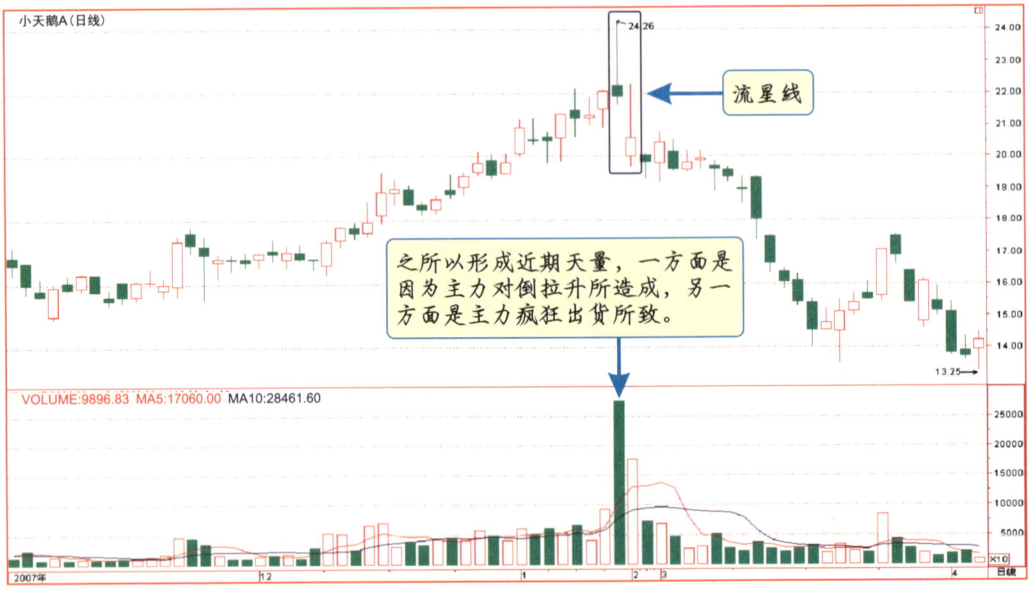

图 6-36

图 6-37中出现的黑三鸦同样是主力出货的典型案例，这三天股价虽然下跌，但成交量却不断放大，显示主力加速出货。出货后，后市通常迎来可怕的暴跌行情。

图 6-37

模拟实盘练习

一、问答题

1. 观察图 6-38中股价的运行情况，指出图中方框内K线组合的名称，并结合支撑线和成交量研判该股的后市走势。

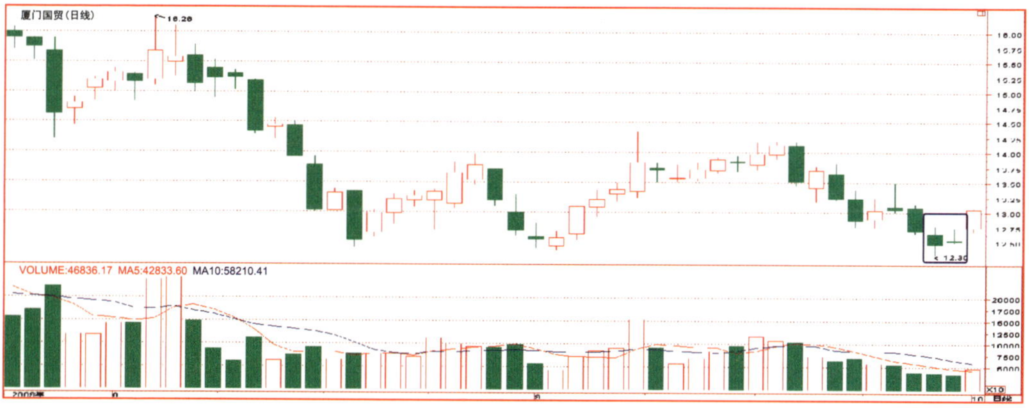

图 6-38

参考答案：

1. 图中方框内的K线组合叫阴孕阴，是一种低位的看涨形态。我们把该股前两次下跌的低点连起来，可以得到一条支撑线，股价第三次下跌到该线附近后，明显受到支撑。另外，该股第三次下跌到支撑线附近后，成交量比前两次明显萎缩，表明卖出的压力减弱，股价可能在此止跌回升。支撑线和成交量都对阴孕阴的看涨研判提供了有力的支持，而阴孕阴后面的中阳线也表明多方已发起了攻击，后市有望走出一波上涨行情，如图 6-39所示。

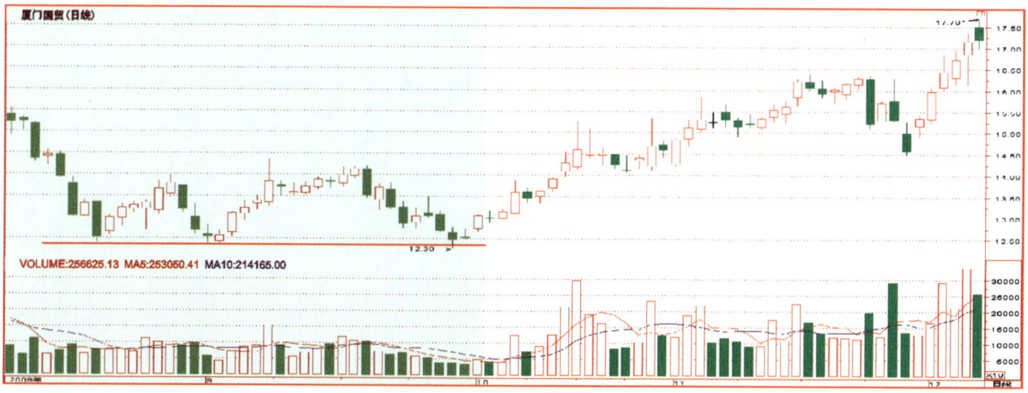

图 6-39

2. 观察图 6-40中股价的运行情况，指出图中方框内K线组合的名称，并结合移动平均线和KDJ研判该股的后市走势。

图 6-40

3. 观察图 6-41中股价的运行情况，指出图中方框内K线组合的名称，并结合下降趋势线、黄金分割线和成交量研判该股的后市走势。

图 6-41

参考答案：

2. 图中方框内的K线组合叫倾盆大雨，它是一种顶部反转形态。目前该股上涨至250日MA附近后，股价受阻回落，可以看出250日MA对股价形成较大的阻力，说明该股长期走势仍处于弱势；与此同时，KDJ与股价出现顶背离后形成死叉，也说明股价可能向下回落。因此，MA与KDJ都支持倾盆大雨形态的看跌研判，后市可能继续下跌，如图 6-42所示。

图 6-42

3. 图中方框内的K线组合叫黄昏双星，是黄昏星形态的一种变体。该形态暗示前景不妙，后市可能反转向下。从图中股价的运行情况来看，目前股价受阻于由前两个高点连成的下降趋势线下方，而且通过当前这个高点验证了趋势线的有效性；另外，股价运行至前一波跌幅的0.618黄金分割线附近后，同样无法再向上突破；从成交量来看，虽然目前股价还远远低于前期高点，但成交量却创出近期新高，显示筹码有松动迹象，也说明投资者对后市行情不够乐观。因此，我们分析的这几个方面都符合黄昏双星形态的看跌判研，该股后市再次下跌已在所难免，如图 6-43所示。

图 6-43

4. 观察图 6-44中股价的运行情况，结合K线买卖信号和其他技术分析方法研判该股的后市走势。

图 6-44

5. 观察图 6-45中股价的运行情况，结合K线买卖信号和其他技术分析方法研判该股的后市走势。

图 6-45

参考答案：

4. 目前，该股在结束两个多月的横盘震荡后，走出一波上涨行情，但在图中倒数第二个交易日收出一根吊人线，形成一个看跌信号，而吊人线之后的低开小阴线则表明空方已在多空双方的争斗中取得了主动权。从KDJ来看，连续的上涨已使该股处于严重超买的状态，J值在100以上的高位形成三重顶形态后，K也在80以上下穿D形成死叉发出卖出信号，该信号充分支持吊人线的看跌含义。因此，该股目前有向下调整的需求，如图 6-46所示。

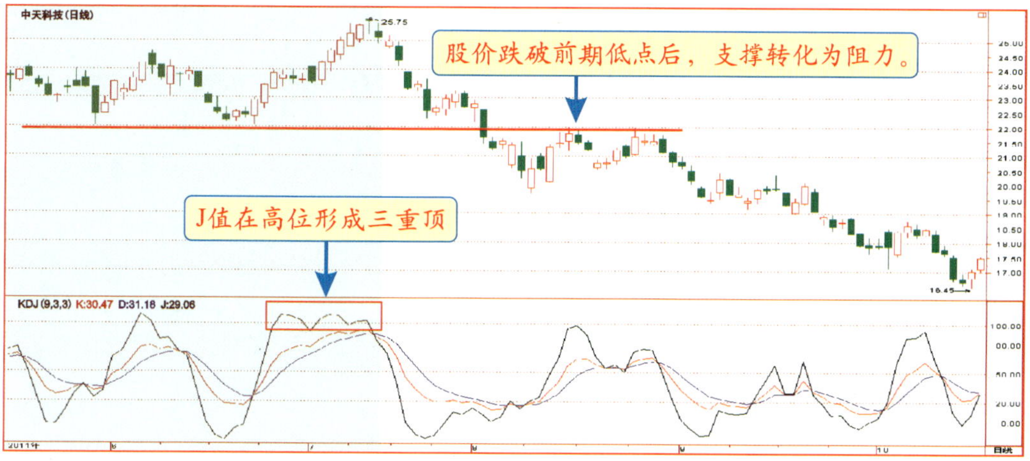

图 6-46

5. 该股经过连续下跌后，目前在低位形成一个多头母子形态，显示出空方动能减弱，后市有望反转向上。而图中最后一根阳线验证了该形态反转的有效性。另外，该股中的上升趋势线和成交量也对该形态的看涨研判提供了有力的支持。如果我们把该股前期的两个最低点相连并延长，可以发现该线对当前价位形成强有力的支撑；而从极度萎缩的成交量则可以看出，该股当前卖压已大幅减弱，持股者心态趋于稳定，这些因素都有利于行情形成反转，如图 6-47所示。

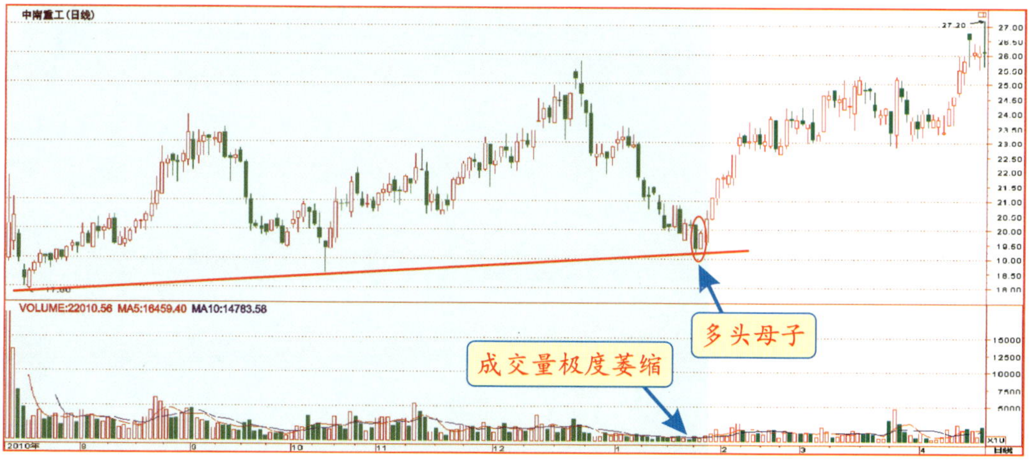

图 6-47

6. 观察图 6-48中股价的运行情况，结合K线买卖信号和其他技术分析方法研判该股的后市走势。

图 6-48

7. 观察图 6-49中股价的运行情况，结合K线买卖信号和其他技术分析方法研判该股的后市走势。

图 6-49

参考答案：

6. 该股下跌到低位后，连续两个交易日创出4.34元的近期低价，形成平底形态，随后该股又连续5个交易日收出小阳线，形成低档五连阳形态，显示空方动能逐渐减弱，而多方力量开始逐渐积聚。从指标上来看，虽然股价创新低，但MTM曲线却未配合创新低，同样也意味着下跌动力减弱。因此该股后市反转向上的概率非常大，如图 6-50所示。

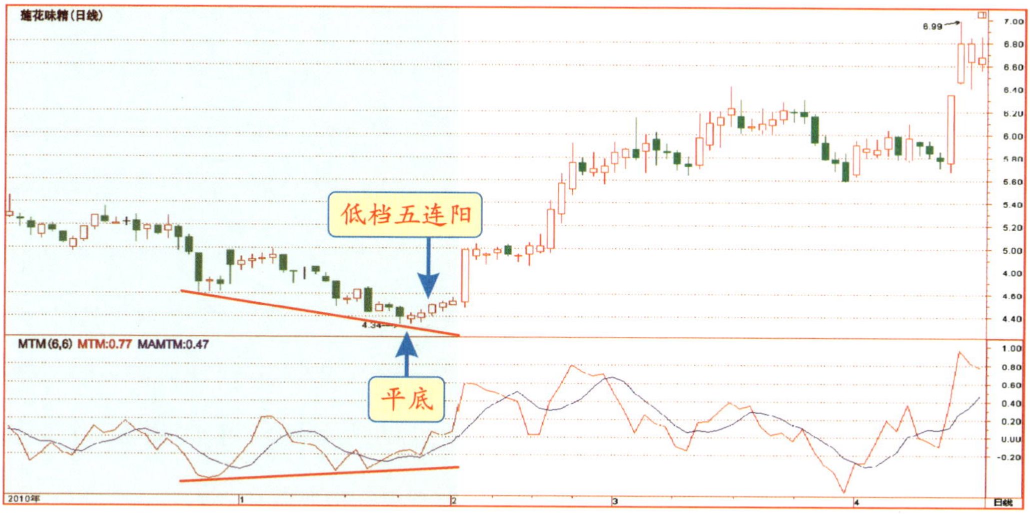

图 6-50

7. 该股从14.22元的低位上涨至28.98元后触顶回落，当股价跌至0.236的黄金分割线时曾出现了一波小反弹。目前，股价跌至0.618的黄金分割线附近，出现了贯穿线形态，反映多方在该价位发动了反攻。与此同时，KDJ和WR曲线已在超卖区运行了一段时间，说明连续的下跌使得空方的动能得到了有效地释放，这也给多方的反攻创造了条件。因此，股价极有可能在此价位产生反弹行情，如图 6-51所示。

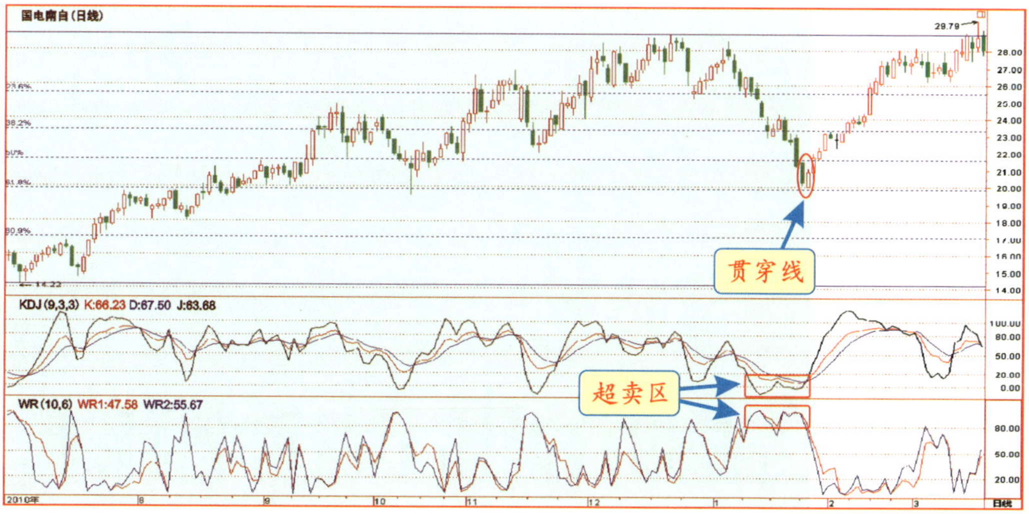

图 6-51

8. 观察图 6-52中股价的运行情况，结合K线买卖信号和其他技术分析方法研判该股的后市走势。

图 6-52

9. 观察图 6-53中股价的运行情况，结合K线买卖信号和其他技术分析方法研判该股的后市走势。

图 6-53

参考答案：

8. 该股上涨至高位后，在高位展开箱体整理，目前股价再次上涨至箱体上沿(20.80元)后，受阻回落，并形成一个空头吞噬形态，该形态中的大阴线完全吞噬了它前面的阳线实体和影线，显示空方动能非常之强劲。由于此处的空头吞噬形态出现在前期高点阻力位附近，因此其看跌的意味更浓，该股后市回落的可能性非常大，如图 6-54所示。

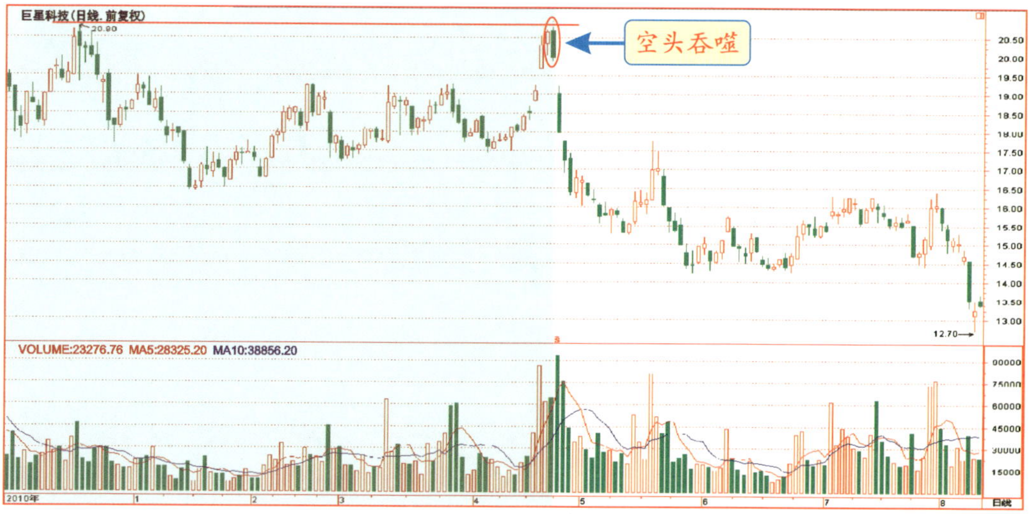

图 6-54

9. 该股经过两个多月的上涨后，从15元的价位向下回落，当股价跌至60日MA附近后，止跌回升，形成多头母子形态，而止跌的价位也正好是0.5的黄金分割线位置。多头母子的出现，说明空方打压力度开始减弱，多方有望再度展开攻击，而多头母子形态后面的大阳线则表示多方已经重新掌控了局面，后市有望继续上攻。这里的60日MA和黄金分割线的支撑给多头母子形态的看涨研判提供了很好的支持，如图 6-55所示。

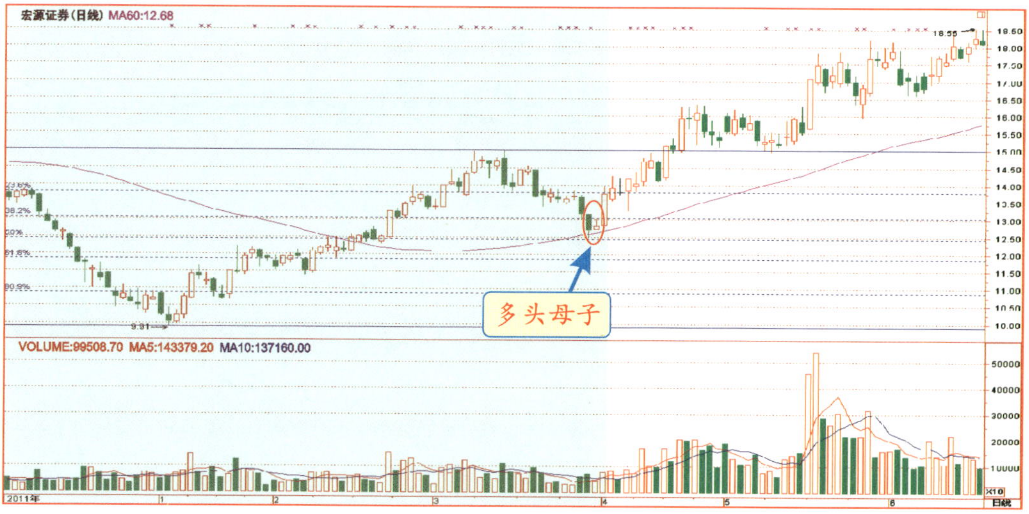

图 6-55

五大理由买卖实操

观察图 6-56中股票的技术形态，制定买卖策略，并填写下列表格。

图 6-56

五 大 理 由 买 卖 法

技 术 分 析	买卖信号
理由一(K线)：	
理由二(黄金分割)：	
理由三(MA)：	
理由四(KDJ)：	
理由五(BOLL)：	
后市方向及操作建议：	

参考答案：

图 6-57

五大理由买卖法

技术分析	买卖信号
理由一（K线）：形成启明双星形态。	买
理由二（黄金分割）：股价回落至前一波涨幅的0.618黄金分割线附近止跌回升。	买
理由三（MA）：60日MA继续上行，股价跌破60日MA后马上又返回MA之上。	买
理由四（KDJ）：KDJ在20以下的超卖区形成金叉。	买
理由五（BOLL）：股价受到布林线下轨的支撑。	买
后市方向及操作建议：股价回落至该价位后受到较强支撑，具备再次上攻的条件，可再次买入。	

点评： 股价回调过程中，经常在前一波涨幅的0.382、0.5、0.618这三条黄金分割线处受到支撑，投资者应积极关注这些关键价位的支撑作用。

名词解释

【逼空式拉升】

指庄家在大势十分火爆时采用连续高举高打的手法快速拉高股价，而且中间不出现明显的回调，以逼迫散户追高买货。

【成交密集区】

指股价在涨跌过程中，形成的一个成交量较为集中的价格区域。这个区域往往会成为下一轮行情的“压力区”或“支撑区”。

【低开】

指某股票当日开盘价低于前一交易日收盘价的情况。

【跌幅】

表示现在价格(或指数)相对于前一个交易日的收盘价(或收盘指数)下跌的百分比。

【多头】

指对股市前景普遍看好，认为股价将上涨，于是先在低价买进，待股价涨到一定价位之后再卖出，以获取价差的投资者。

【反弹】

指在下跌的行情中，股价有时由于下跌的速度太快，受到买方支撑而暂时回升的现象。回升幅度一般小于下跌幅度，反弹后恢复下跌趋势。

【浮筹】

指那些持股不坚定，短线投机心态较强，随时可能离场的散户手中的股票。

【高开】

指某股票当日开盘价高于前一交易日收盘价的情况。

【跟风盘】

跟风是指当某种利好政策或利空政策出现的时候(政策对股市的影响)，或是某只股票快速拉升的时候，散户盲目随大流的追涨杀跌行为，跟风盘就是由于这种行为造成的影响而形成的盘面。

【横盘】

指股价在一段时间内波动幅度小，无明显的上涨或下降趋势，股价呈牛皮整理，最高价与最低价相差不大的行情。

【回抽】

就是股价向某一方向发展并突破颈线后，在数天内价格会重新回到颈线位测试是否突破成功，此时的颈线或由压力变为支撑、或由支撑变为压力，这种股价暂时回归的现象称为回抽。回抽不仅仅在向上突破(即升势)后出现，也同样会在向下突破(即跌势)后出现。

【假阳线】

指股票当日收盘价高于开盘价，但低于前一交易日的收盘价。K线虽然呈阳线，但价格与前一日相比却是下跌的。

【假阴线】

指股票当日收盘价低于开盘价，但高于前一交易日的收盘价。K线虽然呈阴线，但价格与前一日相比却是上涨的。

【交易区间】

指一段时间内某只股票所创出的最高价和最低价之间的区域。

【竭尽缺口】

指在多头或空头市场末段形成一个向上或向下的跳空缺口，但缺口很快被回补，且之后以与原趋势相反的方向运行。

【解套】

指股价回升到你买的价格之上。

【巨量】

指相对前一阶段而言，成交量剧增，成交量柱状表现为一根很突出的巨大柱量。它是放量类型中的一种常见形态。

【开盘价】

指一个交易日中股票的第一笔交易价格。

【空头】

指对股市前景看跌，认为股价现在太高，先卖掉手中股票而待股价下降至预期程度时再买进，以赚取差价的投资者。

【空头回补】

指空头在高位卖出开仓，并且在价格下跌到一定的程度时做买入平仓，同时造成价格暂时反弹上涨，但不能反弹到原来的高度。相当于空头获利出局。

【抛压】

一般是股票上涨到一定阶段，部分投资者抛售手中的股票兑现，对股票进一步上涨形成压力。

【骗线】

指主力机构利用部分投资者对技术分析数据、图表过分迷信依赖，故意抬拉或打压股指，致使技术图表形成一定的线型，引诱投资者买进或卖出，主力则反向操作，从而达到赢利目的。

【缺口】

指股价或指数在第二天开盘因受利空或利好的影响，从而高于前日最高价或低于前日最低价跳到另一价位或指数上，在K线图中形成了一个真空区域，这个区域称为“缺口”。

【杀跌】

指在股市下跌的时候，不管当初股票买入的价格是多少，都立刻卖出，以求避免更大的损失。

【试盘】

指主力对将要开展操盘进行试验，对盘面上的多空力量进行一次全面的试探和摸底，以获取盘中的相关信息，从而指导其后续的操盘行为。

【收盘价】

指一个交易日中股票的最后一笔交易价格。

【天量】

指成交量创出较长时间内的最高水平，是放量的一种极端表现形式。

【跳空】

指证券市场因受到强烈利多或利空消息的刺激而出现大幅度跳动的现象。

【吸纳】

即吸货的意思，指买入股票的行为。

【洗盘】

指庄家利用横盘、震荡或打压等手法控制股价涨跌，使意志不坚的散户抛出股票，以减轻上档压力，同时抬高市场整体持仓成本的行为。

【诱多】

指主力、庄家有意制造股价上涨的假象，诱使投资者买入，结果股价不涨反跌，让买入的投资者套牢的一种市场行为。

【涨幅】

表示现在价格(或指数)相对于前一个交易日的收盘价(或收盘指数)上涨的百分比。

【整理】

指股价经过一段急剧上涨或下跌后，开始小幅度波动，进入稳定变动阶段，这个阶段就叫整理。

【止损位】

当股价下跌到某一幅度或某一价位时，为阻止损失进一步扩大，投资者必须将股票卖出，这一预先设置的价位，称为止损位。

【主力】

指投资额及交易巨大，能左右个股和某一板块行情，控制市场走势的投资者。多由企业财团、信托基金组成。

【庄家】

指在证券市场中，具备雄厚的资金实力的机构或个人，利用自身的特殊优势，通过对大资金的调配，控制一只或数只股票的涨跌起落，从而实现一定的差额利润。

操盘实用图表

表一　底部反转形态

名称	图示	技术特征	操作建议
锤子线	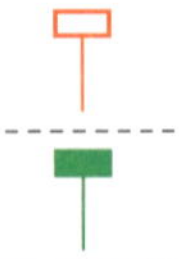	1.实体很小，位于交易区间上端 2.下影线很长，是实体的2~3倍 3.上影线很短，甚至没有	若出现在低位，且下一交易日价格上涨，可买入
倒锤子线	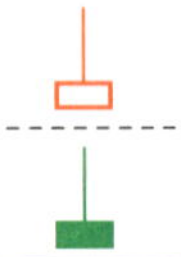	1.实体很小，位于交易区间下端 2.上影线很长，是实体的2~3倍 3.下影线很短，甚至没有	若出现在低位，且下一交易日价格上涨，可买入
多头执带		1.开盘价与前一天的K线实体之间有较大的跳空缺口 2.没有下影线 3.收盘价是当日最高价或接近最高价	若出现在低位，且下一交易日价格上涨，可买入
贯穿线	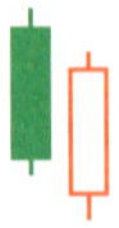	1.第一根是大阴线 2.第二根是大阳线，开盘价低于大阴线的最低价，收盘价位于大阴线的实体中点以上	反转潜力较大，若出现在低位，可在当日收盘前买入
多头母子		1.第一根是阴线 2.第二根是小阳线，交易区间在阴线的实体范围内	若出现在低位，且下一交易日价格上涨，可买入
多头母子十字		1.第一根是阴线 2.第二根是十字星，交易区间在阴线的实体范围内	1.若出现在低位，且下一交易日价格上涨，可买入 2.该形态比多头母子更容易反转
多头吞噬		1.第一根是小阴线 2.第二根是大阳线，实体完全吞没了阴线的实体部分	1.反转潜力较大，若出现在低位，可在当日收盘前买入 2.大阳线伴随成交量放大，反转信号更可靠
多头遭遇线		1.第一根是阴线 2.第二根是跳空低开的阳线，收盘价与阴线的收盘价相同	1.若出现在低位，且下一交易日价格上涨，可买入 2.反转力度比贯穿线弱，若确认线走低，可能演变成切入线形态
旭日东升	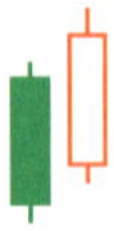	1.第一根是大阴线 2.第二根是大阳线，开盘价位于阴线实体内，收盘价高于阴线的开盘价，且接近当日最高价	1.反转潜力极大，可在当日收盘前买入 2.阳线收盘价超越阴线开盘价越多，且成交量放大，反转信号更可靠
平底		1.两根K线的最低价相等 2.K线的类型、实体颜色及长短、上下影线长度均无要求	若出现在低位，且下一交易日价格上涨，可买入

续表

名称	图示	技术特征	操作建议
阴孕阴		1.第一根是大阴线 2.第二根是小阴线，其交易区间在大阴线的实体范围内	1.若出现在低位，且下交一易日价格上涨，可买入 2.小阴线收盘价越接近大阴线开盘价，反转潜力越大
启明星	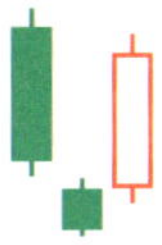	1.第一根是大阴线 2.第二根是向下跳空的小实体K线，阴阳皆可 3.第三根是大阳线	1.反转潜力较大，若出现低位，可在当日收盘前买入 2.大阳线的实体越长，且成交量放大，反转的效果更佳
十字启明星	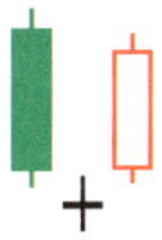	1.第一根是大阴线 2.第二根是十字星，和大阴线的实体存在向下跳空缺口 3.第三根是大阳线	1.反转潜力较大，若出现在低位，可在当日收盘前买入 2.大阳线的实体越长，且成交量放大，反转的效果更佳
红三兵	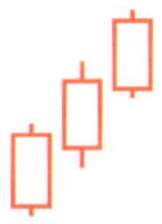	1.连续出现三根实体相当的阳线 2.第二、三根阳线开盘价位于前一根阳线的实体内，且在实体中点以上 3.收盘价是当日最高价或接近最高价，且高于前一天的收盘价	若股票持续下跌或横盘之后出现红三兵，且成交量放大，是股价启动的信号，可买入
奇特三河床	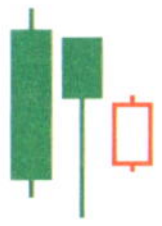	1.第一根是大阴线 2.第二根是类似于锤子线的高开阴线 3.第三根是小阳线，其实体位于前一根阴线下影线范围内	1.若出现在低位，且下一交易日价格上涨，可买入 2.第二天下影线越长，反转潜力越大
南方三星	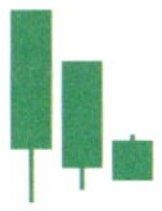	1.第一根是大阴线，带有较长下影线 2.第二根是高开低走实体略小的阴线，收盘价比第一天低，但未再创新低 3.第三根是小阴线，完全位于第二根的交易区间内	若出现在低位，且下一交易日价格上涨，可买入
竖状三明治	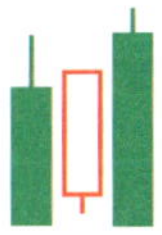	1.第一根是阴线 2.第二根是阳线，开盘价高于第一天的收盘价 3.第三根是阴线，最低价与第一根阴线相同	若出现在低位，且下一交易日价格上涨，可买入
低档五连阳		1.连续出现五根小阳线 2.每根阳线的实体涨幅一般不会超过3%，总体涨幅不超过10%	1.若出现在低位，且下一交易日价格上涨，可买入 2.若伴随成交量温和放大，反转概率更高
塔形底	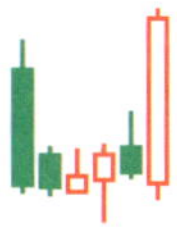	1.第一根是大阴线 2.随后是一连串的小阴和小阳线，实体基本处于同一水平线 3.最后是一根大阳线，收盘价位于第一根大阴线的实体中点以上	1.反转潜力较大，若出现在低位，可在当日收盘前买入 2.大阳线伴随成交量放大，反转信号更可信

表二 顶部反转形态

名称	图示	技术特征	操作建议
吊人线	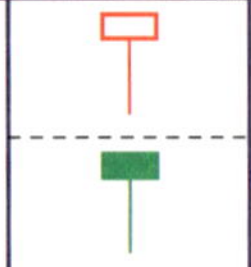	1.实体很小，位于交易区间上端 2.下影线很长，是实体的2~3倍 3.上影线很短，甚至没有	若出现在高位，可在当日收盘前减仓；若次日价格下跌，应离场
流星线	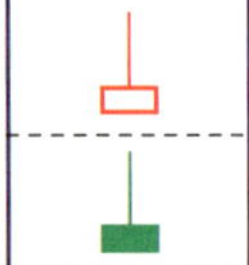	1.实体很小，位于交易区间下端 2.上影线很长，是实体的2~3倍 3.下影线很短，甚至没有	若出现在高位，可在当日收盘前减仓；若次日价格下跌，应离场
空头执带		1.开盘价与前一天的K线实体之间有较大的跳空缺口 2.没有上影线 3.收盘价是当日最低价或接近最低价	若出现在高位，可在当日收盘前减仓；若次日价格下跌，应离场
乌云盖顶	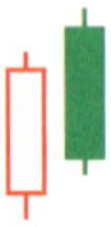	1.第一根是大阳线 2.第二根是大阴线，开盘价高于大阳线的最高价，收盘价位于大阳线的实体中点以下	1.若出现在高位，可在当日收盘前减仓；若次日价格下跌，应离场 2.阴线实体越长，反转潜力越大
空头母子		1.第一根是阳线 2.第二根是小阴线，交易区间在阳线的实体范围内	若出现在高位，可在当日收盘前减仓；若次日价格下跌，应离场
空头母子十字		1.第一根是阳线 2.第二根是十字星，交易区间在阳线的实体范围内	1.若出现在高位，可在当日收盘前减仓；若次日价格下跌，应离场 2.该形态比空头母子更容易反转
空头吞噬		1.第一根是小阳线 2.第二根是大阴线，实体完全吞没了阳线的实体部分	1.反转潜力较大，若出现在高位，宜在当日收盘前离场 2.大阴线伴随天量或巨量，或吞噬前面多根K线，反转信号更准确
空头遭遇线		1.第一根是阳线 2.第二根是跳空高开的阴线，收盘价与阳线收盘价相同	1.若出现在高位，可在当日收盘前减仓；若次日价格下跌，应离场 2.反转力度不如乌云盖顶强，但阴线实体很长，或伴随巨量或天量，则反转的可能性很大
倾盆大雨	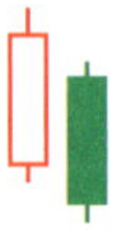	1.第一根是大阳线 2.第二根是大阴线，开盘价位于阳线实体内，收盘价低于阳线开盘价，且接近当日最低价	1.反转潜力极大，若出现在高位，宜在当日收盘前离场 2.阴线的收盘价超越阳线开盘价越多，且伴有巨大的成交量，反转信号更可靠
平顶		1.两根K线的最高价相等 2.K线的类型、实体颜色及长短、上下影线长度均无要求	若出现在高位，可在当日收盘前减仓；若次日价格下跌，应离场

续表

名称	图示	技术特征	操作建议
阳孕阳		1.第一根是大阳线 2.第二根是小阳线，其交易区间在大阳线的实体范围内	若出现在高位，可在当日收盘前减仓；若次日价格下跌，应离场
黄昏星	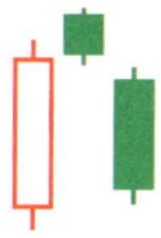	1.第一根是大阳线 2.第二根是向上跳空的小实体K线，阴阳皆可 3.第三根是大阴线	1.反转潜力较大，若出现在高位，宜在当日收盘前离场 2.大阴线的实体越长，第二根星线带有长上影线或伴有巨量，有助于反转的确认
十字黄昏星	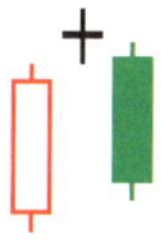	1.第一根是大阳线 2.第二根是十字星，和大阳线的实体存在向上跳空缺口 3.第三根是大阴线，收盘价跌破大阳线实体中点	1.反转潜力较大，若出现在高位，宜在当日收盘前离场 2.大阴线的实体越长，第二根十字星带有长上影线或伴有巨量，有助于反转的确认
大敌当前		1.连续出现三根阳线，价格逐渐提高，但实体逐渐缩小 2.第二、三根阳线开盘价在前一根阳线的实体内 3.第二、三根阳线的上影线很长	1.若出现在高位，可在当日收盘前减仓；若次日价格下跌，应离场 2.第二、三根阳线的实体越小，说明多方的力道越弱
步步为营	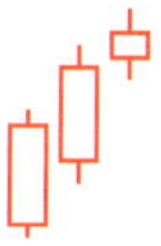	1.第一、二根是大阳线，第三根是小阳线 2.小阳线在第二根阳线的收盘价附近开盘，或跳空高开	1.若出现在高位，可在当日收盘前减仓；若次日价格下跌，应离场 2.若确认线收出大阴线，则该形态可能演变成黄昏星
黑三鸦		1.连续出现三根实体相当的阴线 2.第二、三根阴线开盘价位于前一根阴线的实体内，且在实体中点以下 3.收盘价是当日最低价或接近最低价，且低于前一天的收盘价	空头气势强劲，若出现在高位，应离场
双鸦跃空		1.第一根是大阳线 2.第二、三根是阴线，并与大阳线形成向上跳空缺口	该形态出现的几率较低，但出现后市场反转的几率较大，若次日价格下跌，应离场
双飞乌鸦		1.第一根是大阳线 2.第二根是向上跳空的阴线 3.第三根也是阴线，在第二根K线的实体内开盘，在第一根K线的实体内收盘	该形态比双鸦跃空看跌意味更浓，应离场
高档五连阴		1.连续出现五根小阴线 2.每根阴线的实体跌幅一般不会超过3%，总体跌幅不超过10%	该形态若出现在高位，是重要的见顶信号，应离场
塔形顶	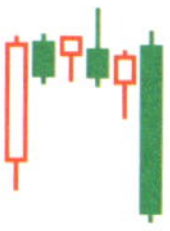	1.第一根是大阳线 2.随后出现一连串的小阴和小阳线，实体基本处于同一水平线 3.最后是一根大阴线，收盘价位于第一根大阳线的实体中点以下	1.反转潜力较大，若出现在高位，可在当日收盘前离场 2.大阴线伴随巨量或天量，反转信号更可信

表三　　看涨持续形态

名称	图示	技术特征	操作建议
上升分离线		1.上涨趋势中出现一根阴线，再出现一根阳线 2.两根K线的开盘价相等	1.在上涨途中出现，可继续持股做多 2.阳线实体越长，上涨可能性越大
向上跳空并列阳线	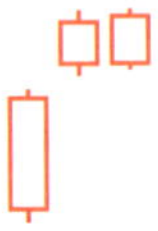	1.上涨趋势中出现一根阳线 2.第二、三根也是阳线，开、收盘价大致相等，并与第一根阳线形成跳空缺口	在上涨途中出现，可继续持股做多
向上跳空并列阴阳线	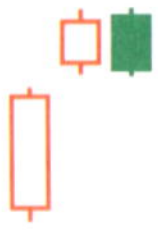	1.上涨趋势中出现一根阳线 2.第二、三根是一阳一阴两根并排K线，并与第一根阳线形成跳空缺口	在上涨途中出现，且下一交易日价格上涨，可继续持股做多
向上跳空三法		1.第一、二根是阳线，两者之间存在跳空缺口 2.第三根是阴线，开、收盘价分别位于两根阳线的实体内，将缺口回补	在上涨途中出现，且下一交易日价格上涨，可继续持股做多
两阳夹一阴	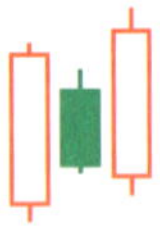	1.上涨趋势中出现一根阳线 2.第二根是阴线，实体完全位于阳线实体内 3.第三根是阳线，实体将阴线的实体完全吞噬	1.在上涨途中出现，可继续持股做多 2.第三根阳线实体超越第一根阳线收盘价越多，上涨潜力越大
上升三法	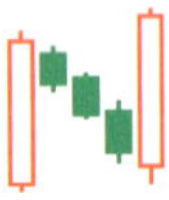	1.第一根是大阳线 2.第二至四根是小阴线，实体均处于第一根阳线的交易区间内 3.最后一根是大阳线，将前面三根小阴线全部吞噬，并创出新高	在上涨途中出现，可继续持股做多
上升三连击	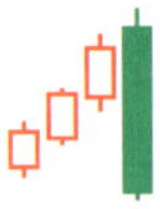	1.前三根是延续上涨势头的阳线 2.第四根是大阴线，收盘价跌破第一根阳线的开盘价，将三根阳线全部吞噬	在上涨途中出现，且下一交易日放量上涨，可继续持股做多
多方尖兵		1.第一根是阳线，带有较长的上影线 2.随后出现一连串的小阴和小阳线，价格不跌破阳线的最低价 3.最后一根是大阳线，收盘价突破第一根阳线的最高价	在上涨途中出现，可继续持股做多

表四　　看跌持续形态

名称	图示	技术特征	操作建议
下降分离线		1.上涨趋势中出现一根阳线，再出现一根阴线 2.两根K线的开盘价相等	1.在下降途中出现，宜观望 2.阴线实体越长，持续下跌的可能性越大
待入线		1.第一根是阴线 2.第二根是小阳线，开、收盘价都在阴线的收盘价以下	1.在下降途中出现，宜观望 2.若在长期下跌的趋势后出现，可能形成底部反转，但需下一根K线验证，若之后为大阳线，将演变为启明星
切入线		1.第一根是阴线 2.第二根是小阳线，开盘价低于阴线的收盘价，收盘价等于或略高于阴线的收盘价	1.在下降途中出现，宜观望 2.若在长期下跌的趋势后出现，可能形成底部反转，但需下一根K线验证
插入线		1.第一根是阴线 2.第二根是阳线，开盘价低于阴线的收盘价，收盘价高于阴线的收盘价，但仍在阴线实体中点以下	1.在下降途中出现，宜观望 2.若在长期下跌的趋势后出现，可能形成底部反转，但需下一根K线验证
向下跳空并列阳线	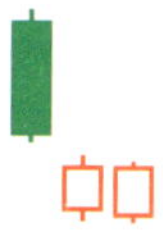	1.下降趋势中出现一根阴线 2.第二、三根是小阳线，开、收盘价大致相等，并与第一根阴线形成向下跳空缺口	向下跳空的缺口对股价起阻力作用，股价无法回补缺口，说明市场疲软，宜继续观望
向下跳空并列阴阳线		1.下降趋势中出现一根阴线 2.第二、三根是一阴一阳两根并排K线，并与第一根阴线形成跳空缺口	第三天虽是阳线，但未能有效回补缺口，说明市场疲软，宜观望
向下跳空三法		1.第一、二根是阴线，两者之间存在跳空缺口 2.第三根是阳线，开、收盘价分别位于两根阴线的实体内，将缺口回补	1.在下降途中出现，宜观望 2.若在长期下跌的趋势后出现，且回补缺口后买盘不断增加，该形态将失去看跌意味，应考虑是否是反转信号
两阴夹一阳	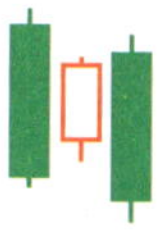	1.下降趋势中出现一根阴线 2.第二根是阳线，实体完全位于阴线的实体内 3.第三根是阴线，实体将阳线的实体完全吞噬	1.在下降途中出现，宜观望 2.第三根阴线实体超越第一根阴线收盘价越多，看跌意味越强
下降三法	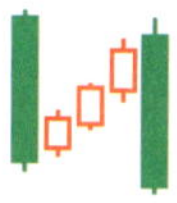	1.第一根是大阴线 2.第二至四根是小阳线，实体均处于第一根阴线的交易区间内 3.最后一根是大阴线，将前面三根小阳线全部吞噬，并创出新低	在下降途中出现，宜观望

续表

名称	图示	技术特征	操作建议
下降三连击	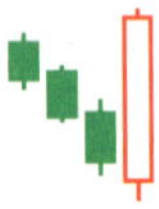	1.前三根是延续下跌势头的阴线 2.第四根是大阳线，收盘价突破第一根阴线的开盘价，将三根阴线全部吞噬	在下降途中出现，通常是主力制造的多头陷阱，引诱投资者追涨，结果即买即套，此时不要盲目介入
空方尖兵		1.第一根是阴线，带有较长的下影线 2.随后出现一连串的小阴和小阳线，价格一般不会突破阴线的最高价 3.最后一根是大阴线，收盘价突破第一根阴线的最低价	在下降途中出现，宜观望